高等职业院校市场营销专业系列教材

网络营销

主　编　王　维

副主编　方　丹　樊耿辉　亢会玲

中国财富出版社

（原中国物资出版社）

图书在版编目（CIP）数据

网络营销/王维主编．—北京：中国财富出版社，2012.8

（高等职业院校市场营销专业系列教材）

ISBN 978-7-5047-4374-9

Ⅰ.①网… Ⅱ.①王… Ⅲ.①网络营销—高等职业教育—教材 Ⅳ.①F713.36

中国版本图书馆 CIP 数据核字（2012）第 160164 号

策划编辑 寇俊玲　**责任印制** 方朋远

责任编辑 田慧莹　**责任校对** 孙会香　饶莉莉

出版发行 中国财富出版社（原中国物资出版社）

社　　址 北京市丰台区南四环西路 188 号 5 区 20 楼　**邮政编码** 100070

电　　话 010-52227568（发行部）　010-52227588 转 307（总编室）

010-68589540（读者服务部）　010-52227588 转 305（质检部）

网　　址 http://www.clph.cn

经　　销 新华书店

印　　刷 三河市西华印务有限公司

书　　号 ISBN 978-7-5047-4374-9/F·1786

开　　本 787mm×1092mm　1/16

印　　张 14　**版　　次** 2012 年 8 月第 1 版

字　　数 290 千字　**印　　次** 2012 年 8 月第 1 次印刷

印　　数 0001—3000 册　**定　　价** 26.00 元

高等职业院校市场营销专业系列教材编审委员会

前 言

21 世纪，我国的营销环境和市场状态已进入新的阶段：加入 WTO 后，国内市场的国际竞争正在孕育新的爆发点；产品市场继续保持相对过剩状态，但高新技术的市场开发和产业化发展前景广阔；传统的商业竞争愈演愈烈，而网络营销是厂商必须了解和掌握的开展营销活动的新方式和手段，它对未来的市场竞争将产生意义深远的影响。我国企业需要在进行充分的市场调研和预测的前提下，运用网络营销的理论与方法，面对新兴的网络虚拟市场，进行系统的网络营销分析与策划，只有这样才能促进企业在网络经济时代持续地成长。

本书内容由五个模块组成：模块一阐述了网络营销的基础理论；模块二阐述了如何对网络营销市场进行分析；模块三阐述了网络营销策略；模块四阐述了网络营销赖以进行的基础工具；模块五阐述了网络营销的管理与控制。

作为一本教材，本书主要是对基本理论、基本方法、基本问题的研究和阐述。随着网络营销的快速普及和发展变化，本书内容也要不断随之更新。此外，任何科研成果都是建立在前人工作的基础之上，本书参考和借鉴了一些专家、学者的成果，在此一并向他们致谢。最后，恳请读者对本书提出宝贵的批评和建议。

编 者

2012 年 6 月

目 录

模块一　网络营销基础理论

任务一　网络营销概述

学习任务

1. 了解网络营销的产生；
2. 理解网络营销的概念、特点；
3. 了解网络营销的发展趋势。

情景案例

亚马逊的崛起

亚马逊的创办人杰夫·贝索斯（Jeffrey Bezos）发现了一个统计数字：网络使用人数以每月2300%的速度在成长。吃惊之余，他察觉到网络销售业的潜力与远景，于是作出决定：跑到西部创立网络零售业。1995年7月贝索斯在西雅图市郊一栋仅有两间房的出租屋里，成立了亚马逊书店。8月，亚马逊卖出了第一本书。贝索斯成为了经营网络市场的第一个人。三年后，亚马逊被《福布斯》杂志称为世界上最大的网上书店。四年后，公司拥有了1310万名顾客，300万种图书，因而超过世界上任何一家书店，成为网上零售先锋。1999年亚马逊书店创办人贝索斯当选美国《时代》周刊本年风云人物，2000年的销售额为80亿美元。

同大多数互联网企业一样，亚马逊也遭遇过一个电子商务界的普遍困境：即在贝索斯不断地把大量金钱投入公司扩张的同时，亚马逊也正在业务亏损的旋涡中挣扎。

亚马逊之所以能够在几年内获取爆炸式发展，是采取了下列策略。

第一，全面收藏各种出版物，建立高质量、数量庞大的书目数据库。

第二，如果要想与老牌的Barnes & Noble公司竞争，就要创造自己的品牌。

第三，实行全面周到的服务，从丰富的检索途径、灵活多样的营销手段，到安全可靠的付款方式和物流配送手段。

案例点评

如果说亚马逊之所以成功，有一半归功于科技并不为过。贝索斯早就洞悉商业价值与科技的必然关系。网站的确可以为许多产业增加商业价值，而在此之前科技必须尽量成熟。许多专家一致认为：未来对所有零售业者的挑战，就是去决定科技与自己从事的零售行业是如何相关。

亚马逊曾经自称是举世最大的折扣者，有高达 30 万种以上的书目可以进行购买折扣优惠。这样就少了中间商的抽成，促使亚马逊销售的书籍或其他商品，有着较平实的价格。提供实惠的商品是贝索斯的坚定信念，他曾经表示："拒绝提供折扣优惠是一项极大的错误。大部分网络企业失败的原因，都在于错估了价值的定理。"

知识体系

网络营销是以现代电子技术和通信技术的应用与发展为基础，与市场的变革、竞争以及营销观念的转变密切相关的一门新学科。网络营销相对于传统的市场营销，在许多方面存在着明显优势，给传统营销带来了巨大冲击，它是一场营销观念的革命，更重要的是它对企业改善销售环境、提高产品竞争力和市场占有率具有非常重要的现实意义。

一、网络营销的产生

21 世纪是信息社会，科技、经济和社会的发展正在迎接一个崭新的时代，随着计算机网络的发展，信息社会的内涵有了进一步的改变，我们称之为信息网络年代。在信息网络年代，人们的起居、工作、学习、合作等都因为网络技术的发展和应用发生了巨大的改变；同时，这种改变也促使企业积极利用新的技术和手段来改变企业的经营理念、经营组织、经营方式和方法。网络营销是适应全球网络技术发展与信息网络社会变革的新技术和手段，是划时代的营销策略，它必将为现代企业发展产生深远的影响。

网络营销的产生有其在特定条件下的技术基础、观念基础和现实基础，是多种因素综合作用的结果。具体地分析其产生的根源，可以更好地理解网络营销的本质。

（一）互联网的发展是网络营销产生的技术基础

互联网络，起源于 1969 年。在加利福尼亚大学洛杉矶分校的计算机实验室里，6

名科学家首次将一台计算机与远在千里之外的斯坦福研究所的另一台计算机联通，宣布了网络世界的到来。随着互联网在全世界的飞速发展和广泛普及，互联网已经成为全球性的迅捷和方便的信息沟通渠道。商业贸易的过程需要有大量的数据信息的传输，使互联网的商用潜力被挖掘出来。作为互联网最大的应用领域，互联网在商业上使用已经显现出巨大威力和发展前景。

互联网是一种集通信技术、信息技术、时间技术为一体的网络系统。其形式并非来源于全球性的系统规划，它之所以有今天的规模，得力于本身的特点：开放、分享与价格低廉。在互联网络上，任何人都可以享有创作发挥的自由，所有信息的流动皆不受限制，网络的运作可由使用者自由连接，任何人都可加入互联网，因此网络上的信息资源是共享的。由于互联网从学术交流开始，人们习惯于免费，当商业化后，各网络服务商也只能采取低价策略，这些因素促使了互联网的蓬勃发展。

互联网上各种各样的服务，体现出连接、传输、互动、存取各类形式信息的功能，使得互联网具备了商业交易与互动沟通的能力。企业利用互联网开展经营活动，显示出越来越多的区别于传统营销模式的优势，以互联网为技术基础的网络营销，其产生已是社会经济发展的必然。

（二）消费者价值观的改变是网络营销产生的观念基础

满足消费者的需求历来是企业的经营核心。随着科技的发展、社会的进步、文明程度的提高，消费者的观念也在不断地变化，特别是互联网在商业领域应用后，传统消费观念完全被颠覆，这为建立在互联网上的网络营销提供了普及的可能。从消费者心理学的角度来分析，这些观念变化可概括为：

1. 个性消费的回归。在很长一段时期，工业化和标准化的生产方式以大量低成本、单一化的产品湮没了消费者的个性化需求，另外，在短缺经济或近乎卖方垄断的市场中，可供消费者挑选的产品很少，使得消费者的个性不得不被压抑。而在市场经济充分发展的今天，卖方垄断开始向买方垄断演变，消费者主导的营销时代已经来临，多数产品无论在数量还是品种上都已极为丰富，消费者完全能够以个人的心理愿望为基础挑选和购买商品或服务。从理论上看，每一个消费者的心理都是完全不同的，以商品供应千姿百态为基础的单独享有已然成为社会时尚，个性化消费正在也必将成为消费的主流。

2. 消费主动性的增强。由于商品生产的日益细化和专业化，消费者对购买的风险感随选择的增多而上升，而且对传统营销单向沟通方式感到厌倦和不信任。网络时代商品信息获取的方便性，促使消费者主动通过各种可能的途径获取与商品有关的信息并进行分析比较。通过分析比较，消费者获得心理上的平衡和满足感，增加了对所购产品的信任，也减少了在购买后产生后悔感的可能。

3. 对购物方便性和趣味性的追求。信息社会的高效率产生的大量工作负荷较重，生活节奏紧张的消费者，他们希望购物方便，追求时间和劳动成本的尽量节省，特别是对某些品牌的消费品已经形成固定偏好的消费者，这一需要尤为重要；而另一些消费者则由于劳动生产率的提高，使他们可供支配的时间很充裕，比如自由职业者或家庭主妇，网络消费已经成为他们消遣时间和寻找生活乐趣的有效途径，同时也能使他们保持与社会的联系，减少心理孤独感，满足他们的心理需求。

4. 价格仍然是影响消费者心理的重要因素。虽然现代市场营销的组织者总是倾向于以各种策略来削减消费者对价格的敏感度，但价格始终对消费者心理产生重要的影响，价格的作用仍旧不可忽视。只要当价格的削减幅度超过消费者的心理预期，难免会影响消费者改变既定的购物原则，重新进行选择。

（三）激烈的市场竞争是网络营销产生的现实基础

当今的市场竞争日趋激烈，为了在竞争中取得优势，各个企业都使出了浑身解数招徕顾客，传统的营销已经很难有新颖独特的方法来帮助企业在竞争中出奇制胜了。市场竞争已不再依靠表层的营销手段，经营者迫切需要更深层次的方法和理念寻求变革武装自己，以尽可能地降低商品在从生产到销售的整个供应链上所占用的成本和费用比例，缩短运作周期。

网络营销的产生给企业的经营者带来了福音，可谓一举多得。企业开展网络营销，可以节约大量昂贵的店面租金，可以减少库存商品的资金占用，可以使经营规模不受场地限制，可以方便地采集客户信息等。上述优势使得企业经营的成本和费用降低，运作周期变短，从根本上增强了企业的竞争力。

二、网络营销的概念

与许多新兴学科一样，网络营销目前并没有统一的定义，由于专家对网络营销的研究角度不同，对网络营销的理解和认识也各不相同。

在国外网络营销有许多表述，如：Cyber Marketing、Online Marketing、Internet Marketing、Network Marketing、E－Marketing 等，不同的单词组有着不同的含义。目前，习惯采用的翻译方法是 E－Marketing，E 即 Electronic 表示电子化、信息化、网络化的含义，既简洁又直观明了，而且与电子商务（E－Business）、电子虚拟市场（E－Market）等进行对应。

网络营销也叫网络市场营销，网络营销是指以互联网为主要手段进行的、为达到一定营销目标的营销活动，它是企业整体营销战略的一个组成部分，是建立在互联网基础之上，借助于互联网特性来实现一定营销目标的一种营销手段。广义地说，凡是以互联网为主要手段进行的、为达到一定营销目标的营销活动，都可称之为网络营销。

网络营销的实质是客户需求管理，利用互联网对售前、售中、售后各环节进行跟踪服务并满足客户需求，网络营销自始至终贯穿在企业经营的整个过程，包括市场调查、客户分析、产品开发、生产流程、销售策略、售后服务与反馈等方面。网络营销是电子商务的一个分支，是科学技术的发展、消费者价值观的变革和商业竞争等综合因素的产物。

为了理解网络营销的全貌，从营销的角度有必要为网络营销下一个比较合理的定义："网络营销是企业整体营销战略的一个组成部分，是为实现企业总体经营目标所进行的，以互联网为基本手段，营造网上经营环境，实施各种营销策略的各种活动。"据此定义，网络营销的核心思想就是"营造网上经营环境"。所谓网上经营环境，是指企业内部和外部与开展网上经营活动相关的环境，包括网站本身、顾客、网络服务商、合作伙伴、供应商、销售商等网络环境。网络营销的开展就是与这些环境建立关系的过程，这些关系处理好了，网络营销也就卓有成效了。网上经营环境的营造，主要通过建立一个以营销为主要目的的网站，并以此为基础，通过一些具体策略对网站进行推广，从而建立并扩大与其他网站之间、与用户之间的关系，其主要目的是为企业提升品牌形象、增进顾客关系、改善顾客服务、开拓网上销售渠道并最终扩大销售。

根据上述网络营销的定义，我们可以得出下列认识：

1. 网络营销是手段而不是目的。网络营销具有明确的目的和手段，但网络营销本身不是目的，它是营造网上经营环境的过程，是凭借网络媒介综合利用各种网络营销方法、工具并协调其间的相互关系，从而更加有效地实现企业营销目的的手段。

2. 网络营销不是孤立的。网络营销是企业整体营销战略的一个组成部分，网络营销活动不可能脱离一般营销环境而独立存在，是建立在传统营销理论基础之上的，不是简单的营销网络化，是传统营销理论在互联网环境中的应用和发展。由此也确立了网络营销在企业营销战略中的地位，无论网络营销处于主导地位还是辅助地位，都是互联网时代市场营销必不可少的内容。网络营销也离不开现代信息技术，是借助互联网络、通信技术和数字交互式媒体来实现营销目标的一种营销活动。

3. 网络营销不是网上销售。网络营销是为实现产品销售目的而进行的一项基本活动，但网络营销本身并不等于网上销售。这可以从三个方面来说明：①网络营销的效果表现在多个方面，例如提升企业品牌价值、加强与客户之间的沟通、拓展对外信息发布的渠道、改善顾客服务等。②网站的推广手段通常不仅仅靠网络营销，往往还要采取许多传统的方式，如在传统媒体上做广告、召开新闻发布会、印发宣传册等。③网络营销是为实现网上销售目的而进行的一项基本活动，但很多情况下，网络营销活动并不一定能实现网上直接销售的目的，但是可以促进销售总额的增加，并且提高顾客的忠诚度。在我国上网人数占总人口的比例还很小，即使对于已经上网的人来说，由于种种因素的限制，可能有人根本不知道如何应用互联网查询信息，因此，一个完整的网络营销方案，除了在网上做推销之外，还很有必要利用传统营销方法进行网下推广。这与传统营销一样，营销和销售是两个既相联系又相区别的概念，销售是营销的结果，营销服务于销售，销售更多地是一种操作过程，是营销的实现。而营销则是一种艺术过程，一种吸引顾客注意力的艺术。

4. 网络营销不等于电子商务。网络营销和电子商务是一对既紧密相关又具有明显区别的概念，许多人对它的认识还存在一定的误区。网络营销是企业整体营销战略的一个组成部分，是建立在互联网基础之上、借助互联网手段来实现一定目标的营销手段，属于电子商务的一部分。无论是传统企业还是互联网企业都需要网络营销，但网络营销本身并不是一个完整的商业交易过程，而只是促进商业交易的一种手段。网络营销活动的内容在于如何利用互联网和企业网站做好与客户之间的信息交流。而电子商务主要是指利用互联网进行的各种商务活动的总和，即交易方式及相关商务活动的电子化，电子商务强调的是交易行为和方式，必须解决与之相关的法律、安全、技术、认证、支付和配送等问题，其最终目的是实现交易过程的电子化。因此说，网络营销是电子商务的基础，开展电子商务离不开网络营销，但网络营销并不等于电子商务。

5. 网络营销不是虚拟营销。网络营销不是独立于现实世界的虚拟营销，是传统营销的一种扩展，即向互联网上的延伸，所有的网络营销活动都是实实在在的。网络营销的手段也不仅仅限于网上，而是注重网上网下相结合。网上营销与网下营销并不是相互独立的，而是一个相辅相成、互相促进的营销体系。

6. 网络营销的实质是顾客需求管理。消费者需求的内容和方式的变化是网络营销产生的根本动力，网络营销的起点是顾客需求，最终实现的是顾客需求的满足和企业利润的最大化。作为企业应清楚地看到，无论用什么方法开展营销活动，首要的问题是要了解自己的顾客和潜在顾客的需求，然后采取一定的措施满足其需求。比如，互联网就是一种信息的中介，能够产生利润在于它的信息服务，在于提供的信息为顾客需求服务。因此说网络营销的实质是对顾客需求进行管理。也就是说，它是利用因特网，也包括企业内部和外部网的技术和功能，最大限度地满足客户需求，以达到开拓市场、增加盈利为目标的经营过程。

正如市场营销观念的不断发展演变一样，随着科学技术特别是传播和通信技术的不断发展，网络营销的内涵也在不断地更新和发展，因此说不要把网络营销的概念理解为僵化的概念。

三、网络营销的特征

随着互联网技术发展的成熟以及联网成本的低廉，互联网好比是一种万能胶将企业、团体、组织以及个人跨时空联结在一起，使得他们之间信息的交换变得唾手可得。市场营销中最重要也最本质的是组织和个人之间进行信息传播和交换。如果没有信息交换，那么交易也就是无本之源。正因如此，互联网具有营销所要求的某些特性，使得网络营销呈现出以下一些特征：

1. 时域性。营销的最终目的是占有市场份额，由于互联网能够超越时间约束和空间限制进行信息交换，使得营销脱离时空限制进行交易变成可能，企业有了更多时间和更大空间进行营销，可每周 7 天，每天 24 小时随时随地的提供全球性营销服务。

2. 多元性。互联网传播可以将文字、声音、图像等信息相结合同时进行有效传播，使得为达成交易进行的信息能以多种形式存在和交换。网络营销的这种多元性能够更好地激发营销人员的创造性和能动性。

3. 交互式。互联网通过展示商品图像，商品信息资料库提供有关的查询，来实现供需互动与双向沟通。还可以进行产品测试与消费者满意调查等活动。互联网为产品联合设计、商品信息发布、以及各项技术服务提供最佳工具。

4. 个性化。互联网上的促销是一对一的、理性的、消费者主导的、非强迫性的、循序渐进的，而且是一种低成本与人性化的促销，其避免了推销员强势推销的干扰，并通过信息提供与交互式交谈，与消费者建立长期良好的关系。

5. 成长性。一方面，互联网使用者数量快速成长并遍及全球，因此是一项极具开发潜力的市场渠道；另一方面，网络数据无时无刻都在进行着更新、替换。这使得产品的换代也更加频繁，正因如此，企业才能及时发现自身产品的不足之处加以改进，使产品随着互联网的发展而不断成长。

6. 整合性。一方面，互联网上的营销可由商品信息至收款、售后服务一气呵成，因此也是一种全程的营销渠道。另一方面，企业可以借助互联网将不同的传播营销活动进行统一设计规划和协调实施，以统一的传播咨讯向消费者传达信息，避免不同传播中不一致性产生的消极影响。

7. 超前性。互联网是目前功能最强大的营销工具，它同时兼具渠道、促销、电子交易、互动顾客服务以及市场信息分析与提供的多种功能。它所具备的一对一营销能力，正是未来主要营销手段的发展趋势。

8. 高效性。透过互联网的数据库，消费者可以随时对产品信息进行查询，其数据精确程度是其他媒介所无法比拟的。此外，企业还可以根据市场需求时时更改产品信息、调整产品价格，及时有效的了解并满足顾客的需求，使产品的整个销售流程都高效运转并发挥作用。

9. 经济性。由最初的物物交换到以互联网为载体的信息交换，从这一过程的对比中不难发现，网络营销不但可以减少印刷宣传册的成本、运费成本，还免去了店面租金、雇用店员人工费、店面水电费、工商管理费等成本。

10. 技术性。网络营销是建立在高技术作为支撑的互联网基础上的，企业实施网络营销必须有一定的技术投入和技术支持，改变传统的组织形态，提升信息管理部门的功能，引进同时掌握营销与计算机技术的复合型人才，未来才能具备市场的竞争优势。

四、网络营销的内容

网络营销作为新的营销方式和营销手段，并没有脱离营销活动的基本目的，也没有改变营销活动的主要内容，只是在营销的实施和操作过程中与传统方式有所区别。具体来讲，网络营销包括以下内容：

1. 网上市场调查。是指企业利用互联网的交互式信息沟通渠道来实施市场调查活动，互联网就像信息的海洋，利用网上调查工具，企业可以在网上收集市场调查所需的各种资料，大大提高了调查效率和调查效果。在利用互联网进行市场调查时，重点是如何利用有效的工具和手段调查并收集整理资料，并从中获取到想要的信息和分辨出有用的信息。

2. 网络消费者行为分析。网络消费者是网络社会的一个特殊的群体，与传统市场上的消费群体特性是截然不同的，因此要开展有效的网络营销必须深入了解网上用户群体的需求特征、购买动机和购买行为模式。互联网作为信息沟通工具，正成为许多兴趣和爱好趋同的消费群体聚集交流的地方，并因此在网上形成了一个个特征鲜明的虚拟社区，了解这些虚拟社区的群体特征和偏好是分析网上消费者行为的关键。

3. 网络营销策略的制定。在采取网络营销实现企业营销目标时，由于不同企业在市场中所处地位的不同，因此必须采取与本企业所处地位相适应的营销策略。同时，企业实施网络营销需要进行一定的投入，承担一定的风险，因此企业在制定本企业的网络营销策略时，应该考虑各种因素对网络营销策略制定的影响，例如产品周期对网络营销策略的影响。

4. 网络产品和服务策略。网络作为有效的信息沟通渠道，改变了传统产品的营销策略，特别是营销渠道的选择。在网上进行产品和服务营销，必须结合网络特点重新考虑对产品的设计、开发、包装和品牌的产品策略研究，因为传统的优势品牌在网络市场并不一定是优势品牌。

5. 网上价格营销策略。作为一种新的信息交流和传播工具，互联网从诞生开始就实行自由、平等和信息基本免费的策略，因此在网络市场上推出的价格策略大多采取免费或者低价策略。所以，在制定网上价格营销策略时，必须考虑互联网对定价的影响和互联网本身独特的免费特征。

6. 网络渠道选择与直销。互联网对企业营销活动影响最大的是企业的营销渠道。

交易双方可以借助互联网直接互动的特性建立网上直销的销售模式，这种模式改变了传统渠道中多层次选择和管理与控制的问题，最大限度地降低了营销渠道中的营销费用，但是企业在建设自己的网上直销渠道时必须在前期进行一定的投入，同时还要结合网络直销的特点改变企业传统的经营管理模式。

7. 网络促销和网络广告。互联网是一种双向沟通渠道，它的最大优势是沟通双方可以突破时空限制直接进行交流，而且操作简单、高效、费用低廉。互联网的这一特点使得在网上开展促销活动十分有效，但是在网上开展促销活动必须遵循在网上进行信息交流与沟通的规则，特别是要遵守一些虚拟社区的礼仪。网络广告是进行网络营销最重要的促销工具，网络广告作为新兴的产业已经得到迅猛发展。它的交互性和直接性都是传统的报纸、杂志、广播和电视等传统媒体发布广告无法比拟的。

8. 网络营销管理与控制。在互联网上开展网络营销活动，将面临许多传统营销活动没有遇到的新问题，如网络产品质量保证问题、消费者隐私保护问题等，这些都是网络营销必须重视和有效控制的问题，否则网络营销效果会适得其反。

五、网络营销的发展趋势

（一）我国网络营销现状

在我国，网络营销起步较晚，到1996年才开始被我国企业尝试。

1997—2000年是我国网络营销的起始阶段，电子商务快速发展，越来越多的企业开始注重网络营销。

2000年至今，网络营销进入应用和发展阶段，网络营销服务市场初步形成：企业网站建设迅速发展；网络广告不断创新；营销工具与手段不断涌现和发展。

截至2009年年底，中国网民高达近4亿，居全球第一。

根据2012年1月16日，中国互联网络信息中心（CNNIC）在京发布的《第29次中国互联网络发展状况统计报告》（以下简称《报告》）显示，截至2011年12月底，中国网民规模突破5亿。互联网普及率较2010年提升4个百分点，达到38.3%。中国手机网民规模达到3.56亿，同比增长17.5%。目前，网络调研、网络广告、网络分销、网络服务、网上销售等网络营销活动，正异常活跃地介入到我国企业的生产经营中。

网络营销的发展前景令人瞩目，但也不会一帆风顺。尽管世界上一部分发达国家的电子商务活动发展较快，网络营销取得初步成功，但进一步发展所面临的问题依然不少，尤其是在我国，对此我们应清醒的认识国内网络营销发展的现实问题。

如果将网络营销简单地分解为网络销售和网络经营两种功能，那么目前国内主要发展的是网络销售。与欧美国家网络销售取得的不俗业绩相比，我国的网络营销在原本应是优势和特长的若干方面，却存在着一些现实问题：

1. 从“方便”优势看，我国城市不存在欧美国家的“空心化”现象，市民的居住范围局限于市区，再加上近几年大中城市的商场建设热潮，国内消费者并不存在花两三个小时车程才能购物的无奈，亲临现场购物很方便。

2. 从“快捷”优势看，我国没能像发达国家一样，经历了电话、电视直销热后，已经建立起一套完整的速递快运业务体系，我们的快运业务从费用、速度两方面说都不尽如人意。

3. 从“交互性能好”优势看，我国的市场经济起步时间不长，消费者保持着浓厚的传统消费心理，不是亲眼所见，很难激发购买欲望，就是交互性再好，距离的间隔也使其不敢贸然行事。

4. 从“其他”优势看，信用消费和在线结算离中国老百姓还太远，国内的风险投资体系和证券市场还不完善，网络营销的经营者缺乏开发的保障。

在认清现实困难的同时，我们也应充满信心地分析网络营销这一新生事物的发展前景，特别是要首先了解互联网的发展前景。

（二）网络营销的发展趋势

根据互联网发展的特点以及市场营销环境的变化，可以预测网络营销将会有以下的发展趋势：

1. 网络技术将更有利于商品的销售。网络的防火墙技术、信息加密技术将更加成熟，电子货币等安全的网上支付方式将得到进一步推行，网络系统在商品销售方面的效率将大大提高，令网络消费者感到不安的网上付款安全问题将会迎刃而解，电子商务的使用将更加多样化，在销售促进上发挥更大的作用。

2. 营销决策趋于理性化。主要表现在：企业服务的对象——网络消费者的购买与消费行为将更加理性化，头脑冷静、擅长理性分析是网络用户的显著特点；市场调研效率的提高为理性决策奠定了基础。在网上进行市场调研比采用传统的调查方法具有巨大的优势，不论是在调查的宽度，还是在调查的效率上都为网络用户决策提供了有利条件。

3. 网上的电子商场将兴旺发达。将商场或企业的商品以多媒体信息的方式通过互联网络供全球消费者浏览和选购，是国内外许多大商场和大企业正在使用的促销方式。对于企业来说，网络商场与传统的商场相比，具有不需店面租金，可以减少商品库存的压力，降低销售、管理、发货等环节的成本，经营规模不受场地的限制，便于收集顾客的信息等很多优点。其发展前景十分广阔。

4. 网络广告将大有作为。与传统广告相比，网络广告所表现出来的优势是明显的：网络广告的空间几乎是无限的，其传播范围远远大于传统广告；网络广告成本低廉，大约仅相当于传统媒体的1/10；网络广告可以实现即时互动，克服了传统广告强制性的缺点；网络广告促成消费者采取行动的机制主要是靠逻辑、理性的说服力，因此具有更高的效率。

复习思考题

1. 网络营销的概念及特征是什么？
2. 网络营销产生的条件有哪些？
3. 简述网络营销的发展趋势。

任务二　网络营销与传统营销

学习任务

1. 了解营销市场要素的变化；
2. 掌握网络营销与传统营销的区别；
3. 理解网络营销与传统营销的整合。

情景案例

李宁网络营销

2007年8月，林砺加盟李宁，李宁决定开始做电子商务；

2008年1月，李宁电子商务部正式成立；

2008年4月，淘宝商城李宁官网上线；

2008年年底，李宁公司收编了400多家网络加盟店，总销售额达到2亿元；

2009年，李宁对网络商店进行统一规划，为各网店提供专用的CI和VI系统……

至此，我们可以看出李宁进军网络营销领域的步伐与野心。那么李宁公司在网络营销方面具体是如何操作的呢？

一开始李宁并没有盲目地开通自己的B2C官网，而是把自己的第一个网上商店放到了淘宝网上，同时，对原有的淘宝C2C卖家李宁也没有一棍子打死，而是结合网络用户的购物习惯，聪明地采用了“先招安，后整治”的办法。在淘宝商城开业后两个月，李宁B2C的官网才姗姗来迟。

从电子商务方面来看，李宁没有采用多数服装品牌的自建电子商城（佐丹奴、报喜鸟等）型的网络直销，而选择将网络渠道外包，其淘宝网旗舰店和折扣店只能算作一个展示平台。在此过程中，在团队架构上，李宁通过核心团队的自建和支持团队的外包相结合，打造了一只完整的B2C队伍；而物流、资金流方面，李宁电子商务部门已经通过对内外部机制的改革，迅速满足了电子商务高速运转的需要。现在，李宁公司已经拥有中国最大的体育用品分销网络。

案例点评

首先，李宁公司把传统的销售模式电子商务化，就是一大创举。这需要的不仅仅是金钱上的投入和专业上的积累，还需要勇于改变的勇气，这是我们很多民族企业应该学习的地方。

其次，李宁的营销策略可圈可点。它是一家以传统渠道为主的企业，有自己的品牌，在进行网络营销渠道建设的时候，网络上已经有一些自发形成的网上商城渠道，明智的整合现有的渠道资源，通过授权的形式收编现有的网络渠道资源，同时也在各大平台上开设自己的网络直营店铺，紧接着以自建平台的形式开通了自己的官方商城。在渠道协调上，李宁公司主要采取的策略是区分出线上和线下产品销售的种类以及统一产品的价格。在网络营销渠道的推广上，主要是通过在一些综合型门户网站上做广告以及搜索引擎营销的方式。

总而言之，李宁公司的网络营销渠道建设对于服装企业是具有极高的参考价值的，尤其是在经济寒冬还没有完全消退的情况下。祝愿我们的民族企业越办越好，也希望在这条创新之路上的李宁越走越好！

知识体系

一、网络营销与传统营销的比较

网络营销作为传统营销的延伸与发展，既有与传统营销共性的一面，也有别于传统营销的一面。

（一）网络营销与传统营销的相同点

1. 网络营销与传统营销都是企业的一种经营活动。二者所涉及的范围不仅限于商业性内容，也就是所涉及的不仅是产品生产出来之后的活动，还要扩展到产品制造之前的开发活动。传统的市场营销主要研究卖方的产品和劳务如何转移到消费者或用户手中的全过程，以及企业等组织在市场上的营销活动及其规律性，网络营销是在市场营销的基础上发展起来的，可以认为是借助于联机网络、电脑通信和数字交互式媒体来实现营销目标的一种市场营销方式。无论是网络营销还是传统的市场营销都离不开市场，网络营销是对传统营销的必要补充和完善。

2. 网络营销与传统营销都需要通过组合发挥功能。二者并不是单靠某种手段去实现目标，而是要开展各种具体的营销活动。现代企业的市场营销目标已不仅仅是某个目标，更重要的是要追求某种价值的实现。目标已成为企业所要达到的境界，实现这样的目标要启动多种关系，而且要制定出各种策略，最终才能够实现预计所要达到的目的。按照这样的要求，搞好营销需要一种组合能力。

3. 网络营销与传统营销都把满足消费者需求作为一切活动的出发点。

4. 对消费者需求的满足，不仅停留在现实需求上，而且还包括潜在需求。

（二）网络营销与传统营销的不同点

网络营销与传统营销方式的区别是显而易见的，从营销的手段、方式、工具、渠道以及营销策略都有本质的区别，但营销目的都是为了销售、宣传商品及服务、加强和消费者的沟通与交流等。虽然网络营销不是简单的营销网络化，但其仍然没有脱离传统营销理论 4P。

传统营销理论要素由 4P 组成，即产品（Product）、价格（Price）、渠道（Place）和促销（Promotion），如图 1-1 所示。这是以企业的利润最大化为出发点的，没有将顾客需求放到与企业的利润同等重要的地位上来。由于网络的互动性使得顾客参与整个营销过程，这就决定了网络营销是从顾客需求出发开始整个营销过程。因此一些营销学者提出了关于网络营销的 4C 组合，即消费者的需求和欲望（Consumer's wants and needs）、成本（Cost）、沟通（Communication）和便利（Convenience）。这一理论是以消费者为中心，企业的组织管理、生产、经营都围绕消费者展开，如图 1-2 所示。

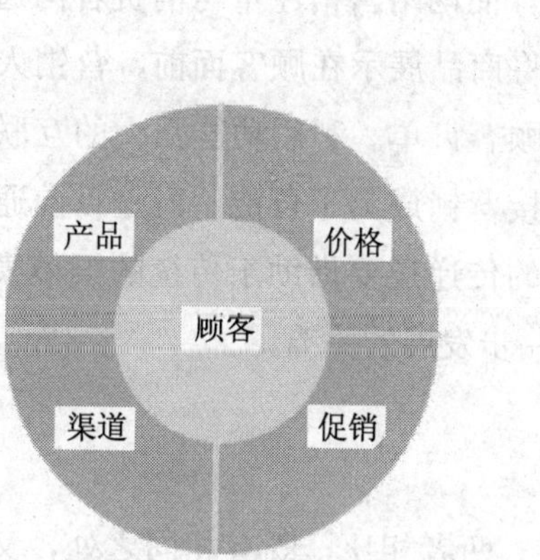

图 1-1 4P 理论示意图

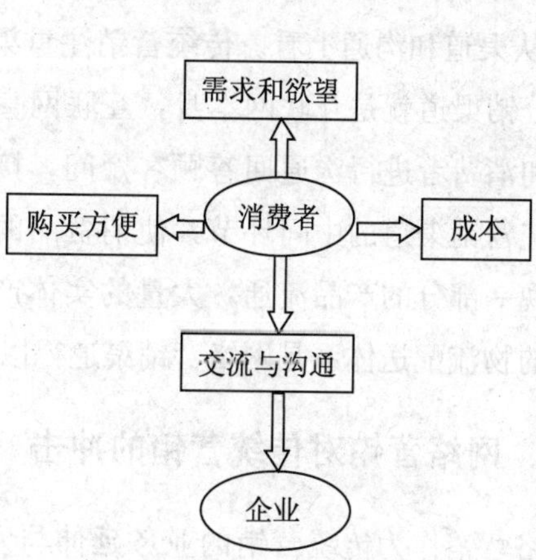

图 1-2 4C 理论示意图

具体来说，网络营销与传统营销的区别主要表现为：

1. 从产品和消费者上看。理论上一般商品和服务可以在网络上销售，但目前实际上只有电子产品、音像制品、书籍等直观和容易识别的商品销售在网上进行。传统营销注重产品，网络营销注重消费者的需求和欲望。从营销角度来看，传统营销以市场为导向，网络营销以顾客需求为导向，通过网络对大多数产品进行营销，即使不通过网络达成最终的交易，网络营销的宣传作用也是强大的。网络营销可真正直接面对消费者，实施差异化营销，可针对某一类型甚至一个消费者制订相应的营销策略，消费者可自主选择感兴趣的产品或购买。这是传统营销所不能及的。

2. 从价格和成本上看。传统营销注重价格，而网络营销注重成本。网络营销直接面对消费者，减少了批发商、零售商等中间环节，有较大的成本优势，比如：降低了采购成本、库存成本、节省了顾客服务成本、市场调研成本、广告宣传费用等。营销成本的降低，使产品具有价格竞争力，因此也就产生了较大的竞争优势。从顾客的角度看，价格本质上是一种成本。网络营销从价格策略到成本策略的转换，说明企业开始站在顾客的立场上考虑问题，不是如何运用价格策略获取高额利润，而是如何节约顾客成本，使顾客以最少的代价获得最大的利益。

3. 从促销和方便上看。传统营销以促销为主，网络营销注重沟通。在促销方式上，网络营销本身可采用数据库技术、搜索引擎、电子邮件、网页、网络广告等方式。例如汽车生产，厂商可提供各式各样的发动机、方向盘、车身颜色等供顾客挑选，然后在电脑上进行虚拟安装，使顾客能看到成型的汽车，并加以改进调整。也可以借鉴传统营销中的促销方式，促销活动一般要求要有新意、能吸引消费者。在方便上，一方面网络营销为消费者提供了足不出户即可挑选购买自己所需的商品和服务，可通过BBS、电子邮件快速为消费者提供信息。

4. 从渠道和沟通上看。传统营销注重渠道，而网络营销注重与消费者沟通。网络营销的分销渠道就是互联网本身，互联网直接将商品展示在顾客面前，营销人员可以实时地和消费者进行沟通回答顾客疑问，接受顾客订单。利用功能强大的互联网可以避开传统营销渠道的中间环节，使消费品的直接营销成为了可能。但是目前通过网络只能实现一部分的产品流通，大量的实体产品的传递还要借助于传统的渠道模式，所以完善的物流配送体系是网络营销渠道得以进一步发展的关键。

二、网络营销对传统营销的冲击

网络营销作为传统营销的业务延伸与发展，两者相比，既有相同之处，又有其显著不同的特点。网络营销与传统营销都是企业的一种经营活动，且都需要通过组合运用来发挥功能，而不是单靠某一种手段就能够达到目的的。两者都把满足消费者的需要作为一切活动的出发点。但网络营销又有其独特的一面，作为一种全新的营销理念，网络营销虽不能取代传统营销，但其很强的实践性、互动性、虚拟性等特点对传统营销产生了巨大的冲击。这种冲击主要表现在以下几点：

（一）对传统营销观念的冲击

传统营销规模化、无差异的营销观念受到网络营销个性化的营销理念冲击。随着网络技术迅速向全球化、智能化、个人化方向的发展，用户可以在更广阔的领域内实现声、图、像、文一体化的多维信息共享和人机互动功能。个人化服务方式的发展使传统营销方式发生了革命性的变化。同时，企业通过网络使用交互式的营销沟通模式把信息传递给消费者和公众，最大程度地促进与购买者和潜在的购买者之间的信息沟通，从而收集到大量反映消费者的不同需求信息，使得产品更能满足顾客的个性化需求。

（二）对传统营销战略的冲击

网络营销使企业的营销战略发生变化。互联网具有公平、公正、公开的特性，一方面网络营销将削弱大公司所拥有的规模经济的竞争优势，从而使小企业更容易参与全球的市场竞争；另一方面开放网络世界使市场竞争透明化，人人都可以比较容易地掌握竞争对手的产品信息与营销举措。因此，胜负的关键在于如何适时获取、分析和运用这些来自网络的信息，并研究和采取极具优势的竞争策略。

网络营销还会影响企业的跨国经营战略。在过去分工经营的时代，国内企业只需专注本行业与本地的市场，国外企业则委托代理商或贸易商经营。随着网络的跨时空特征使企业跨国营销的成本降低，每个企业都可能进行跨国营销。这就要求企业不但要熟悉跨国市场顾客的特征，以争取信任并满足他们的需求，还要安排跨国生产、运输和售后服务，并通过网络来安排这些跨国业务。任何实施跨国网络营销的企业，都必须选择一种适当的商业模式，并要明确这种新型媒体所传播的信息和进行的交易对其现存模式产生的影响。

（三）对传统营销策略的冲击

传统营销依赖多种间接甚至直接渠道，通过大量的人力或广告投入市场。这些在网络营销中将显得不那么必要了。在网络时代，人员推销、市场调研、广告促销、经销代理等传统手法，将与网络结合，并充分运用网上的各种资源，形成以最低成本投入，获得最大市场销售量的新型营销模式。

1. 网络营销对传统的标准化产品的冲击。作为一种新型媒体，互联网可以在全球范围内进行市场调研。通过互联网厂商可以迅速获得关于产品概念和广告效果测试的反馈信息，也可以测试顾客的不同认同水平，从而更加容易地对消费者行为方式和偏好进行跟踪。因此，在互联网大量使用的情况下，对不同的消费者提供不同的商品将很容易被实现。

【小贴士 2-1】美国一家出版商联机书屋（Online Bookstore）把即将出版的书的某些章节用各种语言装载到互联网上，以便于全球范围的访问者品读。样品书中包含有与作者及其他相关材料有关的信息，它的独特之处在于：当来自全球的访问者在品读之后产生对本书的需求时，它可将材料译成访问者的当地语言，以符合其当地化的需求。这种顾客化方式的驱动力是最终消费者，而非按惯例由国外分销商的兴趣决定。同时，互联网的新型沟通能力又加速了这种趋势。因此，怎样更有效地满足各种个性需求，是每个上网公司面临的一大挑战。

2. 网络营销对品牌的全球化管理的冲击。与传统企业的单一品牌和多品牌的决策相同，对上网公司的一个主要挑战是如何对全球品牌和共同的名称或标志识别进行管理。一方面，如果只有一个品牌的公司允许其他地方性机构根据需要发展自己的有本地特点的区域品牌，当多个有本地区域特点的品牌分别以不同的格式、形象、信息和内容进行沟通时，虽然给消费者带来了某种程度的便利，但也会引起他们的困惑。另一方面，如果为所有区域品牌设置统一品牌形象，虽然可以利用知名品牌的信用带动相关产品的销售，但也有可能由于某种品牌的失利导致全局受损。因此，是实行统一品牌形象策略还是实行本地特点的区域品牌策略，以及如何加强区域管理是上网公司面临的现实问题。

3. 对定价策略的影响。如果某种产品的价格标准不统一或经常改变，客户将会通过互联网认识到这种差异，并可能因此引起不满。所以相对于目前的各种媒体来说，互联网先进的网络浏览器和服务器会使变化不定的且存在差异的价格水平趋于一致，这将对分销商分布海外并在各地采取不同价格的公司产生巨大冲击。例如，如果一个公司对某地顾客提供20%的价格折扣，世界各地的互联网用户都会了解到这个交易，从而可能会影响到分销商或本来并不需要折扣的业务。另外，通过互联网搜索特定产品的代理商也将认识到这种价格差别，从而加剧了价格歧视的不利影响。总之，这些因素都表明互联网将导致国际间的价格水平标准化或至少缩小国别间的价格差别。这对于执行差别化定价策略的公司来说不能不是一个严重的问题。

4. 对营销渠道的冲击。通过互联网，生产商可与最终用户直接联系，中间商的重要性因此而有所降低。这将造成两种后果：一是由跨国公司所建立的传统国际分销网络对小企业竞争者造成的进入障碍将明显降低；二是对于目前直接通过互联网进行产品销售的生产商来说，其售后服务工作是由各分销商承担的，但随着他们代理销售利润的消失，分销商将很有可能不再承担这些工作。所以在不破坏现存渠道的情况下，如何提供这些服务将是网上公司不得不面对的另一个问题。

5. 对广告障碍的消除。首先，相对于传统媒体来说，由于网络空间具有无限的扩展性，因此在网络上做广告可以较少地受到空间篇幅的局限，尽可能地将必要的信息一一罗列。其次，迅速提高的广告效率也为网上企业创造了便利条件。例如，有些公司可以根据注册用户的购买行为快速地改变向访问者发送的广告；有些公司可根据访问者的特性，如硬件平台、域名或访问时搜索主题等有选择地显示其广告。

（四）网络营销对营销组织的影响

互联网相继带动企业内部网的蓬勃发展，使企业内外部沟通与经营管理均需要依赖网络作为主要的渠道与信息源。其带来的影响包括：业务人员与直销人员的减少，组织层次的减少，经销代理与分店门市数量的减少，渠道缩短，虚拟经销商、虚拟门市、虚拟部门等企业内外部虚拟组织的盛行。这些影响与变化，都将促使企业对组织再造工程的需要变得更加迫切。企业内部网的兴起，改变了企业内部的作业方式以及员工学习成长的方式，个人工作者的独立性与专业性将进一步提升。因此，个人工作室、在家上班、弹性上班、委托外包、分享业务资源等行为，在未来将会十分普遍，也使企业组织重整成为必要。

三、网络营销与传统营销的整合

（一）网络营销不可能完全取代传统营销

随着互联网在全球的迅速发展，依托互联网的环境和优越特性而产生的网络营销，作为一种新的营销理念和策略，与传统营销相比有许多与生俱来、令传统营销方式可望而不可即的优势，并对企业的传统经营方式形成了巨大的冲击。但是，由于种种实际的原因，网络营销不可能完全取代传统营销。事实上，网络营销与传统营销是一个整合的过程，即使在今后可预见的很长的一段时期，网络营销和传统营销将互相影响、互相补缺和互相促进，直至最后实现相互融合的内在统一。网络营销不可能完全取代传统营销鉴于下述理由：

1. 到目前为止，在互联网上的电子商务市场仅仅是整个商品市场的一部分，从电子商务市场的交易金额来看，还仅仅占有整个市场交易金额的一小部分。

2. 作为在网上新兴的虚拟市场，它所涵盖的消费群体也只是整个市场中的某一部分群体，其他许多群体由于各种原因还不能或者不愿意使用互联网，例如各国的老年人和落后国家地区的消费者。

3. 互联网作为一种有效的营销渠道有着自己的特点和优势，但许多消费者由于个人生活方式的原因不愿意接受或者使用新的沟通方式和营销渠道。例如许多消费者习惯于在传统的商场里边购物边休闲而不愿意在网上购物。

4. 互联网作为一种有效沟通的方式，虽然可以使企业与用户之间方便地直接进行双向沟通，但有些消费者因个人偏好和习惯，仍愿意选择传统方式进行沟通，例如目前许多报纸已经发行了网上电子版本，但是并没有冲击报纸原来的印刷出版业务，相反起到了相互促进的作用。

5. 营销活动所面对的是有灵性的人，而互联网只是一种工具，因此传统的以人为本的营销策略所具有的独特的亲和力是网络营销所无法替代的。

随着网络技术的发展和网络社会的进步，网络营销与传统营销将在相当长的一段时期内是一种相互促进和补充的关系，企业在进行营销活动时应根据企业的经营目标来进行市场细分，并恰当地整合网络营销和传统营销的策略，以最低成本达到最佳的营销目标。

（二）整合营销的概念

有一种新的理解，称网络营销和传统营销的整合为整合营销，实际上就是利用整合的策略来实现以消费者为中心的传播统一性和双向沟通，用目标营销的方法来开展企业的营销活动。整合营销包括了传播的统一性、双向沟通和目标营销三个方面的内容：

1. 传播的统一性。指企业以统一的传播资讯向消费者传达，即用一个声音来说话。消费者无论从哪种媒体所获得的信息都是统一的、一致的。其目的是运用和协调各种不同的传播手段，使其发挥出最佳、最集中统一的作用，最终实现在企业与消费者之间建立长期的、双向的、维系不散的关系。

2. 双向沟通。与消费者的双向沟通，是指消费者可与公司展开富有意义的交流，可以迅速、准确、个性化地获得信息和反馈信息。如果说传统营销理论的座右铭是“消费者请注意”的话，那么整合营销所倡导的格言即是“请消费者注意”。虽然只是两个词之间位置的交换，但消费者在营销过程中的地位发生了根本的改变，营销策略已从消极、被动地适应消费者向积极、主动地与消费者进行沟通和交流转化。

3. 目标营销。是指企业的一切营销活动都应该围绕企业的目标来进行，即实现目标营销。整合营销已从理论上离开了在传统营销理论中占中心地位的4P′S理论，逐渐转向4C′S理论，其所主张内在关系都是围绕消费者为中心展开的。具体内容如下：

(1) 先不急于制定产品策略，而以研究消费者的需求和欲望为中心，不再卖你所生产、制造的产品，而卖消费者想购买的产品。

(2) 暂时把定价策略放到一边，而研究消费者为满足其需求所愿付出的成本。

(3) 忘掉渠道策略，着重考虑给消费者提供方便以购买到商品。

(4) 抛开促销策略，着重于加强与消费者的沟通和交流。

可以将互联网的发展和应用分为四个阶段：第一阶段是信息以文本和图像的方式在网络上的传送为特征，互联网被作为一种信息传输的手段；第二阶段是互联网商务运用的正式开始，尽管当时成功的案例并不多；第三阶段占主导地位的是营销者的广告、销售信息等与网络技术的结合，并开始在网上进行销售活动；第四阶段是营销者能利用并控制网络技术为企业的营销目标服务，运用网络技术来获取企业经营管理的最大可能性的成功。

目前，互联网正处在商业应用的第四个阶段，最终将网络整合到整个公司营销计划的时代已经来临。虽然已有不少公司开始认识到利用互联网的必要性。但是，只有很少一部分公司已经认识到要将网络与传统营销整合起来的重要性。按照美国的Matrixx营销公司的调查，大约有60%的被调查公司没有将网络用于对顾客的服务体系当中，这些公司只将互联网看做是一个销售工具。正确的观点是：网络营销应该支持公司的整个营销体系，它不应该只存在于真空中；网络只是营销海洋的一个水域，它不是唯一的解决方案，而是整体方案的一部分，网络营销必须要与公司的战略策划相互匹配和相互支撑。

复习思考题

1. 简述网络营销与传统营销的区别与联系。请举一个你所了解的网络营销案例，比较同类型产品网络营销与传统营销的异同。

2. 简述网络营销与传统营销的整合。

任务三 网络营销基本理论

学习任务

1. 了解直复营销、关系营销、服务营销等营销基本理论的概念；
2. 了解新的营销理论在网络营销中的应用。

情景案例

马狮百货集团的关系营销

马狮百货集团（Marks&Spencer）是英国最大且赢利能力最高的跨国零售集团，以每平方英尺销售额计算，伦敦的马狮公司商店每年都比世界上任何零售商赚取更多的利润。马狮百货在世界各地有200多家连锁店，“圣米高”牌子货品在30多个国家出售，出口货品数量在英国零售商中居首位。《今日管理》（Management Today）的总编罗伯特·海勒（Robert Ellen）曾评论说：“从没有企业能像马狮百货那样，令顾客、供应商及竞争对手都心悦诚服。在英国和美国都难找到一种商品牌子像‘圣米高’如此家喻户晓，备受推崇。”这句话正是对马狮在关系营销上取得成功的一个生动写照。

马狮的全面关系营销战略

（一）围绕满足顾客真正需要建立企业与顾客的稳固关系

有人把关系营销的基本原理简单理解为：“与顾客建立良好的关系，有利的交易自会随之而来”。实际上为建立关系而建立关系，并不是真正意义上的关系营销。关系营销倡导建立企业与顾客之间长期的、稳固的相互信任关系，实际上是企业长期不断地满足顾客需要，实现顾客满意的结果。马狮很早就充分认识到这一点。

（二）从同谋共事出发建立企业与供应商的合作关系

企业尤其是零售企业，要想有效实现对顾客需求的满足，自然离不开供应商的协调配合。一般来说，零售商与制造商的关系多建立在短期的相互利益上，马狮则以本身的利益、供应商利益及消费者利益为出发点，建立起长期紧密合作的关系。马狮把其与供应商的关系视为同谋共事的伙伴关系。尽管马狮非常清楚顾客到底需要什么，但他们也明白，如果供应商不能生产出所需质优价廉的产品，便无法满足顾客需要，所以马狮非常重视同供应商的关系。与马狮最早建立合作关系的供应商时间超过100年，供应马狮货品超过50年的供应商也有60家以上，超过30年的则不少于100家。

（三）以真心关怀为内容建立企业与员工的良好关系

企业与顾客建立长期信任关系时是作为一个整体出现的，企业具体来说是由若干个员工和管理者组成的，企业内部的关系怎样，直接关系到企业功能的发挥和宗旨的实现。企业内部管理者与员工之间相互信赖和支持的关系是企业作为一个整体与外部顾客建立长期信任关系的基础，离开了前者，后者的建立是不具有操作性的。马狮向来把员工视为最重要的资产，同时也深信，这些资产是成功压倒竞争对手的关键因素，因此，马狮把建立与员工的相互信赖关系，激发员工的工作热情和潜力作为管理的重要任务。对员工真实细致的关心必然导致员工对工作的关心和热情，使得马狮得以实现全面而彻底的品质保证制度，而这正是马狮与顾客建立长期稳固信任关系的基石。

案例点评

1. 实施关系营销是一项系统工程，要实现企业与顾客建立长期稳固关系的最终目标，离不开建立于关联企业及员工良好关系的支持；

2. 企业与顾客的关系是关系营销中的核心，建立这种关系的基础是满足顾客的真正需要；

3. 要与关联企业建立长期合作关系，必须从互惠互利出发，并与关联企业在追求的目标认识上取得一致；

4. 高福利并不一定实现企业与员工的良好关系，真心关怀每个员工才能有效激发他们的工作热情和责任心，从而为实现企业的外部目标提供保证。

知识体系

网络营销是在传统营销理论基础上发展起来的，网络营销区别于传统营销的根本原因是网络本身和消费者需求的个性回归。在这两者的综合作用下，又演绎和创新出一些网络营销理论。

一、网络直复营销理论

（一）直复营销的概念

直复营销起源于美国。1872 年，蒙哥马利·华尔德创办了美国第一家邮购商店，标志着一种全新的营销方式的产生，但直至 20 世纪 80 年代以前，直复营销并不为人所重视，甚至被看成是一种不正当的营销方式。进入 20 世纪 80 年代后，直复营销得到了飞速的发展，其独有的优势也日益被企业和消费者所了解。

美国直复营销协会为直复营销下了一个定义：直复营销是一种为了在任何地方产生可度量的反应和达成交易而使用一种或多种广告媒体的相互作用的市场营销体系。网络作为一种交互式的可以双向沟通的渠道和媒体，可以很方便地为企业与消费者之间架起桥梁，顾客可以直接通过网络订货和付款，企业可以通过网络接受订单、安排生产，并直接将产品送给顾客。所以简单地说，网络直复营销是指生产厂家通过网络直接分销渠道销售产品。主要的做法有两种：一是企业在互联网上建立自己的网站，申请域名，制作主页和销售网页，处理有关的销售事物；二是委托信息服务商在其网站上发布信息，企业利用有关信息与客户联系，直接销售产品，虽然在这一过程中有信息服务商参与，但主要的销售活动是在买卖双方之间完成的。网络直复营销促成产需直接见面，企业也可以直接从市场上收集到第一手资料。从销售的角度来看，网络营销就是一种直复营销。网络直复营销中的“网络”就是互联网，即营销所使用的媒体；“直”其实就是直接的意思，即不通过中间商而直接通过网络媒体连接企业和消费者；“复”是指企业与顾客之间的交互，顾客对企业有一个明确的回复（买或者不买），企业可以统计到这种回复的数据，由此对营销的效果做出评价。所以基于互联网的直复营销将更加符合直复营销的理念。

（二）直复营销的类型

1. 直接邮购营销。直接邮购营销是指经营者自身或委托广告公司制作宣传信函，分发给目标顾客，引起顾客对商品的兴趣，再通过信函或其他媒体进行订货和发货，最终完成销售行为的营销过程。这是最古老的直复营销形式，也是当今应用最广泛的形式。如早在 1982 年，美国的邮购总额已达 400 多亿美元，占整个零售总额的 8%。

2. 目录营销。指经营者编制商品目录，并通过一定的途径分发到顾客手中，由此接受订货并发货的销售行为。目录营销实际上是从邮购营销演化而来的，两者的最大区别就在于目录营销适用于经营一条或多条完整产品线的企业。

目录营销的优点在于：内容含量大，信息丰富完整；图文并茂，易于吸引顾客；便于顾客作为资料长期保存，反复使用。其不足之处在于：设计与制作的成本费用高昂，只能具有平面效果，视觉刺激较为平淡。

3. 电话营销。指经营者通过电话向顾客提供商品与服务信息，顾客再借助电话提出交易要求的营销行为。

电话营销的优势在于：能与顾客直接沟通，可及时收集反馈意见并回答提问；可随时掌握顾客态度，使更多的潜在顾客转化为现实顾客。电话营销的劣势也相当明显：营销范围受到限制，在电话普及率低的地区难以开展；因干扰顾客的工作和休息所导致的负效应较大；由于顾客既看不到实物，也读不到说明文字，易使顾客产生不信任感等。

4. 电视营销。指营销者购买一定时段的电视时间，播放某些产品的录像，介绍功能，告示价格，从而使顾客产生购买意向并最终达成交易的行为。其实质是电视广告延伸。

电视营销的优点是：通过画面与声音的结合，使商品由静态转为动态直观效果强烈；通过商品演示，使顾客注意力集中；接收信息的人数相对较多。电视营销的缺点是：制作成本高，播放费用昂贵；顾客很难将它与一般的电视广告相区分；播放时间和次数有限，稍纵即逝。

为了克服上述弊端，有些经营者创造了一种新的电视营销方式——家庭购物频道（Home Shopping Channels）。这种营销方式在 1986 年的美国，其营业额为 4.5 亿美元，而到 1991 年则增至 20 亿美元。

5. 网络直复营销。指营销者借助互联网和数字交互式媒体而进行的营销活动。它主要是随着信息技术、通信技术、电子交易与支付手段的发展而产生的。网络作为一种交互式的可以双向沟通的渠道和媒体，可以很方便地在企业与顾客之间架起桥梁，顾客可以直接通过网络订货和付款，企业可以通过网络接收订单、安排生产，直接将产品送给顾客。

（三）网络直复营销的特点

1. 直复营销的交互性。直复营销作为一种相互作用的体系，特别强调营销者与目标顾客之间的双向“信息交流”，以克服传统市场营销中的“单向信息交流”方式在营销者与顾客之间无法沟通的弱点。互联网作为开放、自由的双向式的信息沟通网络，企业与顾客之间可以实现直接一对一的信息交流和直接沟通。企业可根据顾客的需求进行生产和营销决策，在最大限度满足顾客需求的同时，提高营销决策的效率和效用。

2. 直复营销的跨时空性。直复营销活动，强调在任何时间、任何地点都可以实现企业和顾客的信息双向交流。互联网的全球性和持续性的特征，使顾客可以在任何时间、任何地点直接向企业提出要求和反映问题，企业也可以利用互联网的低成本跨时空的与顾客交流。

3. 直复营销可以实现营销的一对一服务。直复营销的关键是为每个目标顾客提供直接向营销者反映的渠道，企业可以根据顾客反映找出不足，为下一次直复营销活动做好准备。互联网的方便、快捷，使顾客可以方便地通过互联网直接向企业提出建议和购买需求，也可以直接通过互联网获得售后服务。企业也可以从顾客的建议以及需求的服务中，找出企业的不足，改善经营管理，提高服务质量。

4. 直复营销的效果是可以测定的。直复营销的一个最重要的特性，就是营销活动的效果是可以预测的。互联网作为最直接、简单的沟通工具，可以很方便地为企业与顾客之间的交易提供沟通支持和交易平台，通过数据库技术和网络控制技术，企业可以便捷地处理每一个顾客的订单和需求，而不用理会顾客的规模大小和购买量的多少。这是因为互联网的沟通费用和信息处理成本非常低廉。因此，通过互联网可以最低成本、最大限度地满足顾客需求，同时了解顾客的需求，细分目标市场，提高营销效率和作用。

网络营销作为一种有效的直复营销形式，由于互联网的特性，它的效果是可测试的、可评价的、可度量的和可控制的。因此，可以利用这一特性改进营销决策的效率和营销执行的效用。

二、网络软营销理论

（一）网络软营销的概念

网络软营销理论认为，企业在进行市场营销活动时，必须尊重消费者的感受和体验，让消费者乐意主动接受企业的营销活动。它实际上是针对工业经济时代的以大规模生产为主要特点的“强势营销”而提出的新理论。

（二）网络软营销与传统的强势营销的区别

强势营销是工业化大规模生产时代的营销方式，传统营销中最能体现强势营销特点的两种营销手段是传统广告和人员推销。这两种营销方式企图以一种信息灌输的方式在消费者心中留下深刻的印象而不管你是否需要和喜欢它的产品和服务，这就是一种强势营销。人员推销也是如此，它根本不考虑推销对象是否需要，只是根据自己的判断，强行开展推销活动。

在互联网上，由于信息交流是平等、自由、开放和交互的，它强调的是相互的尊重和沟通，用户都比较注重个人的体验和隐私。因此，企业采用传统的强势营销手段在互联网上展开营销活动势必适得其反，如美国著名 AOL 公司曾经对其用户强行发送 E-mail 广告，结果招致用户的一致反对，许多用户同时给 AOL 公司服务器发送 E-mail进行报复，结果使得 AOL 的 E-mail 邮件服务器处于瘫痪状态，最后不得不道歉平息众怒。这种现象的产生，可以从网络特点和消费者个性化需求的角度来解释。在网络发展的初期并没有商业化的意味，因为网络发展的基本目的和原因之一就是为了信息的共享，降低信息沟通的成本，这与商业的目的是不相吻合的。在当今开放的互联网平台上，信息是充分共享的，交流的成本低廉，传递的速度快捷，致使其必须有一定的控制机制，否则会造成信息的泛滥。

概括地说，软营销与强势营销的根本区别在于：软营销的主动方是消费者，而强势营销的主动方是企业。消费者在心理上要求自己成为主动方，而网络的互动性使这种要求变为可能。网上消费者通常不欢迎那些不请自到的广告，但他们会在个性化需求的驱动下上网寻找相关的信息，企业应注意引导和创造机会，一旦有消费者找到站点，就要使出浑身解数把顾客留住，并让其满意而归。

【小贴士 3-1】原以亚洲地区为主要业务重心的国泰航空公司，为了扩展美国飞往亚洲的市场，拟举办一个大型抽奖活动，并在各大报纸上刊登了一个“赠送百万里行”抽奖的广告。与众不同的是，这个广告除了几个斗大的字“奖 100 万里”及公司网址外没有任何关于抽奖办法的说明，要了解抽奖办法的消费者只有登陆公司网站。结果是众多的消费者主动登陆企业网站以获得相关的活动信息，这样就为企业下一步运作网络营销奠定了基础。因此，与传统的做法相比，这种整合的运作方式，在时效上、效果上都强化了许多，同时也会更经济。另外，从长远的角度来看，通过这种方式该公司一方面提高了公司网站的知名度和消费者登陆公司网站的积极性，另一方面收集到为数众多的 E-mail 地址和顾客信息，这为公司开拓市场提供了绝佳的资源。

（三）网络软营销应遵循的原则

网络营销还必须遵循一定的原则，这就是网络礼仪。网络礼仪是网上一切行为都必须遵守的规则，网络营销也不例外。软营销的特征主要体现在“遵守网络礼仪的同时，通过对网络礼仪的巧妙运用而获得一种微妙的营销效果”。网络礼仪是随着互联网发展而不断完善的、良好的、不成文的网络行为规范，如不使用电子公告牌张贴私人的电子邮件，不在网页上随意传递带有欺骗性的信息等。

网络软营销的实施开展，离不开对网络社区的利用。网络社区是指那些具有相同兴趣和目的、经常相互交流和互惠互利、能给每个成员以安全感和身份意识的互联网的单位和个人所组成的团体。在网上人们利用电子邮件、网络论坛、新闻组等网络工具，就共同感兴趣的话题展开讨论，形成如计算机、摄影爱好者或某名人等社区。

三、网络关系营销理论

（一）关系营销的概念

所谓关系营销，是把营销活动看成是一个企业与消费者、供应商、分销商、竞争者、政府机构及其他公众发生互动作用的过程，其核心是建立和发展与这些公众的良好关系。

1985年，巴巴拉·本德·杰克逊提出了关系营销的概念，使人们对市场营销理论的研究又迈上了一个新的台阶。关系营销理论一经提出，迅速风靡全球，杰克逊也因此成了美国营销界备受瞩目的人物。

关系营销的本质特征可以概括为以下几个方面：

1. 双向沟通。在关系营销中，沟通应该是双向而非单向的。只有广泛的信息交流和信息共享，才可能使企业赢得各个利益相关者的支持与合作。

2. 合作。一般而言，关系有两种基本状态，即对立和合作。只有通过合作才能实现协同，因此合作是“双赢”的基础。

3. 双赢。即关系营销旨在通过合作增加关系各方的利益，而不是通过损害其中一方或多方的利益来增加其他各方的利益。

4. 亲密。关系能否得到稳定和发展，情感因素也起到重要作用。因此，关系营销不只是实现物质利益的互惠，还必须让参与各方能从关系中获得情感的需求满足。

5. 控制。关系营销要求建立专门的部门，用以跟踪顾客、分销商、供应商及营销系统中其他参与者的态度，由此了解关系的动态变化，及时采取措施消除关系中的不稳定因素和不利于关系各方利益共同增长因素。

此外，通过有效的信息反馈，也有利于企业及时改进产品和服务，更好地满足市场的需求。

（二）关系营销的原则

关系营销的实质是在市场营销中与各关系方建立长期稳定的相互依存的营销关系，以求彼此协调发展，因而必须遵循以下原则：

1. 主动沟通原则。在关系营销中，各关系方都应主动与其他关系方接触和联系，相互沟通信息，了解情况，形成制度或以合同形式定期或不定期碰头，相互交流各关系方需求变化情况，主动为关系方服务或为关系方解决困难和问题，增强伙伴合作关系。

2. 承诺信任原则。在关系营销中各关系方相互之间都应做出一系列书面或口头承诺，并以自己的行为履行诺言，才能赢得关系方的信任。承诺的实质是一种自信的表现，履行承诺就是将誓言变成行动，是维护和尊重关系方利益的体现，也是获得关系方信任的关键，是公司与关系方保持融洽伙伴关系的基础。

3. 互惠原则。在与关系方交往过程中必须做到相互满足对方的经济利益，并通过在公平、公正、公开的条件下进行成熟、高质量的产品或价值交换使关系双方都能得到实惠。

（三）关系营销的基本模式

在关系营销中，发现顾客需求，满足需求并保证顾客满意，进而获取顾客忠诚，构成了关系营销的三部曲：

1. 企业要分析顾客需求。顾客需求满足与否的衡量标准是顾客满意度，满意的顾客会对企业带来有形的好处（如，重复购买该企业产品）和无形的好处（如，宣传企业形象）。一些营销学者提出了导致顾客全面满意的七个因素及其相互间的关系：欲望、感知绩效、期望、欲望一致、期望一致、属性满意、信息满意；欲望和感知绩效生成欲望一致，期望和感知绩效生成期望一致，然后生成属性满意和信息满意，最后导致全面满意。

2. 期望和欲望与感知绩效的差异程度是产生满意感的来源，所以，企业可采取以下方法来取得顾客满意：提供满意的产品和服务；提供附加利益；提供信息通道。

3. 顾客维系。市场竞争的实质是争夺顾客资源。维护好原有顾客，减少顾客的叛离，要比争取新顾客更为有效。维系顾客不仅仅需要维持顾客的满意度，还必须分析顾客产生满意感的最终原因，从而有针对性地采取措施来维系顾客。

（四）关系营销的形态

关系营销是在人与人之间的交往过程中实现的，而人与人之间的关系绚丽多彩，关系复杂。归纳起来大体有以下几种形态：

1. 亲缘关系营销形态。指依靠家庭血缘关系维系的市场营销，如父子，兄弟姐妹等以亲缘为基础进行的营销活动。这种关系营销的各关系方盘根错节，根基深厚，关系稳定，时间长久，利益关系容易协调，但应用范围有一定的局限性。

2. 地缘关系营销形态。指以公司营销人员所处地域空间为界维系的营销活动，如利用同省同县的老乡关系或同一地区企业关系进行的营销活动。这种关系营销在经济不发达，交通邮电落后，物流、商流、信息流不畅的地区作用较大。在我国社会主义初级阶段的市场经济发展中，这种关系营销形态仍不可忽视。

3. 业缘关系营销形态。指以同一职业或同一行业之间的关系为基础进行的营销活动，如同事、同行、同学之间的关系，由于接受相同的文化熏陶，彼此具有相同的志趣，在感情上容易紧密结合为一个整体，可以在较长时间内相互帮助相互协作。

4. 文化习俗关系营销形态。指公司及其人员之间具有共同的文化、信仰、风俗习惯为基础进行的营销活动。由于公司之间和人员之间有共同的理念、信仰和习惯，在营销活动的相互接触交往中易于心领神会，对产品或服务的品牌、包装、性能等有相似的需求，容易建立长期的伙伴营销关系。

5. 偶发性关系营销形态。指在特定的时间和空间条件下发生突然的机遇形成的一种关系营销，如营销人员在车上与同坐旅客闲谈中可能使某项产品成交。这种营销具有突发性、短暂性、不确定性特点，但这种偶发性机遇又会成为企业扩大市场占有率、开发新产品的契机。

（五）关系营梢的具体措施

1. 关系营销的组织设计。为了对内协调部门之间、员工之间的关系，对外向公众发布消息、处理意见等，通过有效的关系营销活动，使得企业目标能顺利实现，企业必须根据正规性原则、适应性原则、针对性原则、整体性原则、协调性原则和效益性原则建立企业关系管理机构。该机构除协调内外部关系外，还将担负着收集信息资料、参与企业决策的责任。

2. 关系营销的资源配置。面对当代的顾客、变革和外部竞争，企业的全体人员必须通过有效的资源配置和利用，同心协力地实现企业的经营目标。企业资源配置主要包括人力资源和信息资源。人力资源配置主要是通过部门间的人员转化，内部提升和跨业务单元的论坛和会议等进行。信息资源共享方式主要是利用电脑网络制定政策，为削减信息超载建立知识库或回复网络以及组建虚拟小组等。

3. 关系营销的效率提升。与外部企业建立合作关系，必然会与之分享某些利益，增强对手的实力，另外，企业各部门之间也存在着不同利益，这两方面形成了关系协调的障碍。具体的原因包括：利益不对称、担心失去自主权和控制权、片面的激励体系、担心损害分权。由于各方环境的差异会影响关系的建立以及双方的交流。跨文化间的人们在交流时，必须克服文化差异所带来的障碍。对于具有不同企业文化的企业来说，文化的整合，对于双方能否真正协调运作有重要的影响。

关系营销是在传统营销的基础上，融合多个社会学科的思想而发展起来的。吸收了系统论、协同学、传播学等思想。关系营销学认为，对于一个现代企业来说，除了要处理好企业内部关系，还要与其他企业结成联盟。企业营销过程的核心是建立并发展与消费者、供应商、分销商、竞争者、政府机构及公众的良好关系。无论在哪一个市场上，关系营销都具有很重要作用，甚至成为企业市场营销活动成败的关键。所以，关系营销日益受到企业的关注和重视。

四、服务营销理论

（一）什么是服务营销

服务营销是指企业在充分认识和满足消费者需求的前提下，在营销过程中所采取的一系列活动。服务作为一种营销组合要素，被真正引起人们重视是在20世纪80年代后期。这时期，由于科学技术的进步和社会生产力的显著提高，产业升级和生产的专业化发展日益加速，一方面使产品的服务含量，即产品的服务密集度日益增大；另一方面，随着劳动生产率的提高，市场转向买方市场，消费者随着收入水平提高，他们的消费需求也逐渐发生变化，需求层次也相应提高，并向多样化方向拓展。

（二）服务营销的演变与发展

在发达国家，成熟的服务企业营销活动一般经历以下7个阶段：

1. 销售阶段。重视销售计划而非利润，销售能力逐步提高。对员工进行销售技巧的培训，希望招徕更多的新顾客，而未考虑到让顾客满意。

2. 广告与传播阶段。有意增加广告投入，指定多家广告代理公司，推出宣传手册和销售点的各类资料。随着顾客期望值的提高，企业经常难以满足其期望，竞争性模仿盛行。

3. 产品开发阶段。企业意识到新的顾客需要，引进许多新产品和服务，产品和服务得以扩散。企业强调新产品开发、市场细分、品牌意识明确。

4. 差异化阶段。企业通过战略分析进行定位，寻找差异化，制定清晰的战略，并进而进行更深层的市场细分，开展市场研究、营销策划、营销培训等工作，强化品牌运作。

5. 顾客服务阶段。企业通过开展顾客服务培训，微笑运动等，改善服务的外部促销行为。但企业利润率受一定程度影响甚至无法持续，得不到过程和系统的支持。

6. 服务质量阶段。此阶段企业开始进行服务质量差距的确认，分析研究顾客行为，设计服务蓝图。

7. 整合和关系营销阶段。此阶段，企业经常研究顾客和竞争对手，注重所有关键市场，严格分析和整合营销计划，在大量数据基础上开展营销；平衡营销活动，改善程序和系统，改善措施保留老顾客。

20世纪90年代，关系营销成为营销企业关注的重点，把服务营销推向一个新的境界。同传统的营销方式相比较，服务营销是一种营销理念，企业营销的是服务，而传统的营销方式只是一种销售手段，企业营销的是具体的产品。在传统的营销方式下，消费者购买了产品意味着这一桩买卖的完成，虽然它也有产品的售后服务，但这只是一种解决产品售后维修的职能。而从服务营销观念理解，消费者购买了产品仅仅意味着销售工作的开始而不是结束，企业关心的不仅是产品的成功售出，更注重的是消费者享受企业通过产品所提供的服务的全过程的感受。这一点也可以从马斯洛的需求层次理论上理解，即人最高的需求是尊重需求和自我实现需求。服务营销正是为消费者提供了这种需求，而传统的营销方式只是提供了简单的满足消费者的生理或安全方面的需求。

随着社会的进步，人们收入的提高，消费者需要的不仅仅是一个产品，更需要这种产品带来的特定或个性化的服务，从而有一种被尊重和自我价值实现的感觉，而这种感觉所带来的就是顾客的忠诚度。服务营销不仅仅是某个行业发展的一种新趋势，更是社会进步的一种必然产物。

（三）服务营销的原则

服务营销是一种通过关注顾客，提供服务，最终实现利益交换的营销手段。实施服务营销首先必须明确服务对象，即“谁是顾客”。例如，饮料行业的顾客分为分销商和消费者两个层次。对于企业来说，应该把所有分销商和消费者看做上帝，提供优质的服务。通过服务，提高顾客满意度和建立顾客忠诚。对于厂家来说，有鉴于饮料行业的营销模式，分销商占据举足轻重的地位。厂家的利润来自全国各省市的分销商。分销商具有左右市场需求的力量，因此，处理好与各地分销商之间的顾客关系，建立合作、友好、互利的伙伴关系，是服务营销的关键。

“顾客关注”是服务营销的重要环节，对顾客的关注有以下九项原则：

1. 获得一个新顾客比留住一个已有的顾客花费更大。企业在拓展市场、扩大市场份额的时候，往往会把更多精力放在发展新顾客上，但发展新的顾客和保留已有的顾客相比花费将更大。此外，根据国外调查资料显示，新顾客的期望值普遍高于老顾客，这使发展新顾客的成功率大受影响。

2. 除非你能很快弥补损失，否则失去的顾客将永远失去。每个企业对于各自的顾客群都有这样那样的划分，顾客因而享受不同的客户政策。但企业必须清楚地认识到一点，即每个顾客不论贡献大小，都是公司的顾客，要避免出现客户歧视政策。

3. 不满意的顾客比满意的顾客拥有更多的朋友。竞争对手会利用顾客不满情绪，逐步蚕食其忠诚度，同时在你的顾客群中扩大不良影响。这就是为什么不满意的顾客比满意的顾客拥有更多的朋友。

4. 畅通的沟通渠道，欢迎投诉。有投诉才有对工作改进的动力，及时处理投诉能提高顾客的满意度，避免顾客忠诚度的下降。畅通的沟通渠道，便于企业收集各方反馈信息，有利于市场营销工作的开展。

5. 顾客不总是对的，但以怎样的方式告诉他们是错的就会产生不同的结果。“顾客永远是对的”是留给顾客的，而不是企业的。企业必须及时发现并清楚了解顾客与自身所处立场有差异的原因，告知并引导他们。当然这要求有一定营销艺术和技巧，不同的方法会产生不同的结果。

6. 顾客有充分的选择权力。不论什么行业和什么产品，即使是专卖，也不能忽略顾客的选择权。市场是需求的体现，顾客是需求的源泉。

7. 必须倾听顾客的意见以了解他们的需求。为客户服务不能是盲目的，要有针对性。企业必须倾听顾客意见，了解他们的需求，并在此基础上为顾客服务，这样才能做到事半功倍，提高客户忠诚度。

8. 如果你不愿意相信，你怎么能希望你的顾客愿意相信。企业在向顾客推荐新产品或是要求顾客配合进行一项合作时，必须站在顾客的角度，设身处地考虑。如果自己觉得不合理，就绝对不要轻易尝试。你的强迫永远和顾客的抵触在一起。

9. 如果你不去照顾你的顾客，那么别人就会去照顾。市场竞争是激烈的，竞争对手对彼此的顾客都时刻关注。企业必须对自己的顾客定期沟通了解，解决顾客提出的问题。忽视你的顾客等于拱手将顾客送给竞争对手。

（四）服务营销的管理

为了有效地利用服务营销实现企业竞争的目的，企业应针对自己固有的特点注重服务市场的细分、服务差异化、有形化、标准化以及服务品牌、公关等问题的研究，以制定和实施科学的服务营销战略，保证企业竞争目标的实现。为此，企业在开展服务营销活动、增强其竞争优势时应注意研究以下问题：

1. 服务市场细分。任何一种服务市场都有为数众多、分布广泛的服务需求者，由于影响人们需求的因素是多种多样的，服务需求具有明显的个性化和多样化特征。任何一个企业，无论其能力多大，都无法全面满足不同市场服务需求，都不可能对所有的服务购买者提供有效的服务。因此，每个企业在实施其服务营销战略时都需要把其服务市场或对象进行细分，在市场细分的基础上选定自己服务的目标市场，有针对性地开展营销组合策略，才能取得良好的营销效益。

2. 服务的差异化。指服务企业面对较强的竞争对手在服务内容、服务渠道和服务形象等方面采取有别于竞争对手而又突出自己特征，以战胜竞争对手，在服务市场站稳脚跟的一种做法。目的是要通过服务差异化突出自己的优势，与竞争对手相区别。

3. 服务的有形化。指企业借助服务过程中的各种有形要素，把看不见摸不着的服务产品尽可能地实体化、有形化，让消费者感知到服务产品的存在、提高享用服务产品的利益过程。

4. 服务的标准化。由于服务产品不仅仅是靠服务人员，还往往要借助一定的技术设施和技术条件，因此，这为企业服务质量管理和服务的标准化生产提供了条件，企业应尽可能地把这部分技术性的常规工作标准化，以有效地促进企业服务质量的提高。

5. 服务品牌。是指企业用来区别于其他企业服务产品的名称、符号、象征或设计，它由服务品牌名称和展示品牌的标识语、颜色、图案、符号、制服、设备等可见性要素构成。企业应注意服务品牌的研究，通过创名牌来树立自己独特的形象，以建立和巩固企业特殊的市场地位，在竞争中保持领先的优势。

6. 服务公关。是指企业为改善与社会公众的联系状况，增进公众对企业的认识、理解和支持，树立良好的企业形象而进行的一系列服务营销活动，其目的是要促进服务产品的销售，提高服务企业的市场竞争力。通过服务公关活动，沟通与消费者的联系，影响消费者对企业服务的预期愿望，尽可能地与企业提供的实际服务相一致，保证企业服务需求的稳定发展。

服务营销有利于丰富市场营销的核心，充分满足消费者需要的内涵，有利于增强企业的竞争力，有利于提高产品的附加价值。服务营销的兴起，对增强企业的营销优势，丰富企业营销活动内涵有着重要的意义。

五、数据库营销

（一）数据库营销概念

所谓数据库营销就是企业通过收集和积累消费者的大量信息，经过处理后预测消费者有多大可能去购买某种产品，以及利用这些信息给产品以精确定位，有针对性地制作营销信息，以达到说服消费者去购买产品的目的。

（二）数据库营销的优势

数据库营销在欧美已经得到了广泛的应用。在中国大陆地区，也已经开始呈现“星星之火，快速燎原”之势头。包括 DM（Direct Mail，定向直邮），EDM（Email DM，电子邮件营销），E-Fax（网络传真营销）和 SMS（Short Message Server，短消息服务）等在内的多种形式的数据库营销手段，得到了越来越多的中国企业的青睐。其中 EDM 由于其投资低回报率高被国内外企业广泛应用，如今 EDMSOFT 已被国内中小型公司、网店、站长等广泛使用，部分得到初步发展的企业已开始自建 EDMSYS 平台，而第三方的营销平台也在蓬勃发展。可以说，数据库营销迎来了一个黄金发展时期。

之所以越来越多的企业开始选择数据库营销，这与它相对传统营销所具有的独特优势是密不可分的。

1. 可测度。数据库营销是唯一一种可测度的广告形式。你能够准确地知道如何获得客户的反应以及这些反映来自何处。这些信息将被用于继续扩展或重新制订、调整你的营销计划。

而传统的广告形式（报纸、杂志、网络、电视等）只能面对一个模糊的大致的群体，究竟目标人群占多少无法统计，所以效果和反馈率总是让人失望。正如零售商巨头 Wanamaker 说过："我知道花在广告上的钱，有一半被浪费掉了，但我不知道是哪一半"。

2. 可测试性。数据库营销就像科学实验，每推进一步，都可以精心的测试，其结果还可以进行分析。假设你有一间酒吧，可以发出一封邮件，宣布所有光临的女士都可以免费获得一杯鸡尾酒。而在另一封邮件中，你可以宣布除周六、周日外所有顾客都可以获得 8 折优惠。在进行一段时间的小规模测试后，计算哪一封邮件产生的回报最高，之后就运用获得最佳反应的方案进行更大规模的邮寄。不管企业的大小如何，只要运用适当的形式，都可以进行小规模的测试，以便了解哪种策略最有可能取得成功。

3. 降低成本，提高营销效率。数据库营销可以使企业能够集中精力于更少的人身上，最终目标集中在最小消费单位到个人身上，实现准确定位。目前美国已有 56%的企业正在建立数据库，85%的企业认为他们需要数据库营销来加强竞争力。由于运用消费者数据库能够准确找出某种产品的目标消费者，企业就可以避免使用昂贵的大众传播媒体，可以运用更经济的促销方式，从而降低成本，增强企业的竞争力。据有关资料统计，运用数据库技术进行筛选消费者，其邮寄宣传品的反馈率，是没有运用数据库技术进行筛选而发送邮寄宣传品的反馈率的 10 倍以上。

4. 获得更多的长期忠实客户。权威专家分析，维持一个老顾客所需的成本是寻求一个新顾客成本的 0.5 倍，而要使一个失去的老顾客重新成为新顾客所花费的成本则是寻求一个新客户成本的 10 倍。如果比竞争对手更了解顾客的需求和欲望，留住的最佳顾客就更多，就能创造出更大的竞争优势。用数据库营销经常地与消费者保持沟通和联系，可以维持和增强企业与消费者之间的感情纽带。另外，运用储存的消费记录来推测其未来消费者行为具有相当精确性，从而使企业能更好地满足消费者的需求，建立起长期的稳定的客户关系。

5. 企业制胜的秘密武器。传统营销中，运用大众传媒（报纸、杂志、网络、电视等）大规模地宣传新品上市，或实施新的促销方案，容易引起竞争对手的注意，使他们紧跟其后推出对抗方案，势必影响预期的效果。而运用数据库营销，可与消费者建立紧密关系，一般不会引起竞争对手的注意，避免公开对抗。如今，很多知名企业都将这种现代化的营销手段运用到了自身的企业，将其作为一种秘密武器运用于激烈的市场竞争中去，从而在市场上站稳了脚跟。

（三）数据库营销的特点

1. 提供直接可控的、个性化的服务。

2. 竞争隐蔽化。

3. 沟通渠道多样化。

4. 成本最小化，效果最大化。

5. 科技含量高。

【小贴士 3－2】 快餐业的顾客流失是非常快的，你在大学的时候可能会去吃快餐，但是等你有一些生活经验之后会发现一个星期吃十次快餐并不是一个十分有益健康的选择。这就是麦当劳为什么时时刻刻地需要增加新的消费者，因为它已有的消费者在经过一段时间之后就逐渐地流失，所以要不断地大量补充消费者，并且消费一段时间，以保住它们的收入。麦当劳在中国有一个非常有创意的举动，它利用手机短信，并结合了世界杯的最新消息，来吸引消费者，不仅仅是吃快餐，而且是吃麦当劳的快餐。

麦当劳在上海一个月总共发出了十五万的手机短信，由于它的短信是非常有针对性的，它只针对它的目标客户，并且是在正确的地方、合适的时间、合适的场合，把这个手机短信送到消费者手中，所以它收获的效果非常好，对它这种短信的促销的回应率有12%，这比用传统的直接促销手段只有1%～3%，3%～5%有很大的提高。这是麦当劳做过的最为有效、最为成功的一个营销活动之一，为麦当劳获得了新的消费者。

（四）数据库营销的运作程序

一般来讲，数据库营销一般经历数据采集、数据存储、数据处理、寻找理想消费者、使用数据、完善数据等六个基本过程。

1. 数据采集，数据库数据一方面通过市场调查消费者消费记录以及促销活动的记录，另一方面利用公共记录的数据，如人口统计数据、医院婴儿出生记录、患者记录卡、银行担保卡、信用卡记录等都可以选择性地进入数据库。

2. 数据存储，将收集的数据，以消费者为基本单元，逐一输入电脑，建立起消费者数据库。

3. 数据处理，运用先进统计技术，利用计算机把不同的数据综合为有条理的数据库，然后在强有力的各种软件支持下，产生产品开发部门、营销部门、公共关系部门所需要的任何详细数据库。

4. 寻找理想消费者，根据使用最多类消费者的共同特点，用电脑勾画出某产品的消费者模型，此类消费群具有一些共同的特点——比如兴趣、收入。以采用专用某牌子产品的一组消费者作为营销工作目标。

5. 使用数据，数据库数据可以用于多个方面：鉴定购物优惠券价值目标，决定该送给哪些顾客；开发什么样的新产品；根据消费者特性，如何制作广告比较有效；根据消费记录判定消费者消费档次和品牌忠诚度。如特殊身材的消费者数据库不仅对服装厂有用，而且对于减肥药生产厂、医院、食品厂、家具厂很有用。因此，数据库不仅可以满足信息，而且可以进行数据库经营项目开发。

6. 完善数据库，随着以产品开发为中心的消费者俱乐部，优惠券反馈，抽奖销售活动记录及其他促销活动而收集来的信息不断增加和完善，使数据不断得到更新，从而及时反映消费者的变化趋势，使数据库适应企业经营需要。

数据库营销在我国刚刚开始，但是随着信息技术，通信发展及计算机普及应用，坚信有越来越多的企业将会采用数据库营销这一现代化的营销方式，因为在未来激烈的市场竞争中，没有什么比了解消费者习惯和爱好更为重要了。

六、全球营销理论

从20世纪60年代开始，全球营销理论逐渐成为研究和指导跨国公司全球市场扩张和经营活动的主导理论，从Levitt（1983）年正式提出全球营销概念至今，经过20多年的发展，理论的内涵和外延都得到极大拓展，对跨国公司的全球市场经营活动发挥着极其重要的指导作用。全球营销理论主要是以跨国公司在全球环境下的营销战略和策略作为研究对象，广泛讨论在全球化背景下跨国公司外部环境和内部条件等诸多影响因素，不仅从战略层面上探讨跨国公司的营销职能和其他职能战略在全球市场上的统筹协作，而且注重从策略层面上讨论营销组合策略在全球化背景下的实施和管理。

在经济全球化的背景下，全球营销是一个极具前景的领域。通过大量的从不同背景、不同层面和不同角度的研究总结，迄今为止全球营销理论大体被划分为三个阶段：

（一）萌芽阶段（20世纪60年代到80年代）

早在20世纪60年代，可口可乐、柯达、丰田等著名的跨国公司就开始尝试某些全球性的活动，譬如，使用全球统一品牌，对海外市场投入丰富资源，重视从全球贸易活动中获利，等等。这种有别于传统战略的新动向，引起一些学者的关注。他们在各自所从事的跨国经营研究的基础上，纷纷就跨国公司的新动向阐述自己的观点，就经营战略全球化的具体表现、内外部动因都展开了初步探讨。

1. 倡导全球化观念。Richard（1961）明确倡导了全球化观念。他以1960年前后的美国大公司为研究对象，认为这些企业正逐渐从单纯的出口导向发展到更广泛地参与国际业务，将原来在本国市场使用的营销策略应用到海外市场，从事当地制造和营销等活动。他指出对通用汽车、福特、IBM等公司来说，国内市场和国外市场的差距正逐渐消失，因此公司应该建立全球视野，追求高度国际化的形象，同时需要在人力资源、组织结构、沟通机制等方面采取相应的措施。实行全球战略能够使企业实现规模经济等利益，为实施全球化战略，企业应该重点考虑行业因素，如规模经济的潜力，需求变化的频率、运输成本、贸易壁垒和渠道成本等。

2. 全球统一广告。Fatt（1967）提出了全球统一广告所具有的顾客基础和产生的利益。他认为，受到交通和通信工具日益进步等因素的影响，全球消费者尽管在个体之间存在很大差异，但是却具有最根本和相似的心理诉求，诸如向往美好生活、渴望美丽等，这些相似的心理诉求就给跨国公司使用全球统一的广告主题提供了前提，当时的宝洁、可口可乐、福特等公司都已经采用全球统一广告并收到良好效果。相比而言，完全的本土化广告则显得事倍功半。

3. 跨国营销标准化概念的提出。全球营销标准化是全球营销战略中最早被学者提出并高度关注的问题。学者 Buzzel（1968）较早探讨了跨国营销标准化的问题。他认为，随着外界环境的变化，尽管营销标准化的情形会因行业和公司而异，但毫无疑问的是，跨国营销的标准化能够给公司带来诸多利益，管理者在考虑其利弊的前提下，应该坚持在全球市场、或者至少是在区域市场内实施不同程度的营销标准化战略。

4. 管理导向对公司战略的影响。营销战略的选择直接受到跨国公司总部对其子公司的管理导向的影响。Perlmutter（1969）提出跨国公司的发展通常要经历三个阶段和相应的几种管理导向：本国导向、多国导向、地区导向和全球导向。基本结论是：全球化对于任何公司来说都是必然趋势，尽管在这一过程中存在阻碍，但本国导向、多国导向和地区导向终将进化到全球导向。

（二）发展阶段（20 世纪 80 年代到 90 年代）

levitt（1983）正式提出全球营销概念和理论构架之后，学者们就很多主题进行了广泛而深入的讨论，比较核心的问题包括：第一，有关标准化观点和适应性观点的争辩；第二，有关营销组合要素全球管理和实施的讨论；第三，对跨国公司的国际化阶段及其演变的研究。

（三）升华阶段（20 世纪 90 年代至今）

20 世纪末，跨国公司在全球营销实践方面已经积累了丰富的经验，全球营销战略作为跨国公司的主导战略已经成为其从事跨国经营和全球扩张的基本战略，学术界对全球营销的讨论也相应地升华到战略层面。这一阶段的核心问题就是对全球营销战略综合模型的研究。

全球营销战略综合模型的研究主要提炼和解释全球营销战略的影响因素、战略表现和经营业绩等衡量维度并假设和验证它们之间的逻辑关系。对综合模型的研究，能够提供学者们普遍接受的战略观点，能够对全球营销战略和业绩的关系予以澄清和验证，也使得现有研究之间的矛盾之处因为理论平台的统一而得到合理解释。

复习思考题

1. 请简述网络直复营销理论的特点？请举例予以说明。
2. 什么是关系营销？关系营销的实质是什么？
3. 什么是服务营销？服务营销的原则有哪些？

模块二　网络营销调研

任务四　网络营销环境分析

学习任务

1. 了解什么是网络营销环境；
2. 熟悉网络营销环境的分类方法；
3. 掌握网络营销宏观环境的构成要素；
4. 掌握网络营销微观环境对网络营销的重要性。

情景案例

百事可乐　三十而立

1981年，中国改革开放，百事集团与中国政府签约，在深圳兴建百事可乐灌瓶厂，成为首批进入中国市场的美国企业之一。

2011年，是百事集团进入中国市场的第30个年头。

正如百事大中华区主席孟可仕所说，百事集团在中国的发展是从星星之火变成了燎原之势。在过去的30年里，百事集团在中国20多个城市建立了30多家灌装厂、1家独资浓缩液厂、5家食品厂和8个农场，员工多达3万人。

而未来3年，百事集团将投资25亿美元用于中国内地市场业务开展、产品研发和环境保护。中国成为百事集团海外第一大市场，也是最重要的市场之一。

一、品牌新主张：渴望就是力量

从启动渴望、突破渴望到渴望无限，渴望一直是百事传播的主题元素。

2011年5月27日晚，百事（中国）在长城居庸关举办百事可乐新品牌主张发布会。通过3D投影，一条蓝色巨龙在居庸关长城上空盘旋，为千年古迹带来了蓝色生机。当蛟龙腾空而起，咆哮着点亮烽火台时，“渴望就是力量”六个大字闪耀于长城之上。

居庸关自古以来就是力量的象征。作为天下第一雄关，无数人赞叹居庸关山势险峻，但更多是对它所代表的精神表示认同——古人保卫家园的强烈渴望，以及这种渴望迸发的巨大力量。居庸关成为对百事可乐新的品牌主张“渴望就是力量”的最好注解。

与之前的品牌主张相比，“渴望就是力量”将过去的渴望理念转变成为切实的行动，通过一个个小小的渴望，积聚成前所未有的力量。在品牌新主张发布会现场，百事大中华区首席市场官李自强讲述了安猪的故事：“安猪是一个普通的年轻人，他喜欢旅行，有一个自己的渴望，就是帮助农村的孩子。于是他提出了一个创意，在旅行的同时，多背一千克，给农村的孩子带去书和文具。安猪的这个小小的渴望，通过百事的媒体平台，得到了无数年轻人的响应，一千克变成十几万千克，渴望的力量在不断凝聚，因为这个渴望，无数农村小孩有了更多的学习机会。”

李自强告诉《新营销》记者：“互联网的崛起让年轻人有更多的渠道表达自己的想法与渴望，但他们缺少将想法变成现实的平台。所以我们希望通过‘渴望就是力量’品牌理念，利用百事的品牌资源和渠道，为年轻人提供一个‘将渴望转化为现实’的平台，鼓励他们勇于实现自己的渴望，将渴望的理念转化为有意义的行动。”

二、营销年轻族群

“做营销，不能是单向思维，要考虑消费者在想什么。年轻人有他们的想法，一定要跟他们沟通，明白他们的追求、心态，才可以取得最好的营销效果。”李自强说，“要跟年轻人多沟通，明白他们的内心世界很重要，这是我们所有营销的出发点。”

不同于发达国家，中国市场呈现出跳跃性、多元化的发展态势。在其他国家，产品的更新换代都是按部就班的，而在中国，所有的产品几乎是在同一时间出现的。比如，传统的录像机在国外被使用了很多年，而中国市场的使用周期非常短，很快就跳跃到了数字 DV 时代。

面对如此开放和多元化的市场，李自强说：“我们希望消费者不把百事可乐当成产品或者品牌，而是当成朋友，这是我们一直追求的定位。因此，一定要关注消费者的追求。追求有两个层面，一个是精神需求，一个是物质需求。百事要了解消费者的内心世界，还有更重要的一点就是倾听消费者反馈的声音。”

“百事可乐一直以来都对中国年轻人消费心理变化保持着敏锐的嗅觉。我们研究消费者不是停留在他们衣食住行的表面，而是真正读懂他们，引领他们的需求。在百事有一个非常特别的团队——青少年顾问团，他们是帮助百事捕捉、引领年轻人需求的重要力量。更为重要的是，百事还拥有一个非常年轻、有活力的团队，他们每个人都是百事最生动的消费者与导演。”

“互联网让消费者可以在第一时间表达他们对产品的喜好。然而，未来在营销方面的最重要着眼点还是开放。百事可乐搭建的开放平台，从来不是以自我为中心，而是在真正了解年轻人喜好的基础上，打造一个属于年轻人的平台。他们想在这个平台上干什么，百事可乐就会帮助他们表达自己的想法，最终帮助他们实现自己的想法。以安猪为例，没有开放平台之前，安猪只能自己一个人背一千克文具。通过开放平台，利用百事可乐的媒体资源，安猪一个人的小我就变成了巨大的力量。我们的心得就是：越放得开，离消费者越近，就越能让百事可乐变成消费者的朋友。”李自强说。

案例点评

百事可乐的实践证明：适者生存，企业的发展壮大必须要善于适应环境，对环境进行分析的目的就在于寻求营销机会和避免环境威胁，在现实生活中，机会和威胁往往同时并存。营销管理者的任务就是善于抓住机会，克服威胁，以有力措施迎接市场上的挑战。

知识体系

一、网络营销环境概述

网络营销虽然是一个新兴的行业，但从某种程度上来说其本质根源依然是营销活动，因此离不开一定的环境，这些环境是开展网络营销活动的物质基础。站在网络营销者的角度来看，网络营销环境的构成因素应当包括四个方面：宏观环境、消费者、竞争者和企业。如何充分利用网络营销环境，是每个企业都要研究的课题。

网络营销环境的概念

营销环境是一个综合的概念，由多个方面的因素组成。环境的变化是绝对的、永恒的。因此，网络营销环境是指对企业的生存和发展产生影响的各种外部条件，即与企业网络营销活动有关联因素的集合。随着社会的发展，特别是网络技术在营销中的运用，使营销环境变得更加复杂。对营销主体而言，虽然环境因素是不可控制的，但它也有一定的规律性，可通过营销环境的分析对其发展趋势和变化进行预测和事先判断。企业营销理论、消费者的需求和行为都在一定经济社会环境中形成并不断变化着。

互联网络自身构成了一个市场营销的整体环境，它在环境构成上具有5大要素：

1. 提供资源。信息是市场营销过程中的关键资源，互联网是获取信息最直接和快捷的途径。通过互联网，企业可以获得各种信息，及时了解最新的市场需求、客户反馈，从而指导企业的网络营销活动。

2. 全面影响力。环境与体系内的所有参与者不是相互独立的两个个体，而是一个有机的结合体。每一个网民都是互联网的一分子，可畅游互联网的每个角落，对互联网产生影响，同时在这一过程中参与者也必然会受到互联网的影响。特别是对企业来说，企业需要关注，潜在的客户群体对企业产生的影响，会刺激企业去不断创新。

3. 动态变化。整体环境在不断变化中发挥其作用和影响。不断更新和变化正是互联网的优势所在。

4. 多因素互相作用。整体环境是由互相联系的多种因素有机组合而成的，涉及企业活动的各因素在互联网上通过网址来实现。

5. 反应机制。环境可以对其主体产生影响，同时主体的行为也会改造环境。企业可以将自己企业的信息通过公司网站存储在互联网上，也可以通过互联网上的信息进行决策。

因此，互联网已经不只是传统意义上的电子商务工具，而是独立成为新的市场营销环境。它以其范围广、可视性强、公平性好、交互性强、能动性强、灵敏度高、易操作等优势给企业市场营销创造了新的发展机遇与挑战。

二、我国网络营销环境的现状

根据中国互联网络信息中心（CNNIC）发布的《第 29 次中国互联网络发展状况统计报告》（以下简称《报告》）显示，截至 2011 年年底，中国网民规模突破 5 亿。互联网普及率较 2010 年提升 4 个百分点，相比 2007 年以来平均每年 6 个百分点的提升，增长速度有所回落。尤其值得关注的是，中国的的网站数在 2011 年下半年实现止跌，并快速回升如图 4－1 所示。

（一）网民规模突破 5 亿，增长进入平台期

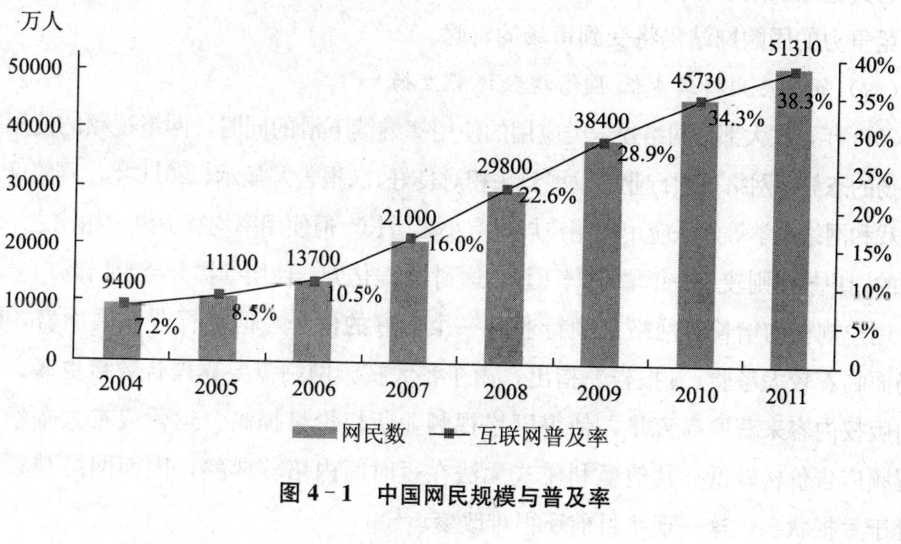

图 4－1　中国网民规模与普及率

《报告》显示，截至 2011 年 12 月底，中国网民规模达到 5.13 亿，全年新增网民 5580 万；互联网普及率较上年底提升 4 个百分点，达到 38.3%。中国手机网民规模达到 3.56 亿，同比增长 17.5%，与前几年相比，中国的整体网民规模增长进入平台期。

我国网民规模继续扩大，但增速逐渐放缓。《报告》分析，过去五年内助推网民规模快速增长的几类人群中，互联网普及率即将触顶，而其他年龄段和教育水平的人群对互联网的接受速度很难达到年轻和高学历群体的水平，造成中国网民增速的放缓。

（二）网站规模止跌回升 .CN 域名现转折点

《报告》显示，截至 2011 年年底，中国网站规模达到 229.6 万，较 2010 年年底增长 20%。经过一年多的下跌之后，在 2011 年下半年，网站规模显现出稳步回升的势头，有望进入一个新的增长周期。与此同时，国家顶级域名 .CN 的注册量也开始转身向上；2011 年年底，.CN 域名注册量达到 353 万个较 2011 年年中增长 26000 余个。

网站规模的回升，一方面得益于传统企业对互联网的重视、建设和应用推进；另一方面，网站规模的回升，是泡沫被挤压、水分被蒸发之后的回升，中国的互联网产业将更加健康，网络应用将更加扎实，发展也将更加稳健。

（三）团购用户热情不减 流量尚未带来利润

《报告》显示，2011 年，我国团购用户数达到 6465 万，年增长高达 244.8%。团购用户热情不减，但团购网站数量却在下半年开始下滑。《报告》分析指出，由于团购服务本身存在低门槛、弱约束等问题，加之团购网站前期投入资金较大，遭遇资本市场整体转冷，市场负面因素显现，导致团购网站数量大幅下降。

流量虽大，人气虽足，但是仍面临赢利难的尴尬局面。《报告》认为，网络团购经过 2011 年的行业“洗礼”后，行业将寻找新的均衡和稳定。以购物网站、旅行预订为代表的其他互联网服务商的进入将挤压小型团购网站的生存空间，而有定位清晰、有核心竞争力的团购网站仍将受到市场的青睐。

（四）娱乐应用持续走低 网络视频逆势上扬

2011 年，在大部分网络娱乐类应用的使用率继续下滑的同时，网络视频的使用率呈逆势上扬的态势，网络视频行业的发展势头相对良好。《报告》显示，2011 年，网络音乐、网络游戏和网络文学等娱乐应用的用户规模有小幅增长，但使用率均有下滑。相比之下，网络视频的用户规模则较上一年增加 14.6%，达到 3.25 亿人，使用率提升至 63.4%。

用户规模的增长对网络视频行业是一个良好的信号，但就行业发展而言，网络视频仍面临着较大考验。《报告》指出，由于各大视频网站需要靠聚合数量更多、质量更好的版权内容来获取高流量，使得网络视频业版权价格提高、运营成本大幅攀升，同时视频广告价格较低、其他赢利模式无法在短时间内培养成熟，因而网络视频行业整体处于亏损状态，这一现状目前还很难改变。

三、网络营销的宏观环境

宏观环境对企业短期的利益可能影响不大，但对企业长期的发展具有很大的影响。所以，企业一定要重视宏观环境的分析研究。宏观环境主要包括以下六个方面的因素。

（一）政治法律环境

政治法律环境是指一个国家或地区的政治制度、体制、政治形势、方针政策、法律法规等方面的状况，包括国家政体的稳定性、国际关系、法制体系等。在国家和国际政治法律体系中，相当一部分内容直接或间接地影响着该国的经济和市场。企业营销活动的大方向要受到政治因素的限制和引导，而营销活动的行为准则则要受到法律、法规的规范，两者相互作用共同保障企业的营销活动。

1. 政治环境。是指企业市场营销活动的外部政治形势。政治环境可分为国内政治环境和国际政治环境两大类，其主要内容包括一个国家的政治局势、经济体制与宏观政策以及地方政府的方针政策等。政治环境对企业营销活动的影响主要表现为国家政府所制定的方针政策，如人口政策、能源政策、物价政策、财政政策、货币政策等，都会给企业营销活动带来影响。例如，国家通过降低利率来刺激消费的增长；通过征收个人收入所得税调节消费者收入的差异，从而影响人们的购买行为；通过增加产品税，对香烟、酒等商品的增值税来抑制人们的消费需求。

（1）政治局势。是指企业营销所处的国家或地区的政治稳定状况。一个国家的政局稳定与否会给企业营销活动带来重大的影响。对企业营销而言，政治局势主要的作用体现在两个方面：一方面，制定一系列的方针、政策，刺激经济的发展和扩张，从而促进商品的生产和销售，扩大市场需求；另一方面，制约和规范市场的环境以及企业的网络营销，让企业在法律、政策允许的范围内从事生产经营活动和合法的营销活动。国家通过营造良好、稳定的国内环境，稳定民心，全力发展国内经济，刺激商品的生产和销售，扩大企业贸易，进而提高企业的整体经济实力。一个国家的政治局势稳定与否，会给企业营销活动带来重大的影响。如果政治局势稳定，人民安居乐业，就会给企业营销营造良好的环境。相反，政治局势不稳定，社会矛盾尖锐，秩序混乱，就会影响经济发展和市场的稳定。企业在市场营销中，特别是在对外贸易活动中，一定要考虑东道国政局变动和社会稳定情况可能造成的影响，尤其是影响企业较长期的投资行为。

一直以来，我国政局稳定，安定团结的政治局势不仅吸引了大量的国际投资，促进了我国改革开放和国际贸易的迅速发展，而且也为企业提供了有利、稳定和持续的营销机会。

（2）经济体制。是指一个国家组织整个经济运行的模式，是一国基本经济制度的具体表现形式，也是一国宏观政策制定和调整的依据。经济体制包括三方面的内容：①所有制的形式。②管理机构的形式。③组织经济运行的方式。我国目前正处于经济体制的转轨期，这是一个长期的过程。它不仅是一种运行机制代替另一种运行机制，本质上还是体制创新与新体制结构因素不断积累的过程，并且这个转轨过程必然是经济结构、社会结构以及政治结构有机结合、整体转变的过程。特别是对于企业来说，这个时期是一个机遇与挑战并存的黄金发展时期。顺应效率和发展的要求逐步推进和实现这种结构性的调整和改革，对经济转轨国家来说具有实质意义。

（3）方针政策。各个国家在不同时期，根据不同需要颁布一些经济政策，制定一些经济发展方针，这些方针、政策不仅要影响本国企业的营销活动，而且还要影响外国企业在本国市场的营销活动。由于经济的不断发展，新的经济现象与政策的矛盾不断凸显，甚至制约经济的发展，此时需要及时地调整颁布新的经济政策，根据实际情况制定新的经济发展方针，消除或者降低矛盾造成的损失，以保持经济的快速稳定发展。这些方针政策主要包括：进口限制、税收政策、价格管制、外汇管制和国有化政策。

（4）国际关系。是指国家之间的政治、经济、文化、军事等关系。全球市场是一个完整的有机体，任何一个国家的企业都无法脱离国际市场之外。国家与国际之间的国际关系将会直接影响到两国企业之间的贸易往来，政治权力与政治冲突都对企业市场营销活动有直接的影响。政治权力是指一国政府通过正式手段对外来企业权利予以约束限制，以保护本国利益，它包括劳工限制、进口限制、外汇管制以及国有化等方面的内容。劳工限制是指所在国对劳工来源及使用方面的特殊规定。进口限制是指在行政和法律方面作出限制进口的措施，包括限制进口数量和限制外国产品在本国市场销售。外汇管制是指一个国家政府对外汇的供需及利用加以严格限制。国有化是指国家将所有外国人投资的企业进行有偿甚至无偿地收归本国所有。政治冲突是指国际上重大事件和突发性事件对企业市场营销活动的影响，如战争、动乱、罢工等直接冲突及不同政治观点在国际事务中产生的摩擦等带来的经济制裁或经济政策的改变等间接冲突。

可见，政治环境对企业的影响特点是直接性的，即国家政治环境直接影响着企业的经营状况。对于企业来说，很难预测国家政治环境的变化趋势。政治环境因素一旦影响到企业，就会使企业发生十分迅速和明显的变化，而这一变化企业是驾驭不了的。

2. 法律环境。法律是体现统治阶级意志，由国家制定或认可，并以国家强制力保证实施的行为规范的总和。法律法规的制定是一个循序渐进，不断废弃、修订和完善的过程。法律是国家意志的文字化准则。在国内，法律法规主要是规范市场和企业行为，相关的法律法规在经济上的作用主要表现为四点：①企业之间的公平竞争原则；②企业与消费者之间的保护制度，防止消费者权益受到损害，制止企业的非法牟利；

③维护全社会的整体利益；④禁止企业的非法经营活动。如果企业从事国际营销活动，除了要遵守本国的法律制度外，还要了解和遵守市场的法律制度和有关的国际法规、国际惯例和准则。这方面因素对国际企业的营销活动有深刻影响。企业在进行国际市场营销时，特别要注意研究国外法律环境的影响因素，否则企业市场营销活动往往会受到挫折，甚至寸步难行。

（1）我国法规。目前，关于电子商务，网络营销的国际立法主要有：1987 年国际商会的《电传交换数据统一行动法则》，1990 年国际海事委员会的《电子提单规则》等。我国在研究国际先进经验的基础上，结合我国国情，初步制定了一套有中国特色的电子商务法规 1996 年的《中华人民共和国计算机信息网络国际互联网管理暂行规定》、1997 年的《中国互联网域名注册暂行管理办法》和《计算机信息网络国际联网安全保护管理办法》、1999 年的《电信网间互联管理暂行规定》等；2000 年 9 月 25 日，国务院发布了《中华人民共和国电信条例》和《互联网信息服务管理办法》；2000 年下半年，国家还先后出台了《互联网站从事登载新闻业务管理暂行规定》、《互联网电子公告服务管理规定》等。一些地方政府也发布了一些地方性管理规定。可以说，这些法规的颁布，结束了我国互联网信息服务业、网站管理无章可循、无政府的状态。

（2）国际法规。目前，国际上并没有各主权国家承认的立法机构和能够强制各国执行国际法的权威机构，但我们可以把国与国之间（双边或多边）签订的条约、公约和协定的总和作为国际法规。因为这些条约、公约和协定在一定程度上对于缔约国具有法律约束力。重要的国际法规有：世界贸易组织调整国际贸易行为的有关协定，如《联合国国际货物销售合同公约》、《90 通则》等；保护工业产权方面的《保护工业产权的巴黎公约》、《国际商标注册马德里协定》等。此外，一些区域性或国际性的保护消费者利益和保护竞争的条约和协定也影响着企业的国际营销活动。

一些国家对外国企业进入本国经营设定各种限制条件，如日本政府曾规定，任何外国公司进入日本市场，必须要找一个日本公司与之合伙；也有一些国家利用法律对企业的某些行为作特殊限制，如美国《反托拉斯法》规定不允许几个公司共同商定产品价格，一个公司的市场占有率超过 20％就不能再合并同类企业。除上述特殊限制外，各国法律对营销组合中的各种要素，往往有不同的规定。

各国法律对产品的纯度、安全性能有详细甚至苛刻的规定，目的在于保护本国民族的生产者而非消费者。例如，美国曾以安全为由，限制欧洲制造商在美国销售汽车，以致欧洲汽车制造商不得不专门修改其产品，以符合美国法律的要求；英国也曾借口法国牛奶计量单位采用的是公制而非英制，将法国牛奶逐出本国市场；而德国以噪声标准为由，将英国的割草机逐出德国市场。

（二）经济环境

经济环境是内部分类最多、具体因素最多，并对市场具有广泛和直接影响的环境内容。经济环境不仅包括经济体制、经济增长、经济周期与发展阶段以及经济政策体系等大的方面的内容，同时也包括收入水平、市场价格、利率、汇率、税收等经济参数和政府调节取向等内容。

1. 经济发展水平。经济发展水平包括GNP、工农业生产总值、国民收入、发展速度、基建规模、主要产品产量等因素。经济发展水平高，人均收入高，社会购买力就大，市场营销的机会就多；反之，经济衰退，市场就萎缩，对企业的营销活动就会造成威胁。同样的市场，在经济繁荣时和经济衰退时会表现出不同的市场潜力，同样的营销投入也会产生不同的销售额。

2. 消费者收入水平。消费者的购买力来源于消费者收入，所以，消费者的收入水平高低制约着消费支出的多少和支出模式的不同，进而影响市场规模的大小。

（1）对企业来说，要将消费者个人收入区分为可支配收入和可任意支配收入。个人可支配收入是指在个人总收入中扣除消费者个人应缴纳的各种税款和交给政府的非商业性开支（如学费、罚款）后的余额。个人可任意支配收入是指个人可支配收入中减去维持生活所必须的支出（如食品、服饰、住房）和其他固定支出（如保险费、抵押贷款、分期付款）后所剩下的那部分个人收入。这部分收入属消费者可任意选择消费方向的收入，因而是影响消费需求构成最活跃的因素，成为市场营销者竞争的主要目标。

（2）对企业来说，还要将消费者收入区分为名义收入和实际收入。由于消费者收入往往要受到产品价格的影响，所以两者的变化并不一致，形成购买力的只能是实际收入。在消费者的名义收入不变时，如果物价下跌，则表明消费者实际收入上升；反之，如果物价上涨，则表明消费者实际收入下降。即使消费费用随着物价上涨而增加，但如果名义收入的增长率低于通货膨胀率，消费者的实际收入也会减少。

3. 消费支出模式。也称为消费结构，是指一定时间内各类生产消费支出在总消费支出中所占的比例。它包括个人消费结构和社会消费结构。个人消费结构是最基本的，是社会消费结构的基础。在我国，虽然人均收入总量增长较快，但总体收入水平较低，且收入的差距也客观存在，这直接影响个人消费结构的整体状况。消费支出模式可以从消费者收入水平、家庭生命周期、家庭所在地三个方面来分析。

（1）消费者收入水平。消费者支出模式主要受消费者收入的影响。随着消费者收入的变化，消费者支出模式就会发生相应的变化。

（2）家庭生命周期。它是关于一般家庭从建立、成长到完结的阶段划分的理论。家庭处于生命周期的不同阶段，消费需求与偏好有着明显的区别。一个家庭的新婚阶段是家用电器、家具等耐用消费品的旺盛需求期；有孩子后，消费支出的中心转移到孩子的食品、教育需求上；等到孩子成人独立生活后，家庭的消费多用于医疗、保健和旅游。

（3）家庭所在地。居住在农村与居住在城市的家庭，其各自用于住房、交通、娱乐及食品等方面的支出情况是不相同的；而且，农村和城市的网络普及率也不一样，这对网络营销有很大的影响。

4. 消费者储蓄与信贷。消费者收入通常用于现实消费和储蓄两方面。在消费者收入既定的前提下，储蓄越多，购买力和现实消费量就越小；反之，储蓄越少，购买力和现实消费量就越大。从动态的观点看，消费者储蓄是一种潜在的未来购买力，因为消费者储蓄最终还要用于购买产品和劳动。

随着经济发展水平的提高，消费者不仅以其收入购买他们需要的产品，而且可以用贷款来购买。所谓消费信贷，是指消费者以个人信用为保证先取得产品和劳动的使用权，然后分期归还贷款的购买行为。

5. 税率、利率及汇率水平。税率直接影响消费者的收入水平，利率直接影响社会投资水平、企业融资水平、消费者的消费、储蓄情况，汇率直接影响企业的国际营销活动。

（三）人文与社会环境

企业存在于一定的社会环境中，同时企业又是社会成员所组成的一个小的社会团体，不可避免地受到人文与社会环境的影响和制约。人文与社会环境的内容很丰富，在不同的国家、地区、民族之间差别非常明显。企业在营销过程中首先要注意的第一个因素是人口。因为市场是由人组成的，人是网络营销活动的直接和最终对象。在其他条件既定或相同的情况下，人口规模决定网络营销目标市场容量和潜力，人口结构影响消费结构和产品构成，人口组成的家庭、家庭类型及其变化，对消费品市场有明显的影响。营销人员必须要研究并熟悉不同城市、地区和国家的人口特征。在营销竞争手段向非价值、使用价值型转变的今天，营销企业必须重视人文与社会环境的研究。

1. 教育及文化差异。一个国家、一个地区的教育水平与经济发展水平需要保持一致。只有物质和精神相一致，才能推动经济的发展。一个人的审美观受其文化修养、区域环境以及经济实力的制约。有调查显示，总体教育水平高的地区，消费者对商品的接受和认知度也高，对新商品的推广和销售有利。因此，企业在新产品的营销组织策略的制定上，就需要根据潜在消费者的特性制定不同的推广手段。教育的差异给跨国经营带来了一定的障碍，但从另一面来看，它也一定蕴涵着可以利用的有利因素。所以采取有效的策略，从中抓住机会是非常必要的。面对复杂的教育及文化差异的国际环境，要想取得经营的成功，重要的一条是能在跨文化环境下灵活地面对异域文化因素的影响，无论是适应对方的文化还是对它进行变革都需要在经营活动中形成一种新的工作方式。或者说，建立起一种更具创造性且效益更好的方式，而这种方式的特点在于能采用多元化的灵活的思维解决问题的方式，这样才能实现真正意义上的跨国经营，从而达到向国外市场成功地推行自己投资战略的目的。

当今市场营销活动已从一国市场扩展至多国市场，面临着不同国家、民族和地区更为复杂的社会文化、政治法律等错综复杂的环境因素，市场营销文化环境的变化必然导致许多国内市场营销上行之有效的策略及方法的效用减弱，甚至丧失其原有效用。市场营销活动是否适应当地文化决定了市场营销活动的成败，准确地认识国际市场营销环境必须做到尊重差异，增强跨文化意识；注重文化分析，识别文化背景的异同；建立共同的经营观和公司文化。

2. 区域的经济差异。地域性是区域经济规划最重要的特征，因为城区经济规划总是与一定的区域联系在一起。各地区在自然、地理、资源、环境等方面，客观上存在着较大的差别，经济与社会发展水平、发展条件也存在着较大的差别，尤其是在区域经济发展中所遇到的矛盾和困难有着较大的差别，这就使得要规划的区域具有鲜明的区域特色，因而也就决定了区域经济规划具有鲜明的地域性；企业开展网络营销，一定要从区域的区情特点出发，依据区域经济发展战略所提出的战略目标、战略重点、战略布局，运用系统分析的方法，全面进行资源评价与区域力的分析，研究区内外自然的、地理的、历史的、经济的、社会的联系，企业营销策略的制定也要随着区域经济的差异进行调整。一个国家经济发展必然呈现区域性，这与区域的交通、资源以及自然环境有极大的关系。

我国地区经济发展很不平衡，逐步形成了东部、中部、西部三大地带和东高西低的发展格局。同时在各个地区的不同省市，还呈现出多极化发展趋势。这种地区经济发展的不平衡，对企业的投资方向、目标市场以及营销战略的制定等都会带来巨大影响。

3. 风俗习惯。是指人们根据自己的生活方式和自然环境，在一定的社会物质生产条件下长期形成并世代相袭而成的一种风俗，以及由于重复、联系而巩固下来并变成需要的行动方式等的总称。不同的国家、不同的民族、不同的部落都有不同的风俗习惯，常常表现在饮食、服饰、居住、婚丧、信仰等方面。而这些不同对于消费者消费习惯和消费模式的确实有极大的影响。

世界上不同国家的风俗习惯千差万别，这些差异同时也渗透到国际商务活动中，这就为跨国投资与经营带来了问题，同时也带来了机会。中国有句古话：入门问禁，入国问俗，入境问讳。进入国际市场，到异国开展营销活动，也要了解对方的风俗习惯，这包括商务方面的传统习惯，也包括礼仪、信仰等，对此都要深入调查了解。作为营销人员必须要不同对象不同对待，才能事半功倍。

4. 价值观念。是指人们对社会生活中各种事物的态度、评价和看法。网络营销是面向全球性的市场，在不同的文化背景下，人们的价值观念差别是很大的，而消费者对商品的需求和购买行为则深受其价值观念的影响，不同的文化对时间、变革、物质财富、风险等都有不同的价值观念和态度，从而影响人们的消费行为和消费方式。在国际市场营销活动中，明智的做法是预先了解当地购买者的态度和价值观，并据此设计产品和组织推销。价值观不同，人们的消费倾向也有区别。因此，对于不同的价值观念，企业在开展网络营销时应采取不同的策略。

（四）科技水平

科学技术是第一生产力，科技的发展对经济发展有巨大的影响，不仅直接影响企业内部的生产和经营，还同时与其他环境因素互相依赖、互相作用，给企业营销活动带来有利与不利的影响。例如，一种新技术的应用，可以为企业创造一个明星产品，产生巨大的经济效益；也可能迫使企业中一种成功的传统产品不得不退出市场。新技术的应用，会引起企业市场营销策略的变化，也会引起企业经营管理的变化，还会改变零售商业的业态结构和消费者购物习惯。

科技的基础是教育，因此，科技与教育是宏观环境的基本组成部分。科技进步不仅改变生产力和生产方式，推动产品开发，影响生产要素的功能和利用率，同时也影响中间消费和最终消费。教育水平的高低和社会科学技术的普及状况，对消费观念、生活方式和购买选择的影响日益显著。在信息等高新技术产业迅速发展的今天，教育水平的差异是影响需求和用户规模的重要因素，已经提上企业营销分析的议事日程。

（五）自然环境

自然环境是指一个国家或地区的客观环境因素，主要包括自然资源、气候、地形地质、地理位置等。虽然随着科技进步和社会生产力的提高，自然状况对经济和市场的影响整体上是趋于下降的趋势，但仍然无法摆脱自然环境对企业的制约。企业在生产经营过程中应充分注意：尽量使用数量丰富的、可再生的并对自然环境影响小的物质和能源进行经营，可以获得成本和其他方面的好处。

目前与企业的营销活动有关的自然环境方面的动向主要体现在以下几个方面：

1. 某些自然资源短缺或即将短缺。地球的资源可分为无限资源、有限资源和有限但可更新资源三类。

(1) 无限资源，如水、空气等。虽然这些资源是无限的，但其分布呈现明显的季节性和区域性，特别是水资源的分布极不均衡。未来几十年水资源将会变得越发宝贵，世界上许多的国家都将面临缺水危机，这种情况不仅会影响人民生活，也会对工农业和企业造成威胁。因此，企业在制定经营策略时就需要考虑这个因素。

(2) 有限资源，如石油、天然气、煤炭以及金属等矿物质。随着人类社会的发展，工业对石油、天然气、煤炭以及金属的需求越来越大，资源已经开始出现供不应求的情况。大多数依赖这些资源的企业也面临着威胁，企业需要积极地寻找可替代的能源或原材料。新型能源的研究就变得越发重要，这一领域就成为关注热点，而企业在制定营销策略时也要相应的有所侧重。

（3）有限但可更新资源，如森林、粮食等。

2. 环境污染加剧

由于人们对工业高度发达的负面影响预料不够，预防不利，导致了全球性的三大危机：资源短缺、环境污染、生态破坏。人类不断地向环境排放污染物质，但由于大气、水、土壤等的扩散、稀释、氧化还原、生物降解等作用，污染物质的浓度和毒性会自然降低，这种现象叫做环境自净。如果排放的物质超过了环境的自净能力，环境质量就会发生不良变化，危害人类健康和生存，这就发生了环境污染。

环境污染会给生态系统造成直接的破坏和影响，如沙漠化、森林破坏；也会给生态系统和人类社会造成间接的危害。有时这种间接的环境效应的危害比当时造成的直接危害更大，也更难消除。例如，温室效应、酸雨和臭氧层破坏就是由大气污染衍生出的环境效应。这种由环境污染衍生的环境效应具有滞后性，往往在污染发生的当时不易被察觉或预料到，然而一旦发生就表示环境污染已经发展到相当严重的地步。当然，环境污染的最直接、最容易被人所感受的后果是使人类环境的质量下降，影响人类的生活质量、身体健康和生产活动。例如，城市的空气污染造成空气污浊，人们的发病率上升，等等；水污染使水环境质量恶化，饮用水源的质量普遍下降，威胁人们的身体健康，引起胎儿早产或畸形等。严重的污染事件不仅带来健康问题，也造成社会问题。随着污染的加剧和人们环境意识的提高，由污染引起的人群纠纷和冲突逐年增加。

3. 政府对自然资源管理的干预日益加强，随着经济发展和科技进步，许多国家政府都对自然资源管理加强干预，这往往与企业经营战略和经营效益相矛盾。例如，为了控制污染，政府往往要求企业购置控制污染的设备，这样就可能影响企业的经营效益。又如，目前我国最大的污染制造者是工厂，如果政府按照法律和合理污染标准严格控制污染，有些工厂就要关、停、转，这样就可能影响工业的发展。因此，企业最高管理层要统筹兼顾地解决这种矛盾，力争做到既能减少污染源，又能保证企业发展，提高经营效益。

（六）人口及结构分布

人是企业营销活动的直接和最终对象，而市场是由消费者构成的。所以在其他条件固定或相同的情况下，人口的规模决定着市场容量和潜力；人口结构影响着消费结构和产品构成；人口组成的家庭、家庭类型及其变化，对消费品市场有明显的影响。

企业在营销过程中首先要注意的第一个因素是人口。营销人员必须要研究熟悉不同城市、地区和国家的人口特征。

此外，不同的年龄结构决定人群的购买能力和消费倾向。目前我国全国人口中，0～14岁的人口为26478万人，占总人口的20.27%；15～59岁的人口为89742万人，占总人口的68.70%；60岁及以上的人口为14408万人，占总人口11.03%（其中，65岁及以上的人口为10045万人，占总人口的7.69%）。与第五次全国人口普查相比，0～14岁人口的比重下降了2.62个百分点，60岁及以上人口的比重上升了0.76个百分点（其中，65岁及以上人口比重上升了0.73个百分点），可见消费的主要群体集中在15～59岁的8.9亿人口之中。

在我国，青年消费者人口众多，也是所有企业竞相争夺的主要消费目标。年轻人的消费观念是追求时尚和新颖；表现自我和体现个性；容易冲动，注重情感。而中年人心理已经相当成熟，个性表现比较稳定，不再像青年人那样易冲动、感情用事，而是能够有条不紊、理智分析处理问题，购买的理智性胜于冲动性，计划性多于盲目性；求实用，节俭心理较强；有主见，不受外界影响；随俗求稳，注重商品的便利。老年人则相对购买欲望不强，富于理智，很少感情冲动；精打细算，坚持主见，不受外界影响；对商品要求方便易行；品牌忠诚度较高。

四、网络营销的微观环境

（一）企业内部环境分析

企业内部环境涉及企业内部各部门的关系与协调合作。企业内部各部门是指市场营销部门之外的部门，如企业最高管理层、财务、研究与开发、采购、生产、销售、人力资源管理等部门。这些部门与市场营销部门密切配合、协调，构成了企业市场营销的完整过程。市场营销部门根据企业的最高决策层规定的企业业务、目标、战略和政策，做出各项营销决策，并在得到上级领导的批准后执行。而财务、研究与开发、采购、生产、销售、人力资源管理等部门相互联系，为生产提供充足的原材料和能源供应，并为企业建立考核和激励机制，协调其他各部门与营销部门的关系，以保证企业营销活动的顺利开展。

网络营销作为一种新兴的营销模式，具有传统营销模式无可比拟的各种优势，但是网络营销对企业并非一劳永逸。企业在开展网络营销时，在企业内部环境方面要着重考虑以下几个方面的因素。

1. 企业的网络营销观念。网络营销作为营销领域一大新的发展趋势和潮流，融合网络技术与市场营销于一体。随着网络用户的迅猛增长和自身所独有的开放性交流、信息资源共享、服务互动性和成本低廉以及网络安全的不断提高。越来越多的企业意识到要形成科学的网络营销观，目前有部分企业对于网络营销的认识过于简单，认为建立网站，发布一些关于企业的资料，或者使用电子邮件就是网络营销。甚至有的企业还认为网络营销只不过是一种时髦的现象，是做给别人看的，是判断企业是否符合潮流的一种形式。这就导致这些企业在网络营销方面花费了大量的资金和人力资源，网站访问量和交易量都很少，网络营销完全成为了企业摆设，浪费了企业资源。

要树立网络营销观念，首先，要深入学习网络营销的基础知识，了解网络的基本功能、作用、意义及相关操作等。并通过宣传教育的方式，把网络营销理念灌输给每一位员工，企业的网络营销营造一个良好的环境。其次，要把网络营销上升到战略的高度，作为企业的基本战略和方向，在经营战略的指导下通过互联网来改善自己的经营，开发新的市场，真正发挥网络的优势提高自己的竞争力。

网络营销是一项系统工程，涉及企业各个部门、客户关系管理的各个方面和供应链的各个环节。成功的网络营销源于良好的基础工作、正确的营销方向和快速互动回应，再加上持之以恒而有效的努力。在网络营销的互动交流中，十分强调各部门、各环节之间的衔接与协调，要充分运用网络技术提供的快捷平台，迅速而全面地去吸引客户、了解客户，通过建立大规模数据库锁定客户群，培养忠诚客户，并改善产品开发和服务能力。

2. 企业的组织结构。互联网条件下，企业营销能力即是企业适应环境的能力。企业营销能力的高低在很大程度上取决于营销组织结构的状况，取决于营销组织结构是否能适应市场的需求，是否具有较高的核心竞争力。

网络营销要求企业的组织结构必须具备以下三个特征：

（1）扁平化。组织结构的扁平化可以改变传统命令链的多层级和复杂性，精简结构层次，从而有利于信息的传递，保证信息传递的有效性和真实性，大大提高组织效率，降低管理成本。

（2）网络化。企业组织结构的网络化主要通过企业形式的集团化、企业经营方式的连锁化、企业内部组织的网络化、信息传递的网络化等方面体现出来。这样可以形成庞大的销售网络体系，增强不同部门、员工之间的沟通和协调，有利于企业处理复杂的项目，形成竞争优势。

（3）虚拟化。网络经济下企业组织要想具备核心竞争力，必须有快速而强大的研发能力，有随市场变化而变化的生产和制造能力，有广泛而完善的销售网络，有庞大的资金力量，有能够生产出满足顾客需求的产品的质量保证能力和管理能力等。然而，大多数企业往往只具备其中一两项优势，而在其他方面不具备竞争优势。因此，企业在有限资源条件下，为取得最大的竞争优势，可以只保留其中关键的，最具竞争优势的功能，而将其他功能虚拟化，通过工作外包，实现资源重组，以便形成强大的核心竞争力。

3. 企业的信息化程度。企业内部的信息化包括软件和硬件两个方面：企业信息化的软件系统要求企业内部建立管理信息系统。企业管理信息系统在组织中发挥收集、处理、存储和传递信息以及支持组织决策与控制的功能。由于互联网上信息浩如烟海，互联网本身就是一个没有地域界限的庞大的信息数据库，企业可以利用它获得大量有价值的环境、商业原始数据和其他各种有用信息。对于庞大的下载信息与数据、网络营销信息反馈、信息服务，如果缺乏有效的企业管理信息系统做相应的信息加工、整理、分析与运用工作，企业的市场反应效率将下降，同时也违背了开展网络营销的初衷。

企业信息化的硬件系统要求企业具有与各层次、各岗位相适应的管理人员和操作人员。开展网络营销会导致企业在组织结构上的重大变革，组织结构中有些部门需要重新设立，有些部门需要削减，有些机构要合并重整，相关的人员也必须进行系统的培训。

4. 企业的产品和服务。随着网络技术的不断成熟、网络用户的不断增长以及上网企业的不断增多，网络上提供的产品与服务将日益丰富，这是必然的趋势。但在不同的发展阶段，开展网络营销的企业所提供的产品或服务和接受网络营销服务的网络消费者对产品或服务需求的成熟度具有较大的产业差异。目前，网络营销市场成熟度较高的产品主要有书籍、CD唱片、电脑软件、电脑整机和配件等。

（二）行业市场环境分析

行业市场环境包括行业性质、竞争者状况、供应商、营销中介等环境。这些环境因素对企业开展网络营销有重要的影响，是企业开展网络营销的外部环境。

1. 行业性质。一个企业是否有长期发展的前景，同它所处的行业本身性质有关。比如说，通信行业、计算机行业、高分子材料行业等属于朝阳行业，具有较好的发展前途，若能以技术立足，则会有较高的回报；而钢铁、化工、纺织等传统制造业属于夕阳行业，必须顺应时势进行改革、创新，才能立于不败之地。

分析行业的性质，一般运用行业生命周期理论和波特的五力模型理论进行。类似于产品生命周期理论，行业生命周期理论根据行业发展所处的总体环境及自身发展内在轨迹的综合反映，把行业生命周期分为介绍期、成长期、成熟期和衰退期四个阶段。在介绍期，行业处于发展初期，产品设计尚未定型，生产能力过剩，竞争较少，产业赢利能力强，风险性也大；在成长期，大量新加入者带来生产能力和充裕的资源，不断促进行业成长、壮大、升级。顾客对产品的认识迅速提高，购买踊跃，销售额大增，产品为满足顾客有差异的需求而形成差别化趋势，生产能力出现不足，竞争形成，利润加速增长。随着行业的不断发展以及竞争的加剧，行业中逐步出现专业化分工，形成产业链，逐步稳定的产业竞争者、供方与买方格局形成，行业进入的障碍和现有企业反击的力量逐步增强，此时新入侵者和替代品威胁开始出现；在成熟期，重复购买成为顾客行为的重要特征，销售趋向饱和，产品设计缺乏变化，生产能力开始过剩，竞争激烈，对于既有的企业而言风险较少，利润不再增长，甚至开始回落。产业链中的企业通过技术创新、管理创新、服务创新而淘汰弱者，不断提高产业竞争力，产业得到升级和进一步优化；在衰退期，销售明显下降，生产能力严重过剩，竞争激烈程度由于某些企业的退出而趋缓，企业可能面临一些难以预料的风险，利润大幅度下降。

只有了解了行业目前的性质，才能决定企业是进入、维持还是撤退。对于一项新的投资决策而言，选择朝阳产业，是一个极为重要的战略。而当一个企业跨越多个行业领域时，只有对每个领域所在行业性质有深刻的认识，才能在总体上把握企业战略方向，从而避免过大的风险，提高整体赢利水平。

2. 竞争对手分析。有市场行为的地方就会有竞争，企业要获取竞争优势就必须针对竞争对手采取更多的优化方案与手段。在市场营销实践中，市场竞争策略往往是针对竞争对手做出的反应。因此，企业必须了解自己的竞争对手是谁，他们的目标是什么，他们具有什么优势和劣势，他们现在采取和将来可能采取的竞争策略是什么等方面。竞争对手不仅仅限于行业内的竞争对手，其他非本行业的对手也要进行必要的分析，这样才能做到知己知彼，百战百胜。

（1）竞争对手分析的步骤。第一，识别企业的竞争者。识别企业竞争者必须从市场和行业两个方面分析。从市场方面看，企业的竞争者可分为以下四类：①欲望竞争者，指提供不同产品，满足顾客的不同欲望，与本企业争夺同一顾客购买力的企业；②同类竞争者，指提供不同种类的产品和服务，满足顾客同种需要的企业；③产品形式竞争者，指提供同类产品和服务的企业；④品牌竞争者，指以相似价格向同一顾客提供相似的产品和服务的企业。由此可见，企业的竞争者范围十分广泛，不能仅仅局限于品牌竞争者，只有全面分析四个层面上的各种竞争关系，才能真正把握与本企业争夺顾客的竞争者究竟有哪些。

第二，识别竞争者的目标。竞争者通常会有多个目标，如追求利润、投资回报率、市场占有率等，对这些目标不同企业在不同时期有不同的侧重点，形成不同的目标组合。对于企业而言，了解竞争者的侧重点非常重要，因为了解了竞争者的侧重点，就可以预知竞争者的反应，进而可以采取适当的对策进行防御或进攻。

第三，识别竞争者的策略。竞争者的策略可以通过竞争者的市场行为反映出来。在大多数产业中，可以根据竞争者采用的不同策略，把竞争者分为不同的策略群体。采取相同或相似策略的竞争者属于同一策略群体。如果企业决定进入某一群体，该群体成员就成为企业的主要竞争对手。竞争者之间采用的策略越相似，竞争就越激烈。

但不同策略群体之间也存在着竞争，因为不同策略群体可能以同一市场为营销目标，或者原属于某个群体的企业可能改变策略而进入另一群体。

第四，评估竞争者的优势和劣势。对竞争者的优势和劣势的评估，是竞争者分析的重要方面，主要包括：①对竞争者资源的分析。竞争者资源条件的优劣只有在本企业的比较中才能确认，企业将竞争者的每一项资源要素和自身逐一对比，找出竞争对手的强项和弱项。②对竞争对手假设的分析。每一个企业都有一套关于自己的市场假设。竞争对手的假设有些是正确的，有些是错误的。对竞争对手市场假设的分析也就是识别在认识环境时的偏见与盲点，以便捕捉到市场机会。

第五，判断竞争对手的反应模式。企业需要进一步判断竞争者对企业策略可能做出的反应模式。竞争者的反应模式不仅受其目标和优劣势的制约，而且受企业文化、企业价值观念、企业经营观念等因素的影响。在竞争中，常见的竞争者反应模式有：①从容不迫型竞争者；②凶猛型竞争者；③选择型竞争者；④随机型竞争者。

通过以上五个步骤的分析，企业就能选定较适应本企业的市场竞争方针和手段，争取处于较为有利的竞争地位。

(2) 分析竞争者时应注意的问题。每个企业都需要掌握、了解目标市场上自己的竞争者及其经营策略，力求扬长避短，发挥优势，抓住有利时机，开辟新的市场。网络营销中在对竞争对手分析时，要注意以下几个方面的问题。

第一，识别竞争对手。在虚拟空间中研究竞争对手，既可借鉴传统市场中的一些做法，但更应有自己的独特之处。网上的竞争对手主要从其主页入手，一般来说，竞争对手会将自己的服务、业务和方法等方面的信息展示在主页上。

第二，企业竞争的国际化进程加快。互联网的应用加速了世界经济一体化的进程，企业间竞争的国际化日益明显。网络贸易不受时间、地域的限制，不论企业的大小、强弱，对每个竞争者都提供了大量的机会，同时也带来了竞争加剧的威胁。

第三，合作发展比竞争更重要。网络经济下，企业如何通过网络组成合作联盟，并以联盟所形成的资源规模创造竞争优势，将是未来企业经营的重要手段。如何运用网络与众多竞争者建立起多元化、动态化的竞争与合作关系，既是企业生存与发展能力的一种体现，也是企业取得整体竞争优势的关键。

3. 供应商分析。企业的生产离不开资源的消耗，如原材料、设备、能源等，绝大多数企业的资源都需要从供应商处购买，企业对于供应商的依赖度极高，供应商的品质直接决定了企业生产成本的高低。因此，企业必须和供货商保持密切的联系，及时了解和掌握市场行情，从而保证自身的正常生产。

企业在寻找和选择供应商时，应特别注意两点：

(1) 充分考虑供应商的资信状况。要选择那些能够提供品质优良、价格合理的资源，交货及时，有良好信用，在质量和效率方面都信得过的供应商，并且要与主要供应商建立长期稳定的合作关系，保证企业生产资源供应的稳定性。

（2）使自己的供应商多样化。企业越过分依赖一家或少数几家供应商，受到供应变化的影响和打击的可能性就越大。为了减少供应商对企业的影响和制约，企业就要尽可能多地联系供应商，向多个供应商采购，尽量注意避免过于依靠单一的供应商，以免与供应商的关系发生变化时，使企业陷入困境。

因此，必要的供应商调查是必须的。供应商调查在不同的阶段有不同的要求，一般有三种调查方式：一是资源市场分析；二是供应商初步调查；三是供应商深入调查。不管采用哪种方法，企业必须时刻与供应商保持密切联系，及时了解供应商的变化与动态，使资源供应在时间上和连续性上能得到切实保证，在商品的内在质量和售前、售中、售后服务上能得到有效落实、抓大放小、合理协调、应变自如。

4. 营销中介分析。营销中介机构是指在企业将产品销售给最终用户的过程中，协助企业促销、分销、储存、运输的各类专业机构。主要包含：渠道中间商、实体分配机构、营销服务公司和金融机构。

营销中介是市场营销不可缺少的环节，大多数企业的营销活动，都必须通过它们的协助才能顺利进行。例如，生产集中与消费分散的矛盾，就必须通过中间商的分销来解决。资金周转不灵，则需求助于银行或信托机构等。正因为有了营销中介所提供的服务，才使得企业的产品能够顺利地到达目标顾客手中。随着市场经济的发展，社会分工越来越细，这些中介机构的影响和作用也就越来越大。因此企业在市场营销过程中，必须重视中介组织对企业营销活动的影响，并要处理好同它们的合作关系。

（1）渠道中间商。中间商是协助企业寻找顾客或直接与顾客交易的商业性企业，是把产品从生产商流向消费者的中间环节或渠道。中间商可分为两类：代理中间商和买卖中间商。代理中间商有代理商、经纪人和生产商代表。他们专门介绍客户或与客户磋商交易合同，但并不拥有商品所有权。买卖中间商又称经销中间商，主要有批发商、零传商和其他再售商。中间商对企业产品从生产领域流向消费领域具有极其重要的影响。中间商的销售效率、服务质量直接影响企业的产品销售。因此，必须选择使用合适的中间商。在与中间商建立合作关系后，要随时了解和掌握其经营活动，并可采取一些激励性合作措施，推动其业务活动的开展。而一旦中间商不能履行其职责或市场环境变化时，企业应及时解除与中间商的合作关系。

（2）实体分配机构。实体分配机构指的是担任仓储、运输活动的所有机构。它的作用在于使营销渠道中的物流畅通无阻，为企业创造时间和空间效益。近年来，随着仓储、运输手段的多元化和现代化，实体分配机构的功能日益健全，作用日益重要。

物流公司即实体分配机构，包括包装、运输、仓储、装卸、搬运、库存控制和订单处理等方面。网络是电子商务的生命线，同样网络营销的现在和未来的发展都离不开物流的支持。物流调节了生产和消费之间的矛盾，弥合了产销时空上的分离，延伸了商品的时间效用和空间效用，以便适时、适地和适量地将商品提供给消费者。

物流专业化既是市场营销的要求，也是网络营销的要求，更是电子商务的迫切需要。

（3）营销服务机构。指企业营销中提供专业服务的机构，包括广告公司、广告媒介经营公司、市场调研公司、营销咨询公司、财务公司等，范围比较广。它们提供的专业服务是企业营销活动必不可少的。尽管有些企业设立有相关的部门和人员，但许多企业还是委托专业的营销服务机构来完成某些营销活动。企业在选择营销服务机构时，应比较各服务机构的服务特色、服务质量和价格，以获取自己最适合的有效服务，并定期考核其业绩，及时替换那些不具有预期服务水平和效果的机构，这样才能提高企业的经济效益。

（4）金融中介机构。主要包括银行、信贷公司、保险公司以及能为网络营销企业提供金融支持或降低货物购销风险的各种机构。网络营销企业一般都需要同一家或数家金融机构建立联系，尤其是在现代经济生活中，企业的负债经营和购销活动中的风险因素的增加使得几乎每一个企业都与金融机构保持一定的联系和业务往来。企业的贷款来源、银行的贷款利率和保险公司保费的变动，无一不直接影响着企业的整体利润水平和市场营销效果。例如，银行贷款利率上升或是保险公司的保险金额上升，会使企业的营销活动成本增加；而银行的贷款利率上升，信贷来源受到限制会使企业处于困境，诸如此类的情况都将直接影响企业的日常运转。因此，企业应与这些金融中介机构保持良好的关系，以保证融资及信贷业务的稳定和渠道的畅通。

复习思考题

1. 网络营销的宏观环境包括哪些内容？
2. 网络营销的微观环境包括哪些内容？
3. 科技环境对网络营销有哪些影响？请举例说明。

任务五　网络消费者

学习任务

1. 了解网络消费者、动机以及需求的概念；
2. 理解消费者需求层次论、动机理论以及网络消费者行为过程；
3. 掌握网络消费者类型、购买动机以及网络消费者购买行为类型。

情景案例

沃尔玛的本土化战略

2011年世界500强企业排行榜近日出炉，沃尔玛再次荣登500强之首。

如果把沃尔玛在全球15个国家开设的9000多家店，也做一个销售额的排行榜，位居榜首的店会在哪里?

答案会令很多人惊讶——不在美国本土，也不在其他发达国家，而是在深圳，在深圳侨香路的山姆会员商店。

这的确是一个令人自豪的第一。1996年，沃尔玛进入中国，独具慧眼选择了深圳，在深圳开设了第一家沃尔玛购物广场和山姆会员商店。15年后的今天，深圳回赠给沃尔玛一个奇迹。

奇迹的创造离不开掌舵人——沃尔玛中国总裁兼首席执行官陈耀昌。

近日，沃尔玛中国总裁兼首席执行官陈耀昌接受了深圳商报总编辑姜东南的专访。初见陈耀昌，他递给记者的名片很特别——小得“可怜”，只是正常名片的三分之二。名片的左下角还有一行字：100%使用循环可再生纸。

这张小小的名片，折射出沃尔玛与众不同的理念。作为沃尔玛中国第一位本土CEO，自掌舵公司之后，他大刀阔斧地进行改革和创新，不仅富有远见地开启了沃尔玛的本土化征程，而且以极大的魄力在中国推行可持续发展供应链，与广大中国供应商共同推进环保低碳及转型升级，彰显一家世界500强企业固守的社会责任感。

15年间，沃尔玛在中国从零开始到单店全球第一。谈及15年为何能创造奇迹，陈耀昌说：“我想，沃尔玛和深圳这座年轻的城市一样，有着一股子拓荒牛精神。”

本土化战略造就全球第一。

下面是一段采访对话。

姜：本土化要根据各地消费者的消费习惯与需求提供不同的商场业态，能否谈谈沃尔玛中国的业态发展策略？

陈：不同的城市有不同的消费需求，即使同一城市，也有不同的消费群体。我们很重视品牌和业态多元化，目的就是为不同的消费者提供多元化的购物选择。沃尔玛购物广场是主要业态，为顾客提供一站式购物体验以及种类丰富又有价格竞争力的商品，目前有200多家门店。同时，我们有会员制仓储式经营的山姆会员商店和面积较小却可为顾客提供更便捷服务的社区店，还有为新兴城市服务的中型超市等。我们将根据市场发展、消费需求以及消费者反馈，不断完善及调整我们的品牌及业态分布。

姜：我们也留意到您刚提到的新业态中型超市，以及一些商场变化的细节，如大卖场新型样板店，为什么会有这种变化？是为了应对新的顾客需求、市场挑战吗？

陈：市场在变化发展，我们不仅要紧跟消费趋势，更重要的是我们要有预见性，引领消费需求。我们不断地了解中国不同地区顾客的需求，及时为他们提供满足其需要的产品与服务。近年来，我们留意到新兴城市及二、三线城市有很大的品牌商品需求，因地制宜，我们开设中型超市。同沃尔玛购物广场相比，其面积较小，更灵活，更容易深入社区，为消费者提供更便捷的购物体验。店面装修比较简单，采用LED照明灯节能措施，将节省的开支转化成更低廉的价格回报给消费者。

沃尔玛非常重视顾客的消费需求，总是在努力探寻顾客的消费习惯，并发掘新的消费需求。无论未来我们有多么创新的战略，我们仍会落实在细节上，并最终回归到消费需求上。

案例点评

网络营销是一种以消费者需要为导向的个性化营销方式。从宏观意义上看，网民就是网络消费者的基本组成部分，企业面对广大的网络消费者，要积极进行信息传播和交换，要吸引顾客注意力，从而留住顾客，顾客已不再是对象或目标，而是参与者和控制者。

知识体系

一、网络消费需求概述

（一）消费者需求的内涵

消费者需求是指消费者生理和心理上的缺乏状态，即感到缺少些什么，从而想获得它们的状态。需求就是指一定时间内和一定价格条件下，消费者对某种商品或服务愿意而且能够购买的能力，是和人的活动紧密联系在一起的。人们购买产品，接受服务，都是为了满足一定的需求。一种需求满足后，又会产生新的需求。因此，人的需求决不会有被完全满足和终结的时候。正是需求的无限发展性，决定了人类活动的长久性和永恒性。

需求虽然是人类活动的原动力，但它并不总是处于唤醒状态。只有当消费者的缺乏感达到了某种迫切程度，需求才会被激发，并使消费者有所行动。

（二）网络消费者需求层次

作为个体的消费者，其需求是丰富多彩的，可以从多个角度予以分类。

1. 根据需求在人类发展史上的起源分类

（1）生理性需求。是指人类最原始、最基本的需求，它是人和动物所共有的，而且往往带有明显的周期性。但是，人的生理需要和动物的生理需要有着本质区别。人的生理需要，从需要对象到满足所运用的手段，都印刻着人类文明的记号。

（2）社会性需求。是指人类在社会生活中形成的，为维护社会的存在和发展而产生的需求，如求知、求美、友谊、社交等需求。社会性需求是人类特有的，人是社会性的动物，只有被群体和社会所接纳，才会产生安全感和归属感。社会性需求得不到满足，虽不直接危及人的生存，但会使人产生不舒服、不愉快的体验和情绪，从而影响到人的身心健康。一些物质上很富有的人，因得不到友谊、关爱和别人的认同而产生孤独感、压抑感，这恰恰从一个侧面反映出社会性需求的满足在人的发展过程中的重要性。

2. 根据需求的对象分类

（1）物质需求。是指对与衣、食、住、行有关的物品的需求。在生产力水平较低的社会条件下，人们购买物质产品，在很大程度上是为了满足其生理需求。但随着社会的发展和进步，人们越来越多的运用物质产品体现自己的个性、成就和地位。因此，物质需求不能简单地对应于前面所介绍的生理性需求，它实际上已经渗透着社会性需求的内容。

（2）精神需求。是指认知、审美、交往、道德、创造等方面的需求。这类需求不是由生理上的缺乏感引起，而是由心理上的缺乏所致。

（三）网络消费者购买行为的类型

每个消费者的购买行为都不同，对消费者的购买行为进行分类的标准有很多，每一种分类方法都可从不同侧面反映消费者购买行为的特点。

1. 根据消费者性格分析划分

（1）习惯型购买行为是由信任动机产生的。消费者对某种品牌或对某个企业产生良好的信任感，忠于某一种或某几种品牌，有固定的消费习惯和偏好，购买时心中有数，目标明确。

（2）理智型购买行为是理智型消费者发生的购买行为。他们在做出购买决策之前一般经过仔细比较和考虑，胸有成竹，不容易被打动，不轻率做出决定，决定之后也不轻易反悔。

（3）经济型购买行为特别重视价格，一心寻求经济合算的商品，并由此得到心理上的满足。针对这种购买行为，在促销中要使之相信，他所选中的商品是最物美价廉的、最合算的，要称赞他很内行，是很善于选购的顾客。

（4）冲动型购买行为往往是由情绪引发的。年轻人居多，血气方刚，容易受产品外观、广告宣传或相关人员的影响，决定轻率，易于动摇和反悔。这是在促销过程中可以大力争取的对象。

（5）想象型购买行为消费者往往有一定的艺术细胞，善于联想。针对这种行为，可以在包装设计上、在产品的造型上下工夫，让他产生美好的联想，或在促销活动中注入一些内涵。比如说耐克和乔丹，乔丹穿着耐克鞋驰骋在 NBA 球场上，使崇拜乔丹的球迷感觉到，穿上了耐克就离乔丹近了一步；商务通跟濮存昕，成功地塑造了中年男人的形象，使得拥有商务通的人感到离成功男人的形象又近了一步等。要努力让消费者产生联想，这些人实现了联想，你就达到了目标。

（6）不定型购买行为是那些没有明确购买目的的消费者，表现形式常常是三五成群，步履蹒跚，哪儿有卖的东西往哪儿看，问的多，看的多，选的多，买的少。他们往往是一些年轻的、新近开始独立购物的消费者，易于接受新的东西，消费习惯和消费心理正在形成之中，尚不稳定，缺乏主见，没有固定的偏好。

对于这样的顾客，首先要满足他问、选、看的要求，即便这次他不购买，也不应反唇相讥，要想到今天的观望者可能就是明天的顾客，今天不买肯定有诸多的理由，可能今天没带足钱，可能真的不需要，但是你以热情周到的服务给他留下了很深刻的印象，以后需要的话，他可能首先会想到你，这是营销人员必须考虑到的。

2. 根据消费者行为的复杂程度和所购商品本身的差异划分

（1）复杂型。消费者初次购买差异性很大的耐用消费品时发生的购买行为。购买这类商品时，通常要经过一个认真考虑的过程，广泛收集各种有关信息，对可供选择的品牌反复评估，在此基础上建立起品牌信念，形成对各个品牌的态度，最后慎重地做出购买选择。

（2）和谐型。消费者购买差异性不大的商品时发生的一种购买行为。由于商品本身的差异不明显，消费者一般不必花费很多时间去收集并评估不同品牌的各种信息，而主要关心价格是否优惠，购买时间、地点是否便利等。因此，和谐型购买行为从引起需要、产生动机到决定购买，所用的时间比较短。

(3) 习惯型。这是一种简单的购买行为，属于一种常规反应行为。消费者已熟知商品特性和各主要品牌特点，并已形成品牌偏好，因而不需要寻找、收集有关信息。

(4) 多变型。这是为了使消费多样化而常常变换品牌的一种购买行为，一般是指购买牌号差别虽大但较易于选择的商品，如罐头食品等。同上述习惯型一样，这也是一种简单的购买行为。

营销者应了解自己目标市场的消费者行为属于哪种类型，然后有针对性地开展促销活动（如图 5-1 所示）。

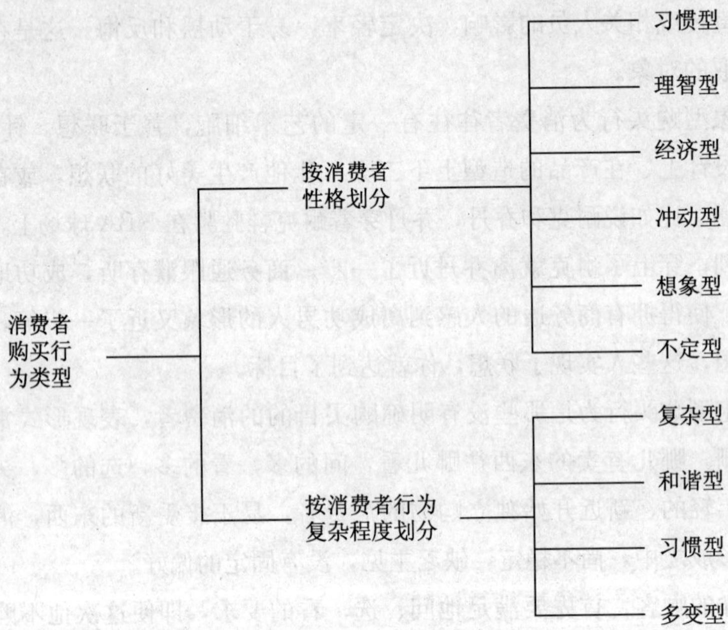

图 5-1　消费者购买类型

3. 根据消费者在购买过程中参与者的介入程度和品牌间的差异程度划分。阿萨尔根据买者在购买过程中参与者的介入程度和品牌间的差异程度，区分了消费者购买行为的四种类型，如表 5-1 所示。

表 5-1　　消费者购买行为类型

介入程度 / 品牌差异	高度介入	低度介入
品牌差异很大	复杂的购买行为	寻找品牌的购买行为
品牌差异很小	减少失调的购买行为	习惯性的购买行为

（1）复杂的购买行为。属于高度介入的购买行为。例如，购买计算机的人不知道产品的属性，网络营销人员要协助购买者学习有关产品类别的属性，品牌的名望，区别于其他品牌的特征。因此，网络信息沟通工具网络论坛与 E-mail 就有了用武之地。在沟通过程中使消费者对本企业产品产生偏好，激发购买。当然网络营销人员也可以用精美的网络广告来达到上述目的。

（2）减少失调的购买行为。是消费者购买产品后，会注意到商品上的一些缺点，特别是在知道其他品牌商品的一些优点后，会产生一种购后不协调感觉。因此，网络营销沟通的主要作用在于增强信念，使购买者对自己选择的品牌在购买之后有一种满意的感觉。

（3）习惯性的购买行为。消费者对决定购买什么品牌不重视，只是在网络中浏览广告时被动地接受信息。产品购买之后，由于消费者对这类产品无所谓，也就不会对它进行购后评价。

对品牌差别很小的低度介入产品，网络营销人员不能采取网络论坛、E-mail 等工具来进行促销，对这类产品最佳的促销工具是网络广告。

（4）寻找品牌的购买行为。消费者会经常改变品牌选择。在下一次购买时，消费者也许转向买另外一种品牌。网络营销人员对这类产品的营销策略应当是尽可能在网络营销的商品目录中详细列明各种品种的商品，并保证不脱销。经常在网上做提醒广告，通过引导，使消费者寻找品牌的购买行为潜移默化变为习惯性的购买行为。另外，可以采用压低价格，提供各种优惠、赠券、免费样品以及以宣传试用新产品为特色的广告活动来刺激顾客进行产品品种选择。

二、网络消费需求的特征

由于互联网商务的出现，消费观念、消费方式和消费者的地位正在发生着重要的变化，互联网商用的发展促进了消费者主权地位的提高；网络营销系统巨大的信息处理能力，为消费者挑选商品提供了前所未有的选择空间，使消费者的购买行为更加理性化。网络消费需求主要有以下八个方面的特点：

1. 消费者消费个性回归。现今世界变成了一个计算机网络交织的世界，消费品市场变得越来越丰富，消费者进行产品选择的范围全球化、产品的设计多样化。消费者开始制定自己的消费准则，整个市场营销又回到了个性化的基础之上。没有一个消费者的消费心理是一样的，每一个消费者都是一个细小的消费市场，个性化消费成为消费的主流。

2. 消费者需求的差异性。不仅仅是消费者的个性消费使网络消费需求呈现出差异性；对于不同的网络消费者因所处的时代环境不同，也会产生不同的需求。不同的网络消费者，即便在同一需求层次上，他们的需求也会有所不同。因为网络消费者来自世界各地，有不同的国别、民族、信仰和生活习惯，因而会产生明显的需求差异性。所以，从事网络营销的厂商，要想取得成功，就必须在整个生产过程中，从产品的构思、设计、制造，到产品的包装、运输、销售，认真考虑这些差异性，并针对不同消费者的特点，采取相应的措施和方法。

3. 消费的主动性增强。在社会化分工日益细化和专业化的趋势下，消费者对消费的风险感随着选择的增多而上升。在许多大额或高档的消费中，消费者往往会主动通过各种可能的渠道获取与商品有关的信息并进行分析和比较。或许这种分析、比较不是很充分和合理，但消费者能从中得到心理的平衡以减轻购买前的风险感或恐惧感，避免购买后产生后悔感，增加对产品的信任程度和心理上预期的满足感。消费主动性的增强来源于现代社会不确定性的增加和人类需求心理稳定和平衡的欲望。

4. 消费者直接参与生产和流通的全过程。传统的商业流通渠道由生产者、商业机构和消费者组成。其中商业机构起着重要的作用，生产者不能直接了解市场，消费者也不能直接向生产者表达自己的消费需求。而在网络环境下，消费者能直接参与到生产和流通中来，与生产者直接进行沟通，减少了市场的不确定性。

5. 追求消费者过程的方便和享受。在网上购物，除了能够完成实际的购物需求以外，消费者在购买商品的同时，还能得到许多信息，并得到在各种传统商店没有的乐趣。今天，人们对现实消费过程出现了两种追求的趋势：一部分工作压力较大、紧张程度高的消费者以方便性购买为目标，他们追求的是时间和劳动成本的尽量节省；而另一部分消费者，是由于劳动生产率的提高，自由支配时间增多，他们希望通过消费来寻找生活的乐趣。今后，这两种相反的消费心理将会在较长的时间内并存。

6. 消费者选择商品的理性化。网络营销系统巨大的信息处理能力，为消费者挑选商品提供了前所未有的选择空间，消费者会利用在网上得到的信息对商品进行反复比较，以决定是否购买。对企事业单位的采购人员来说，可利用预先设计好的计算程序，迅速比较进货价格、运输费用、优惠、折扣、时间效率等综合指标，最终选择有利的进货渠道和途径。

7. 价格仍是影响消费心理的重要因素。从消费的角度来说，价格不是决定消费者购买的唯一因素，但却是消费者购买商品时肯定要考虑的因素。网上购物之所以具有生命力，重要的原因之一是因为网上销售的商品价格普遍低廉。尽管经营者都倾向于以各种差别化来减弱消费者对价格的敏感度，避免恶性竞争，但价格始终对消费者的心理产生重要的影响。因消费者可以通过网络联合起来向厂商讨价还价，产品的定价逐步由企业定价转变为消费者引导定价。

8. 网络消费仍然具有层次性。在网络消费的开始阶段，消费者偏重于精神产品的消费；到了网络消费的成熟阶段，也就是消费者完全掌握了网络消费的规律和操作，并且对网络购物有了一定的信任感后，消费者才会从侧重于精神消费品的购买转向日用消费品的购买。

9. 网络消费中女性占主导地位。喜欢消费和购物是女性的天性，在传统的生活中是这样，在网上的虚拟社会中亦然。当女性网民所占的比例和数量达到一定量时，网络消费中女性占主要的地位。调查表明，在被调查女性中，9%控制着家庭中三分之一的消费资金，15%控制家庭中50%的消费资金，47%控制家庭中三分之二的消费资金，29%控制家庭中四分之三的消费资金，而且近六成被调查家庭，网络消费者的消费计划也都是由女性说了算。鉴于女性对网上购物兴趣越来越浓厚，因此女性网上购物人数将超过男性也在情理之中。网络营销中也应该始终保持对女性顾客的关注，一般女性较感兴趣的网上内容有服装、情感以及女性话题等。

三、网络消费购买行为分析

网络消费者的购买过程，也就是网络消费者购买行为形成和实现的过程。研究购买过程的目的是鼓励营销人员将注意力集中于购买过程，而不是购买决策。一个网络消费者完整的购买决策过程如图5-2所示：

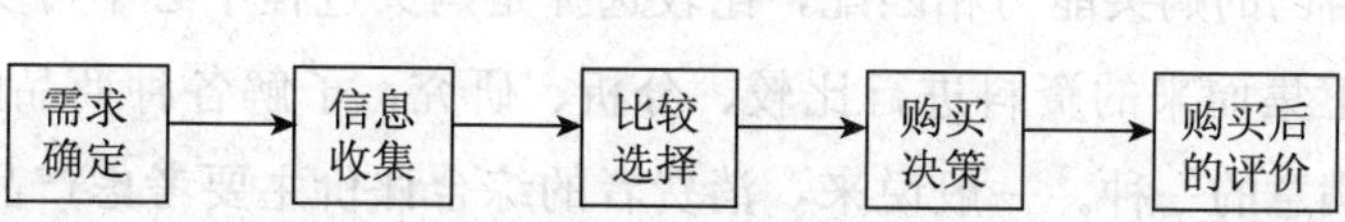

图5-2 购买过程的五个阶段

图中表示的只是消费者购买过程中所经历的一般步骤，但消费者往往可能会越过或颠倒其中某些阶段，尤其在低度介入产品的购买中更是这样。一位购买固定品牌牙膏的妇女会越过信息收集和方案评估阶段，直接进入对牙膏的购买决策。

1. 需求确定。网络购买过程的起点是诱发需求。消费者的需求是在内外因素的刺激下产生的。当消费者对市场中出现的某种商品或某种服务发生兴趣后，才可能产生购买的欲望。

对于网络营销来说，除了传统的诱发因素会引起网络购买者上网购买的动机以外，视觉和听觉、文字的表述、图片的设计、声音的配置也是诱发消费者购买的直接动因。因此要了解这些需求是由哪些刺激因素诱发的，进而巧妙地设计促销手段去吸引更多的消费者浏览网页，诱导他们的需求欲望。

2. 收集信息。收集信息、理解行情，成为消费者购买过程的第二个环节。这个环节的作用就是汇集商品的有关资料，为下一步的比较选择奠定基础。

收集信息的渠道主要有四个：

(1) 个人渠道。它是指通过家庭、朋友、邻居、熟人获得的信息。这种信息在某种情况下对购买者的购买决策起着决定性的作用。网络营销者绝不可忽视这一渠道的作用。一件好的商品，一次成功的销售可能带来若干新的顾客；一件劣质产品，一次失败的销售可能使销售商几个月甚至几年不得翻身。

(2) 商业渠道。它是指通过广告、推销员、经销商、展销会等获得的信息。网络营销的信息传递主要依靠网络广告和检索系统中的产品介绍，包括在信息服务商网页上所做的广告，中介商检索系统上的条目以及自己主页上的广告和产品介绍。

(3) 公共渠道。它是指通过大众传播媒体获得的信息。网络实际上就是最好的传播媒体，网络营销者可以通过网络论坛、邮件列表、E-mail 等网络传播工具提升自己产品和服务的社会声誉，最大限度地获得消费者的认同。

(4) 经验来源。它是指个人所储存、保留的市场信息，包括购买商品的实际经验，对市场的观察以及个人购买活动的记忆等。从事网络营销的企业应当通过独特的网站设计、良好的营销服务、网上营销工具的恰当运用使网上购买者对自己的网络购物留下一个美好的印象，对本企业的网站有特殊的偏好，能经常光顾本企业的网站。

3. 比较选择。消费者需求的满足是有条件的，这个条件就是实际支付能力。为了使消费需求与自己的购买能力相匹配，比较选择是购买过程中必不可少的环节。消费者对各条渠道汇集而来的资料进行比较、分析、研究，了解各种商品的特点和性能，从中选择最为满意的一种。一般说来，消费者的综合评价主要考虑产品的功能、可靠性、性能、样式、价格和售后服务等。通常，一般消费品和低值易耗品较易选择，而对耐用消费品的选择则比较慎重。

4. 购买决策。网络消费者在完成了对商品的比较选择之后，便进入到购买决策阶段。网络购买决策是指网络消费者在购买动机的支配下，从两件或两件以上的商品中选择一件满意商品的过程。

一般意义上的决策是指为了达到某一预定目标，在两种以上的备选方案中选择最优方案的过程。购买决策则是消费者作为决策主体，为实现满足需求这一特定目标，在购买过程中进行的评价、选择、判断、决定等一系列活动。

网络消费者购买决策内容：

对于消费者的购买行为，有一种叫做 5W1H 的研究方法：

(1) WHAT——买何种商品，即确定购买的对象。要研究顾客购买什么，以决定生产什么。

(2) WHY——为什么购买，即确定购买的动机。顾客为什么购买呢？是为了自己消费还是馈赠亲朋好友，如果是为了自己消费，在包装上便可以不增加顾客购买的压力；如果要馈赠亲朋好友，包装上则要讲究一些。

(3) WHEN——何时购买，即确定购买时间。要研究消费者购买决策过程中的时间规律性，以适当调整营销对策。比如季节性商品、节假日商品，往往在节假日到来之前是最旺销的时候。这个时候，为了适应购买的时间特征，应建立临时的分销渠道，或者摆出临时摊位。

(4) WHERE——何处购买即确定购买地点。在百货商场？还是到商家购买？这涉及不同的营销渠道的选择问题，可以多样化。比如，要是消费者愿意到中间商那里去购买，那么你就可以借助中间商实施商品分销；如果消费者愿意到专卖店去购买，你就可以进专卖店，可以采取直销的形式；如果顾客愿意在家里购买，那么你就可以采用网上分销的形式，让顾客在家里就可以订购。这样就出现了多样化的分销渠道。

(5) WHO——何人购买，即确定购买的人。通常要考虑几种不同的角色，比如谁是倡导者，谁是决策者，谁是购买者，谁是使用者。

谁是倡导者关系到我们如何选择广告媒体。比如你针对小孩做广告，那么广告媒体就应该选择电视，小孩在电视上看到活灵活现的玩具和适合他消费的商品，他就会成为积极的倡导者。

(6) HOW——如何购买，即确定购买方式。是函购、邮购、预购还是代购。这要根据消费者的要求来组织营销活动。消费者是愿意一次性付款还是分期付款，是要求送货还是自己提货，这些都是应该考虑的。

网络消费者在决策购买某种商品时，一般应具备三个条件：第一，对厂商有信任感；第二，对支付有安全感；第三，对产品有好感。

5. 购买后的评价。消费者购买商品后，往往通过使用，对自己的购买选择进行检验和反省，重新考虑这种购买是否正确，效用是否理想，以及服务是否周到等问题。这种购后评价往往决定了消费者今后的购买动向。

商界中流传一句话“一个满意的顾客就是我们最好的广告。”在这里，“满意”的标准是产品的价格、质量和服务与消费者预料的符合程度。产品的价格、质量和服务与消费者的预料相匹配，则消费者会感到心理的满足，否则，就会产生厌烦心理。购后评价为消费者发泄内心的一条非常好的渠道，同时也为厂商改进工作收集了大量第一手资料。

为提高企业的竞争力，最大限度地占领市场，企业必须虚心倾听顾客反馈的意见和建议。厂商可以在订购单的后边附上一张意见表。消费者购买商品的同时，就可以同时填写自己对厂商、产品、整个销售过程的评价。厂商从网络上收集评价之后，通过计算机的分析、归纳，可以迅速找出工作中的缺陷和不足，能够时时采纳消费者的意见和建议，及时改进自己的产品性能和售后服务。

四、影响网络消费者行为的因素

（一）影响网络消费者购买行为内在因素：

网络消费者及购买行为，永远是网络营销者关注的一个热点问题。传统营销学所提供的理论认为：一个人的购买选择受到四种主要心理因素的影响。它们是：动机、知觉、学习、信念和态度。在分析网络购买者的心理因素时也应当从这四方面着手。

1. 动机。心理学研究表明，人产生某种需求而又未得到满足时，心理上就会产生不安和紧张状态，成为一种内在的驱动力，心理学上称为动机。有了动机就要寻找或选择目标，当目标确定后，就要进行满足需求的活动。而当需求得到满足，行为结束，人的心理紧张消除，然后又有新的需求，产生新的动机，引起新的行为，这样周而复始，直到人的生命终止，如图 5－3 所示。

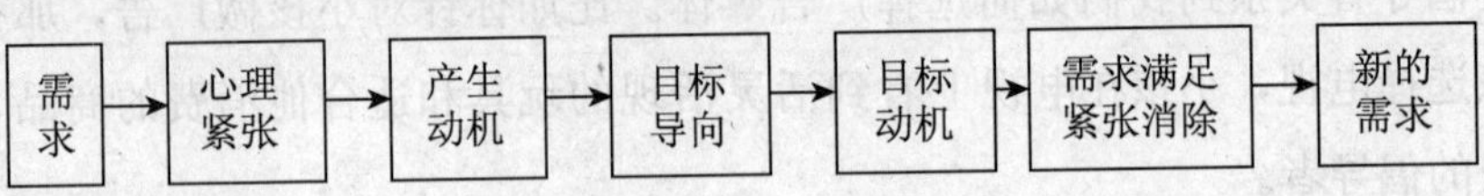

图 5－3　需求、动机、行为

心理学家已经提出了人类动机理论，最流行的是亚伯拉罕·马斯洛理论，这种动机理论是网络消费者行为分析和网络营销战略确立的依据，马斯洛需求层次理论在网络需求分析中的应用。

(1) 生理的需求。对于网络消费者来说，作为一种先进的购物方法，网络购物目前尚不普及，且购物者需要一定的设备条件，如计算机、调制解调器、互联网等。能够上网购物的人多数已经解决了基本生活用品的购买问题，因此他们的注意力往往不在这一层次的需求中。

(2) 安全的需求。生理需求满足后，就产生了第二层次的需要，即安全的需求。网络消费者希望能够通过网络的查询，寻找最适合于自己情况的这类产品，他们的购买动机是建立在对于在线商场推销的商品的客观认识基础上的。众多网络购买者大多是中青年，具有较高的分析判断能力。理智购买动机的最大特点就是安全，其次是具有客观、周密和易于控制的特点。一句话，就是强调购买的安全性。

(3) 社交的需求。当生理与安全的需求获得适当满足之后，则产生第三层次的社交需求，包括欲望，希望得到人们的支持，希望得到别人的友谊和爱情。社交的需求更侧重于人的感情，它使人产生一种归属感，渴望自己归属于一个群体，成为其中的一员并得到关心，同时自己也愿意去关心别人。互联网能提供电子邮件、公告板、聊天室等传递信息、发表言论的条件和场所，在互联网上，人们可以利用上述的各种网上工具向其他人敞开心扉，毫无顾忌地流露自己的感情，开展网络社交活动。因此互联网对有这种需求的消费者产生了巨大的吸引力。1999年末“网虫”们对电子贺年卡的疯狂热情充分反映了消费者对社交的强烈需求。

(4) 尊重的需求。上述三类需求得到适当满足后，便产生了尊重的需求。它包括自我表现尊重与受人尊重。前者包括独立、自由、自信、自尊、自豪等。后者包括地位、荣誉、威望、被尊重等。在这方面，人们要求网络营销商提供各种饰品、化妆品的销售；提供适合自身需要旅游信息服务；提供个人主页或企业主负的宣传；提供婚礼服务、会议服务等综合服务等。

(5) 实现的需求。这是最高层次的需求，包括充分地发挥一个人的潜力，实现个人的理想与抱负。人总是希望自己的才能和潜力能够最大限度地发挥出来，希望自己的工作称职，在事业上有所成就。因此人们对网络信息服务商提出了更高的要求。网络虚拟市场不仅仅是推销实体商品，为商品的流转创造更便利的场所，也不仅仅是推销服务，成为诸如预订机票、预订旅游服务的场所，在这个网络虚拟市场活动的商家应提供更多、更好的信息服务，为人们创造更广阔的就业空间，为企业创造充分发展的市场机遇。

在上述五个层次的需求中，第一、第二、第三层次属于低级需求，而第四、第五层次则属于高级需求。

2. 知觉。可定义为：个人选择、组织并解释信息的投入，以便创造一个有意义的万物图像的过程。知觉不但取决于物质刺激物的特征，而且还依赖于刺激物同周围环境的关系及个人所处的状况。

知觉一般经历三种过程：选择性注意、选择性扭曲和选择性保留过程。

(1) 选择性注意。对网络营销的真正挑战在于必须寻找人们会注意哪些刺激物。调研结果表明，人们会更多地注意以下几方面的刺激物：

a. 人们会更多地注意那些与当前需要有关的刺激物。比如，一位想购买计算机的网络消费者会注意所有网上的计算机广告，因为他有一种购买计算机的动机。

b. 人们会更多地注意他们期待的刺激物。比如，这位网上计算机的购买者如对联想或者方正品牌有消费偏好，则他可能会期待网上多出现这两个品牌计算机的广告，对于其他品牌计算机的广告则一带而过。

c. 人们会更多地注意跟刺激物的正常大小相比有较大差别的刺激物。比如，这位网上计算机的购买者会更多地注意减价1000元的联想和方正计算机的广告，而不大注意只减价50元或者100元的其他计算机广告。

(2) 选择性扭曲。即使是消费者注意的刺激物，也并不一定会与预期的方式相吻合。选择性扭曲就是人们将信息加以扭曲，使之合乎自己意向。一位在网上购买计算机的人也许听说了推销员所讲的竞争对手计算机品牌的一些优缺点。但是，只要他已倾向于某个品牌的计算机，他就极有可能扭曲其他品牌产品的特点，断定自己选择的品牌计算机最好。

（3）选择性保留。是倾向于保留那些能够支持其态度和信念的信息。由于存在选择性保留，这位网上计算机购买者很可能只记住联想和方正计算机的优点，而忘记了竞争对手同类产品的优点。网络营销人员在网上将产品信息恰到好处地传递给目标市场的过程中需要选用大量戏剧性手段和重复手段。

3. 学习。是指由于经验而引起的个人行为的改变。人类行为大都来源于学习。人们要行动就得学习。

对网络营销人员来说，关于学习的理论实际价值在于，他们可以通过把学习与强烈驱使力联系起来，在网络营销过程中运用各种形式的刺激性暗示和提供积极强化印象等手段来建立网络消费者对本企业产品的需求。

在网络营销中，一家新公司完全能够采用跟竞争对手相同的驱使力并提供相似的诱因形式而进入市场，因为购买者大都容易把其对原先的品牌忠诚转向与之相类似的品牌（推广），而不是转向与之相异的品牌。公司也可以设计引用一套不同的驱使力的品牌，并提供强烈的暗示诱导来促使购买者转向它的品牌（辨别）。

4. 信念和态度。通过行为和学习，人们获得了自己的信念和态度，它们又转过来影响人们的购买行为。

（1）信念。是指一个人对某些事物所持有的描绘性思想。比如消费者也许认为一台联想计算机有着较多的存储功能，坚实耐用、价格低廉。人们根据自己的信念做出行动，当人们对某种商品的品牌树立了信念，那么，其他公司同类产品的宣传就不会从根本上影响他们的抉择。

从事网络营销的公司非常关注人们在头脑中对其产品和服务所持有的信念，这些信念树立起产品和品牌的形象。如果一些网络消费者对网络营销公司产品的信念是错误的，并阻碍了他们的购买行为，网络营销者就要发动一场促销活动去纠正这些错误信念。

（2）态度。是指一个人对某些事物或观念长期持有的好与坏的认识上评价、情感上的感受和行动倾向。网上的计算机购买者可能持这样的态度："买最好的计算机"，"联想公司制造世界上最好的计算机"。于是，联想公司的计算机对这位计算机购买者来说印象最深刻，因为它同这位消费者既有的态度完全一致。从事网络营销的公司如能研究人们对其产品和品牌的各种态度，那就会获益匪浅。

综上因素分析影响消费者网上购物的内在因素为：

(1) 心理因素。影响消费者网上购物的心理因素有多种。如非网络的个人购买无法满足个人的欲望；有些人购物经验少或者不习惯、不情愿上街购物；对商店人员的服务态度心存芥蒂；所购买的商品涉及个人隐私或不想让别人知道等。网络营销的隐秘性和便利性恰好满足了消费者的需求，足不出户，就可以到世界各地去购物。

(2) 环境因素。诸如店铺离家太远，工作太忙没有时间购物；商品体积太大不好搬运；季节性商品销售时间太短等不利的环境因素，都使得网络用户选择网上购物。同时，采用电子商店色彩亮丽、新颖，视觉效果和娱乐的刺激，尤其是网上漫游的随意性都给网络用户带来了新的体验和兴趣。

(3) 经济因素。网上购物往往可以通过厂家直接购物，这样减少了流通环节，降低了产品的成本。同时也节省了交通费，节约了购买成本。

(4) 行为因素。减少购物的时间消耗和体力消耗是网上购物吸引用户的主要原因。除此之外，减少了在实际购物环境中不可缺少的人际交往，尽可能地由着自己的性情浏览和选购商品，随时可以变换、更改自己的决定，而不必考虑其他人的感觉。网上购物给消费者以充分的自由和放松，真正体现了随心所欲。

(二) 影响消费者网上购物的外在因素主要有：

网络消费者的心理因素是影响其购物行为的内在因素。除此以外，网络消费者的购物行为还受到许多外在因素的影响，它们是：

1. 商品价格因素。从消费者的角度说，价格不是决定消费者购买的唯一因素，但消费者在购买商品时肯定要考虑这个非常重要因素。对一般商品来讲，价格与需求量之间经常表现为反比关系，同样的商品，价格越低，销售量越大。网上购物之所以具有生命力，重要的原因之一就是网上销售的商品价格普遍低廉。

世界最大的网络虚拟书店亚马逊书店一般以七到八折的价格出售图书。我国北方国信网络技术发展有限公司推出的“中国酒店预定系统”是我国第一个网上酒店预定系统，它囊括了我国全部的二星级至五星级酒店。利用这一系统预定酒店房间，其价格比店堂登记房间的价格低 20%～40%。

根据 CNNIC 的最新统计数据，在有过网上购物经历的消费者中间，43.67%的原因是由于网上购物的价格便宜。

2. 产品因素。产品是影响消费者购买的重要因素之 。由于网上市场不同于传统市场，网络消费者也有别于传统市场的消费需求特征，因此网上销售的产品一般要考虑产品的新颖性，考虑产品的购买参与程度等。

(1) 商品的新颖性。追求商品的时尚和新颖是许多消费者，特别是青年消费者重要的购买动机。这类消费者特别重视商品新的款式、格调和社会流行趋势，而对商品的使用程度和价格高低不大计较。这类消费者一般经济条件比较好，男女青年居多，他们是新式高档消费品、新式家具、时髦服装的主要消费者。

（2）考虑产品的购买参与程度。对消费者要求参与的程度比较高，且要求消费者现场购物体验产品，一般不宜于在网上销售，但这类产品可以采用网络营销推广的功能来扩大产品的宣传，辅助传统营销活动。

3. 商品购物时间。这里所说的购物时间是指购物时间的限制和购物时间的节约。网络虚拟商店一天 24 小时开业，随时准备接待客人，没有任何时间的限制。顾客早上 5 点或晚上 12 点购物都没有问题。网络购物为人们上班前和下班后购物提供了极大的方便。

根据 CNNIC 的最新统计数据，用户进行网络购物居首位的原因是节省时间。

4. 商品挑选的便捷性。货比三家是人们在购物时常常使用的操作方法。在网络购物中，货比三家已不足为奇。人们可以货比百家、货比千家，甚至货比万家，商品挑选的余地大大扩展。而且，消费者可以从两个方面进行商品的挑选，这是传统的购物方式难以做到的。一方面，网络为消费者提供了众多的检索途径，消费者可以通过网络，方便快速地搜寻全国乃至全世界相关的商品信息，挑选满意的厂商和满意的产品。另一方面，消费者也可以通过公告板，告诉千万个商家自己所需要的产品，吸引千万个商家与自己联系，从中筛选符合自己要求的商品或服务。在这样大的选择余地下，精明的消费者自然倾向于在网上选购价廉物美的商品了。

5. 购物的安全性与可靠性。影响消费者网上购物的另一个重要因素，就是安全性与可靠性。对于现阶段的网络营销来说，最重要的问题还是安全问题。网上消费者一般需要付款后收货，与过去一手交钱，一手交货的现场购物方式不一样，有一种失去控制的感觉。1999 年 1 月，曾有人利用在新闻组中查到的普通技术手段，轻而易举地从多个商业站点窃取了十万余个信用卡账号和密码，并标价 26 万美元出售。一群黑客也成功地闯入美国军方一个控制卫星的计算机系统。为保护消费者购物过程中的信息传输安全和个人隐私，树立消费者对网站的信心。8848 网上超市为加强与消费者联系，在购物过程中给消费者发送四封电子邮件，以及时提醒和告知消费者购物的进展情况，使消费者始终处于一种主动和控制状态，增强购物的信心。

复习思考题

1. 网络消费者的需求特征有哪些？
2. 网络消费者有哪些类型？分别有什么特征？
3. 简述网络消费者购买行为的过程。

任务六　网络营销市场

学习任务

1. 理解网络市场细分的作用；
2. 理解并掌握网络市场细分的方法和标准；
3. 掌握网络市场定位的依据、策略和内容；
4. 能够结合实际对网络市场进行有效细分并定位。

情景案例

京东商城的异军突起

京东商城由刘强东于2004年年初创办。目前，京东商城是中国垂直B2C市场最大的3C（计算机、通信和消费电子产物）网购专业平台，是中国电子商务领域最受消费者欢迎和最具影响力的电子商务网站之一。京东商城的市场定位是中国最大的电脑、数码、通信、家用电器产品网上购物商城。相较于同类电子商务网站，360buy京东商城拥有更为丰富的商品种类，并凭借更具竞争力的价格和逐渐完善的物流配送体系等各项优势，赢得市场占有率多年稳居行业首位的骄人成绩。

京东商城秉承“以人为本”的服务理念，全程为个人用户和企业用户提供人性化的“亲情360”全方位服务，努力为用户创造亲切、轻松和愉悦的购物环境；不断丰富产品结构，力求最大化地满足消费者日趋多样的购物需求。京东商城致力于培养忠实的客户群体。京东商城通过网上购物服务、在线咨询、畅销产品排行榜、售后评价等方法，以及独有的价格保护模式，吸引消费者。2007年，京东商城与支付宝、财富通达成战略合作协议，由此京东商城集网上付款与到货付款于一体，最大限度的给顾客带来方便。如此全方位的考虑使得京东商城的客户黏性特别大，与其他同类型的网站数千万的注册用户相比，京东商城的注册用户数量仅有一千万左右，但这些并不是十分庞大的客户群在2010年却创造了超百亿元的营业额。京东商城的创始人刘强东说“京东的客户80％都是老客户”，由此可见，京东的客户培养战略取得了比较明显的效果。

案例点评

京东的目标客户总体上为网上购物比较活跃的网民，主要是计算机、通信和消费类电子产品的主流消费人群，并致力于培养忠实的客户群体。根据不同的用户特点大致可分为以下四个主要客户群：

1. 从需求的角度。京东的主要客户是计算机、通信产品、新型数码产品、娱乐类电子产品和家用电器等的主流消费人群或企业消费用户。

2. 从年龄的角度。京东的主要顾客为18～35岁的人群，与此同时，京东商城在线营销的客户除了针对企业用户外，大部分的个人用户为25～35岁的白领阶层，这一类人不仅消费欲望强，而且消费能力也很好，一旦他们成为其忠实客户，可以给京东带来更多的经济效益。

3. 从性别的角度。京东商城的目标客户主要是男性消费者，而世界杯期间的电视观众中70%以上都是男性观众，这很符合京东网上商城的传播目标。

4. 从职业的角度。京东的主要顾客是公司白领、公务员、企事业单位职工、在校大学生和其他有稳定收入的网络爱好者，主要服务于有足够时间上街购物的消费人群。而在其中每年走出校门的600万大学生群体则又是京东的一个重点市场。

知识体系

一、网络营销市场细分

网络市场细分是指企业在调查研究的基础上，依据网络消费者的需求、购买动机与行为等的差异性，把网络市场划分成不同类型的消费群体，每个消费群体就构成了企业的一个细分市场。这样，网络市场可以分成若干个细分市场，每个细分市场都是由需求和愿望大体相同的消费者组成。在同一细分市场内部，消费者需求大致相同；不同细分市场之间，则存在着明显的差异性。企业可以根据自身的条件，选择适当的细分市场为目标市场，并依此拟定企业的最佳网络营销方案和策略。

（一）网络市场细分的作用

网络市场是一个综合体，是多层次、多元化的消费需求的集合体，是任何企业都不能独自满足的。网络市场细分可以为企业认识网络市场、研究网络市场，从而选定网络目标市场提供依据。具体说，网络市场细分有以下几方面的作用：

1. 有利于分析网络市场，开拓新市场。在网络市场细分的基础上，企业可以深入了解网络市场顾客的不同需求，并根据各子市场的潜在购买数量、竞争状况及本企业实力的综合分析，发掘新的市场机会，开拓新市场。

2. 有利于合理分配和使用企业资源。企业通过网络市场细分，发掘网络市场机会，并根据主客观条件的分析选定网络目标市场。因此，可以将企业资源集中用于最有利的子市场，争取较理想的市场份额，以使有限资源得到较充分的利用，取得最佳营销效果。

3. 有利于制定和调整营销方案，增强企业应变能力。在网络市场细分的基础上，比较容易认识和掌握各细分市场消费者需求的变化，以及对营销措施的反应，从而相应地调整营销策略，制定最佳的营销策略。

【小贴士 6-1】 某日本钟表商根据社会调查，发现美国市场上对手表的需求有三类不同的消费者：①约 23%的消费者对手表的要求是计时且价格低廉；②约 46%的消费者要求是计时基本准确、美观、价格适中。以上两类消费者都受经济因素的影响较大。③约 31%的消费者求新、求高、求精，要求既有精确计时价值，更要求有装饰价值，以显示华贵身份。美国和瑞士的钟表厂商一向注重第三类消费者群，这样，约占 70%的一类、二类消费者的需求就不能充分满足，日本的钟表商在美国市场调查中发现了上述情况后，就及时地调整了营销策略，他们生产出一款电子表，款式新颖，价格使宜，并提供免费保修服务，而且顾客在许多商店都可以买到，结果在美国市场有了很高的占有率。同样的，网络市场细分即是把“一类、二类消费者市场”作为主攻方向，既提高了市场占有率，也为企业赢得效益。

（二）网络市场细分的原则

网络市场细分关系到企业各种网络营销策略组合的选择，也影响着企业营销活动的效果。实现网络市场细分，并不是简单地把消费者视为需求相同或不同，更不是用多个细分变量的组合机械地创造市场。为了确保网络市场细分的科学性、有效性，在进行网络市场细分时必须要遵循一定的原则。

1. 可衡量性。是指用于网络市场细分的标准具有可衡量和可获得的特性，即细分市场的规模、购买能力和基本情况等相互内容必须具体化和数据化。反映这些特性的资料是清晰的、能够加以衡量的。比如，以消费者的年龄和经济状况等因素进行网络游戏市场细分时，与之有关的数据、资料就很容易衡量，也比较容易获得。

2. 实效性。是指网络目标市场的规模及营利性值得企业进行开发的程度。一个细分市场是否大到可以实现具有经济效益的营销目标，取决于这个市场的人数和购买力。网络市场划分范围必须合理，应考虑是否值得进行分开的营销活动，一个细分市场应是适合设计一套独立营销计划的最小单位。

3. 可接近性。是指企业能有效地集中力量接近网络目标市场并有效为之服务的程度。企业对选中的网络目标市场进行分析，更能有效地集中营销能力，开展营销活动。一方面指企业能够通过一定的媒体把产品信息传递到细分市场的消费者；另一方面是产品经过一定的渠道能够达到该细分市场。

4. 反应率。是指不同的细分市场，对企业采用不同营销策略组合所具有的不同反应程度。如果网络市场细分后，市场对各种营销方案的反应都差不多，则细分市场就失去了意义。例如，游戏产品软件市场与少儿英语学习软件两个细分市场，对他们实施营销价格方案后其反应程度有很大的不同，这时我们认为这两个市场的细分就是成功的。

5. 稳定性。是指网络细分市场必须在一定时期内保持相对稳定，以便企业制定较长期的营销策略，有效地开拓并占领该目标市场，避免目标市场变动过快给企业带来风险和损失。市场细分是企业制订发展规划和营销战略的基础，若细分市场变化过快，不确定因素过多，网络目标市场犹如昙花一现，则企业经营风险也随之增加。

【小贴士 6-2】西方企业曾实行“超细分战略”，许多市场被过分地细分，导致产品价格不断增加，影响产销数量和利润。于是，一种被称为“反细分战略”应运而生。反细分策略是指把零散的细分市场聚合在一块以较低的价格实现较大的市场利益。反细分战略并不反对市场细分，而是“异中求同”地将许多过于狭小的子市场组合起来，以便能以较低的成本和价格去满足这一市场的需求。因为如果细分过细，一是增加细分变数，给细分带来困难；二是影响规模效益；三是增大费用和成本。

（三）网络市场细分的方法

每个消费者的需求是各不相同的，并且消费者的需求是受多种因素影响的，通过这些因素就可以间接掌握消费者的需求。按照影响消费者需求的因素和细分程度，进行网络市场细分一般有以下三种方法。如图 6-1 所示为假设的一个拥有六个购买者的市场。按不同方法对这一市场细分的情况如下：

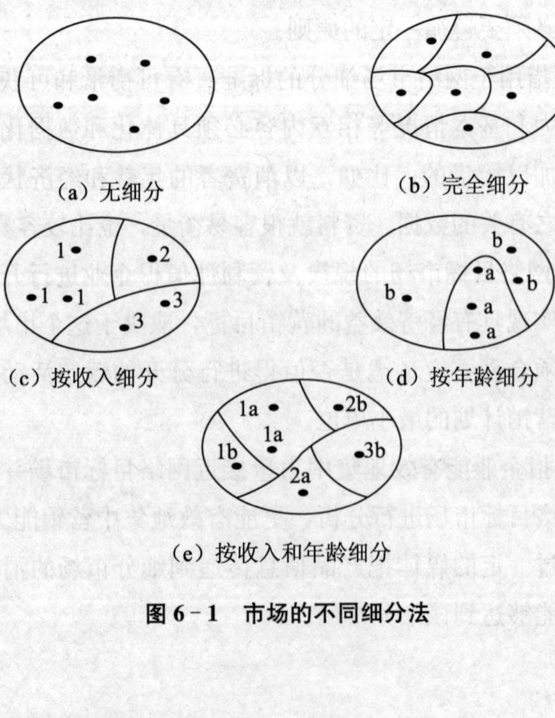

图 6-1　市场的不同细分法

1. 完全细分。假如这六个购买者的需求完全不同，那么每个购买者都可能是一个单独的市场，完全可以按照这个市场所包括的购买者数目进行最大限度的细分，即这个市场细分后的小市场数目也就是构成此市场的购买者数目。图 6-1（b）所示就是这种彻底细分的极端情况。在实际市场营销中，有少数产品具有适于按照这种方法细分的特性。但在绝大多数情况下，要把每一个购买者都当做一个子市场，并分别地生产仅符合这些单个购买者需要的各种产品，从经济效益角度是不可取的，而且实际上也是行不通的。因此，大多数销售企业还是按照购买者对产品的要求或对市场营销手段的不同反应，将他们作概括性的分类。

2. 单因素法。即企业仅依据影响需求的某一个因素或变量对整体市场进行细分。对某些通用性比较大、挑选性不太强的产品，往往可按其中一个影响购买者需求最强的因素进行细分，如可按收入不同划分，或按不同年龄范围划分。图 6-1（c）代表按收入因素，将原市场细分成三个部分。在图 6-1（d）中，代表按不同的年龄范围，将市场细分成三个部分。

3. 多因素法。即依据影响需求的两个或两个以上的因素或变量对一产品的整体市场进行综合细分。大多数产品的销售都受购买者多种需求因素的影响，如不同年龄范围的消费者，因生理或心理的原因对许多消费品都会有不同的要求；同一年龄范围的消费者，因收入情况不同，也会产生需求的差异；同一年龄范围和同一收入阶层的消费者，更会因性别、居住地区及其他许许多多情况的不同而呈现纷繁复杂、互不相同的需求。因此大多数产品都需按照两个或两个以上的因素细分。图 6-1（e）是按购买者的收入及年龄两个因素将原市场进行细分的情况。例如，按对网络熟悉程度、收入水平、年龄三个因素可将网络游戏市场划分为不同的细分市场。

当然以多个需求特征组合作为市场细分的根据时，销售者可以更准确地划分目标市场，但这样一来，却增加了细分市场的数目。如果销售者按照所有可能影响需求的因素组合来细分市场，那么又将回到图 6-1（b）所示的完全细分情况，那时每个购买者都是一个细分市场。因此，本细分方法中所说的两个以上影响需求因素并不是无限的。各个销售企业在具体运用市场策略时，还应根据不同的产品情况，适当控制一定的细分因素组合。

（四）网络市场细分的步骤

由于网络市场细分工作过程复杂、工作量大，所以其工作程序对于企业成功地开展营销活动事关重大。网络市场细分的程序一定要科学合理。一般情况下，网络市场细分通常包括以下步骤。

1. 了解基本情况，明确研究对象。企业首先要根据战略计划规定的任务、目标及选定的市场机会等，决定将要分析的产品市场，并从企业自身和消费者的角度来了解产品市场的情况，如消费者对产品或服务介入的程度有多深？这是一种新产品还是现有产品？市场细分研究的目的是什么？是增加现有顾客对产品的忠诚度还是吸引新的顾客，或将客户从竞争者那里吸引过来？市场细分研究是为短期规划服务还是为长期战略服务？公司管理者和销售者对现有市场结构的看法如何？要进行市场细分，就必须先了解这些基本情况，进而确定细分和考察的对象。

2. 拟定市场细分的方法、形式和细分标准。这是网络市场细分过程中最重要的一步。首先根据实际需要拟定采用哪一种市场细分方法，而后选择市场细分的形式，及决定从哪个或哪些方面对市场进行细分。最后还要确定具体的细分标准，根据研究对象的特点，以"消费市场细分指标"为基础，结合以往市场研究经验，重新构造细分变量指标。

3. 收集信息。企业对将要细分的市场进行调查，以便取得与已选细分方法、细分形式及细分标准有关的数据和必要的资料。市场细分对样本量有较高要求，但这对于网络营销者来说已经不是什么难事，数据收集、信息收集变得简单易行，方便的网络为工作人员提供了强大的支持，如营销数据库可以提供详尽的数据，网络问卷调查可以随时进行。

4. 分析数据，进行评价，构建细分市场，描述细分市场结构。收集到的数据可以运用科学的定性和定量方法，通过数学工具和软件进行分析，找出明显差异的细分市场。常用的数学分析方法有回归分析、判别分析、聚类分析、时间序列分析等，可以提供多种结果和不同的研究视角，满足市场细分工作的需要。

一旦确定了能够代表真实市场的细分方案，就要获得关于细分的额外信息，对其进行进一步调查，比较和对照细分变量，确定细分市场，进而对细分市场的规模、竞争状况和变化趋势等方面加以分析、测量和评价。对每个细分市场进行简单明了的归纳是必要的，一般包括以下内容：细分市场的名称，使细分市场产生差异化的重要因素，对细分市场中群体的简要描述。

5. 明确准备进入的细分市场时，数据背后的经验是不可缺少的。评估不同的细分市场的吸引力需要考虑市场细分的基本原则，以保证市场细分结果的有效性和科学性。

对于网络营销来说，网络营销面对的是众多遍及全球的客户，且网上销售的产品大都是消费类或服务类产品，要处理好市场细分的问题并非易事。要进行网络市场细分，遇到困难是不可避免的，因此，在工作中需要结合实际问题，灵活地开展网络市场细分工作。

（五）网络市场细分的标准

市场细分是根据一定的标准来进行的，利用这些标准就能够区别不同的需求。在现代社会中影响和造成消费者市场需求差异性的因素是极其纷繁复杂的，因此细分网络消费者市场就不可能有一个绝对正确的标准和方法或固定不变的模式。各行业、各企业可采取许多不同标准和方法来细分，以寻求最佳的营销机会。根据长期以来细分消费者市场的实践经验，影响消费者市场需求的主要因素，大致可分为五大类，即地理因素、人口因素、心理因素、行为因素和网络因素。

1. 地理因素。按照地理因素细分，就是按照网络消费者所在的地理位置、气候、人口密度和城乡的情况等因素划分出不同的细分市场。按区域细分市场，从全国来看，可区分为东北地区、华北地区、华南地区、华东地区、西南地区、西北地区等；按自然条件分，如山区、平原、丘陵、湖泊、沙漠、草原等地区。按不同气候来说，居住在不同气候条件下的居民，对消费品的需要也有不少差异。由于地理条件不同，消费者对同类产品的需求也不一样。

一般来说，地理因素具有较大的稳定性，与其他因素相比，容易辨别和分析。企业可把营销行为准确有效地集中到顾客居住的地方，生产当地需要的产品，有效地利用当地或地区的广告媒体，合理地设置销售机构和储运设施。然而地理因素毕竟是静态因素，不容易划分得很细，原因是生活在同一地理位置的消费者仍然会存在很大的需求差异。因此，进行市场细分时还必须同时综合考虑其他因素，方能合理选择目标市场。

2. 人口因素。人口因素历来是细分市场常用的重要因素。因为消费者的欲望、需求偏好和使用频率往往和人口因素有着直接的因果关系，而且人口因素较其他因素更易测量。一般地，人口因素主要包括以下几个方面：

(1) 性别。依据性别因素细分市场一直应用于服装、鞋帽、化妆品等领域，现已扩大到许多方面。随着妇女参加工作和社会经济地位的改变和提高，女性市场已成为一个越来越重要的市场，在网络市场中表现也非常明显，企业应高度重视女性市场需求的变化和发展。

(2) 年龄。不同年龄段的消费者，由于生理、性格、爱好、经济状况等的不同，对商品的需求也有明显的差异。一般地说，儿童需要玩具、食品、童装、儿童读物；青年人则需要学习、体育和文娱用品；老年人需要营养品与医疗保健用品等。按年龄细分市场，有利于满足各年龄段消费者的特定需要。因此，企业必须掌握市场上消费者的年龄结构、各年龄段人口数占总人口的比例以及各年龄段消费者的需求特点。

(3) 家庭生活周期。指一个以家长为代表的家庭生活的全过程，从青年独立生活开始，到年老后并入子女的家庭或死亡时为止。一个家庭按年龄、婚姻和子女状况等，可划分为 7 个阶段，同一消费者及家庭的购买力、兴趣和对商品的偏好也会有较大差别。

(4) 收入。不同收入的消费者对商品的需求也有明显的差异，因为收入水平是购买力形成的重要因素。按照消费者收入的不同，可将消费者划分为高收入、次高收入、中等收入、次低收入、低收入五个细分市场。企业可以针对不同收入的消费者生产不同档次的商品，利用不同的渠道、不同的价格去满足各种需求。

(5) 职业。不同职业的消费者，对商品的需求也有明显的差异。比如教师、职员、工人、农民、学生等不同职业者，对商品的需求就有明显的差异。

（6）民族。我国拥有 56 个民族，各民族都有自己的传统习俗，过着不同的生活，因而也呈现出各种各样的产品需求。在不同民族间，饮料和食品的消费更显著不同。如，我国西北少数民族饮茶特别多。在服饰以至使用器具上，各民族也有明显特点。如藏族男子喜欢佩带藏腰刀，藏民还有使用银器的传统；瑶族、苗族妇女的服饰特别讲究，这样，耳环、手镯、项链等银饰，以及碗、盘、勺、筷子、酒壶、酒杯等银器，就是很重要的少数民族特需品。

（7）教育水平。同属某一收人水平的阶层，教育程度也会使得个人需求产生某些差异。因为教育程度不同的人，在价值观念、兴趣爱好、生活方式、文化修养等方面都会有所不同，从而影响到他们的购买种类、购买行为、购买习惯等。如接受过高等教育的人，花在书报杂志上的开支就远比中低文化者多，他们的阅读内容也与中低文化者有很大差异。至于购买什么样的服饰、家庭用具和摆设，往往也反映出主人所受教育的程度。总之，一个人购买什么产品在很大程度上要取决于他所受教育的状况。因此，教育程度也是进行市场细分的一个客观因素。

3. 心理因素。消费者的心理状态直接影响其购买趋向和选择。尤其是随着人们生活水平的提高，人们购买商品已经不限于满足基本的生活需要。然而，心理因素是一个极其复杂的因素，消费者的心理需求具有多样性、时代性和动态性的特点。我们在细分网上市场时，当使用其他因素难以把市场分开时，企业可根据消费者所属的社会阶层、生活方式及个性特点等心理因素进行市场细分。

（1）社会阶层。在一个社会中，社会阶层是具有相对的同质性和持久性的群体。它们按等级排列，每一阶层的成员具有类似的价值观、兴趣爱好和行为方式。一个人所处的社会阶层，通常是职业、收入、教育和价值观等多种因素作用的结果。同一社会阶层的人，要比来自两个社会阶层的人行为更加相似，因此，社会阶层是市场细分的重要心理因素。

（2）生活方式。生活方式是人们生活和花费时间及金钱的模式。可根据消费者的不同生活方式划分出各种明显的细分市场。例如深居简出者，他们大都在家里度过闲暇时间，是以家庭为中心的人；时尚人物则大都热衷于社交活动；事业心重的人则将大部分闲暇时间用在考虑工作上。这样，就可根据消费者所花时间从事的活动进行市场细分。例如，妇女时装生产商为“纯朴女性”、“时尚女郎”和“男性化女士”设计不同款式的服装。

（3）个性。指一个人的特有的心理特征，它会导致一个对其所处环境做出相对一致和持续不断的反应。一个人的个性，会通过自信、支配、自主、服从、交际、保守和适应等性格特征来表现。企业依据个性因素细分市场，可以为其产品更好地赋予品牌个性，以期与相应的消费者个性相适应。

（4）态度。根据消费者对企业及其产品的态度进行分类并采取相应营销措施。如对持中间态度的消费者“我曾听说过某品牌，但我并不真正了解它”，应大力开展资料丰富的、有说服力的促销活动；对抱积极态度的消费者“某品牌是市场上最好的产品”，应利用接连发出的广告与消费者签订合同的办法加以巩固；对持消极态度的消费者“某品牌比另外某品牌大大低劣”，要改变其态度是较困难的，应在广告宣传上具体化，并改进产品质量，提高企业形象。一般说来，企业放弃这一细分市场是合适的，因为企业进行市场细分，并不是要企业利用一种营销努力来满足所有消费者群体的要求。

（5）购买动机。即按消费者追求的利益进行细分。如美国的一位市场学者曾研究得出结论，牙膏市场可按此分为四个细分市场：①感官的细分市场：追求味道和产品外观的人；②爱交际的细分市场：追求洁白牙齿的人；③忧虑者的细分市场：追求防蛀牙功效的人；④独立自主的细分市场：追求低价的人。

我们可以按照心理因素标准细分市场，但它的用处是有限的，一是他们难以衡量，二是他们和需求之间的关系常常不明显或模糊不清。

4. 行为因素。消费者市场细分的标准，总体可分为两大类型。一类是依据消费者的特征，如地理因素、人口因素和心理因素；一类是依据消费者的反应，如各种行为因素。西方国家许多学者及企业认为，将购买者按行为来细分成不同的群体，是细分市场至关重要的出发点。

（1）购买时机。消费者购买商品的时间习惯有时受商品的特性所影响。如有些商品是时令商品，如电风扇、空调器、取暖器等；有些商品是节日礼品或婚嫁特殊品，消费者购买时间有一定的规律性。在西方国家，许多企业往往通过时机细分，把握特定时机的市场需求，试图扩大消费者使用本企业产品的范围。

（2）使用者情况。有些商品市场，可以按照使用者的情况进行细分。分为未使用者、初次使用者、经常使用者、曾经使用者和潜在使用者等。一般地说，具有较高市场占有率的企业，往往更重视把潜在用户细分出来，以便使之成为现实的用户。而小企业则较重视经常使用者顾客群的开发，力图使自己的产品比竞争者更富于吸引力，

（3）使用频率。根据消费者对特定商品的使用次数和数量，可以划分为大量使用者、中量使用者和少量使用者。大量使用者往往人数不多，但他们所消费的商品数量在商品消费总量中所占比重却很大，并往往具有某种共同的需求及心理方面的特征。

（4）顾客忠诚度。包括对企业的忠诚和对品牌的忠诚等，以品牌为例，可以把消费者细分为四类不同的消费者群，始终不渝地坚持购买某一品牌的坚定的忠诚者，经常在几种固定的品牌中选择的不坚定的忠诚者，由偏爱某一品牌转向偏爱另一品牌的转移型忠诚者，以及对任何一种品牌都不忠诚的随机者。每个企业的产品都包含了比例不同的这样四类顾客。依据忠诚程度细分市场，可以发现问题，采取措施改进市场营销工作。如表 6-1 所示。

表 6-1　　　　消费者忠诚度细分及对策

忠诚度类型	购买特征	销售对策
坚定的忠诚者	始终购买同一品牌	用会员制、俱乐部、积分优惠等方式保持老顾客
几种品牌忠诚者	同时喜欢几种品牌，交替购买	分析竞争者的分布、竞争者的策略
转移忠诚者	不固定忠于某一品牌，一段时间忠于 A，一段时间忠于 B	了解营销工作的弱点
犹豫不定者	从来不忠于任何品牌	使用有力的促销手段吸引他们

5. 网络因素。除了上面传统的细分标准外，我们还可以按是否上网、上网能力、上网时间、上网费用、上网的主要地点、拥有 E-mail 地址的平均值、平均每周收发的电子邮件数、知悉新网站的主要途径、使用的语种等新的细分标准对目标消费者进行分群。

由于消费者的情况千差万别，不是随便根据什么标准都可以划分出来，而是要根据一些影响消费需求的主要因素来进行细分。然而，影响需求的因素是多方面的，这些因素非常复杂，实际上不可能按这些因素逐个来进行市场细分。因此在实际工作中，往往把它们归纳为若干基本要素，然后使用多个细分标准对其进行细分。

以上我们较详细地论述了细分消费者市场的标准，在实际应用时，企业应根据经营内容，选择合适的标准来细分市场。同时，在细分市场时，往往要同时使用几个标准，表 6-2 有助于我们认识这个问题。

表 6-2　　　　运用多种标准细分摩托车市场

年龄	性别	地理位置	职业	生活方式	追求处益	经济收入
儿童	男	城市	农民	→ 浪漫	快速	高
青年 →	女 →	郊区 →	工人 →	朴素	中速	→ 中
中年		农村	职员		→ 慢速 →	低
老年			学生			

表 6-2 说明某摩托车厂运用多种标准细分摩托车市场，最后选择家住郊区、经济收入中等、生活方式浪漫、要求车速较慢的女青年工人作为企业的目标市场。

二、网络目标市场选择

经过网络消费者市场细分之后，使企业面临许多不同细分市场的机会，接着便要进一步做好两方面的工作：评估细分市场与选择细分市场。所谓网络目标市场，也叫网络目标消费群体，也就是企业商品和服务的销售对象。企业只有选择好自己的服务对象，将自己的特长发挥出来，有的放矢地制定经营策略，才能取得一定的经济效益。

（一）网络目标市场的选择条件

对企业来说，一个好的网络目标市场应当具备以下条件，这是评估细分市场要重点考虑的内容。

1. 企业在该市场具有竞争优势。也就是说，本企业对该细分市场，具备一定的开拓能力，能通过恰当的营销策略占领该细分市场。

2. 目标市场具备恰当的规模和增长程度。所谓恰当的规模，也是相对而言的。大企业一般应选择销售量较大的细分市场，小企业则通常会避免选择那些大市场。至于细分市场增长程度，本来各企业都希望自己的销售额和利润不断增长，但这样一来，竞争者会更加迅速打进这一市场，反而使他们的利润降低，因此要辩证地来考虑这一问题。

3. 企业有能力经营市场，满足市场需求。这里主要指企业的人力、物理、财力、产供销和经营管理水平要有足够的实力，保证企业能顺利进入这一目标市场。

4. 有充分的发展潜力。即该市场尚未满足，选作目标市场后，能获得销售的机会，并能不断扩大。

（二）网络目标市场的范围策略

目标市场范围策略也叫做目标市场选择模式，是指企业准备为之服务的产品和客户细分群的组合，一般有五种策略可供选择：

1. 密集单一市场。企业在众多的细分市场中只选择其中一个细分市场集中营销的策略。如企业由于资金等原因，只能在一个细分市场上经营，而且这个细分市场中可能没有竞争对手，这是促进细分市场发展的起点。这种策略使企业能更了解细分市场的需要，树立企业的信誉，巩固市场地位，获得经济效益。但应用此策略风险较大，如果市场出现一蹶不振的情况，企业则亏损严重。

2. 有选择的专门化。企业选择若干个细分市场，其中每个细分市场在客观上都有吸引力，并且符合企业的目标和资源，但在各细分市场之间很少有或者根本没有任何联系，然而每个细分市场都有可能赢利。如企业选择青年胶鞋、中年皮鞋、老年布鞋来生产，此方法的前提是，这些市场都能使企业获取利润。

3. 市场专门化。企业集中生产某一市场所需要的各种产品的策略。如制鞋企业只选择青年这一人群所需要的布鞋、胶鞋、皮鞋来生产，而不生产老年、中年的鞋类。企业提供一系列产品专门为这个顾客群体服务，可获得好的声誉，容易打开产品的销路。但如果这个顾客群体的购买力下降，会减少购买产品数量，就会产生滑坡的危险。

4. 产品专门化。企业在几种产品中，专门生产一种适合各种顾客需要的产品策略。

如一个制鞋厂，在皮鞋、布鞋、胶鞋、塑料鞋四种产品中，只选择了生产皮鞋，它包括了老年、中年、青年需要的所有品种。采用这种策略可使企业在某个产品方面树立起很高的声誉，扩大销售。但如果这种产品被全新技术产品所代替，则会产生较大风险。

5. 完全市场覆盖。指企业想用各种产品满足各种顾客群体的需要。一般情况下，只有大企业才能采用这种模式。以上五种目标市场范围策略如图 6-2 所示。

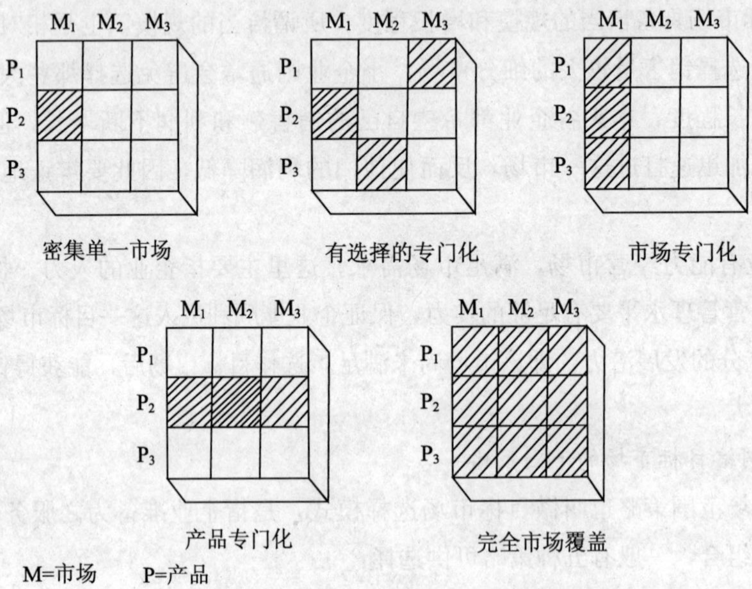

图 6-2　目标市场范围策略的五种模式

（三）网络目标市场的进入策略

当企业在确定了目标市场范围后，就要选择如何进入目标市场。这主要是指企业在所选择目标市场范围内采取何种方式为目标客户服务。通常有三种目标市场进入策略可供选择：无差异性营销策略、差异性营销策略、集中性营销策略。除第一种策略外，后两种策略都是在市场细分的基础上实施的。

1. 无差异性营销策略。是指企业将整个网络市场当做一个需求类似的网络目标市场，只推出一种产品并只使用一套营销组合方案。这种策略只考虑消费者需求的相同点，而忽视需求的差异性，将所有消费者需求看做是一样的，一般不进行网络市场细分，如图 6-3（a）所示。

2. 差异性营销策略。是指企业将整体市场细分后，选择两个或两个以上细分市场作为目标市场，根据各细分市场的特点，设计开发不同的产品，制定不同的营销组合策略，满足不同顾客的需求。例如现有的男式衬衫，除藏蓝、浅蓝、银灰、浅黄、白色外，还有隐格、隐条、印花、彩条等，就是针对各个细分市场的需求特点，相应发展各种不同的产品，以尽量符合各个不同的细分市场的需要见图 6－3（b）。另外，企业还可根据不同细分市场的特点，分别采用各种不同的营销计划，即针对各个不同小市场的特点，采用不同的产品设计、定价及广告宣传策略等见图 6－3（c）。为了提高自己的市场竞争能力，各企业将越来越多地实行差异性市场策略。

3. 集中性营销策略。亦称密集营销策略，是指企业集中力量于某一细分市场上，实行专业化生产和经营，以获取较高的市场占有率的一种策略，如图 6－3（d）所示。

实施这种策略的企业要考虑的是：与其在整个市场拥有较低的市场占有率，不如在部分细分市场上拥有很高的市场占有率。这种策略主要适用于资源有限的小企业。因为小企业无力顾及整体市场，无力承担较多细分市场的经营管理费用，而在大企业的小市场上易于取得营销成功。

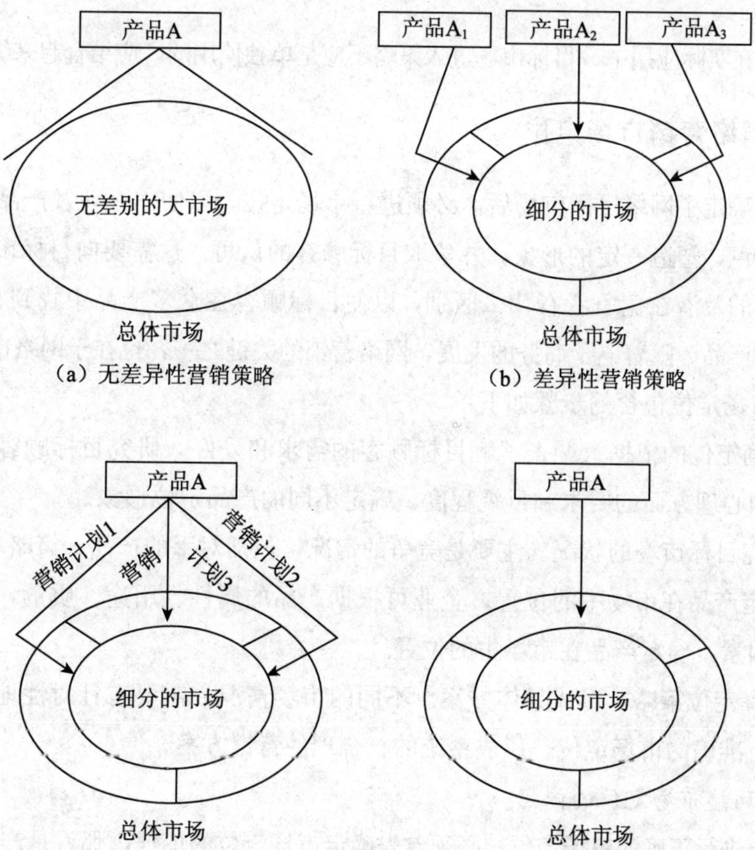

（a）无差异性营销策略　（b）差异性营销策略

（c）差异性营销策略　（d）集中性营销策略

图 6－3　市场细分策略图解

总之，三种基本策略各有利弊，如表 6-3 所示。

表 6-3　　三种策略的比较

利弊 \ 基本策略	无差异性营销策略	差异性营销策略	集中性营销策略
优点	品种少，适合大批量生产，规模经济、降低成本	市场广阔，扩大销售量，增强竞争，适应性强	节省费用，提高产品和企业知名度
缺点	应变能力差，依赖性强，风险较大	经营管理水平要求高，生产成本、存货成本、促销成本增加	目标市场依赖性大，风险大
适应情况	企业资源雄厚，通用性、适应性较强，差异小，且具有广泛需要的产品	生产、经营差异性较大的产品和企业几多品种生产企业	资源有限的中小企业

最后，在实际应用中，目标市场进入策略不应是单独使用的，应结合起来综合应用。

三、网络营销市场定位

当企业确定了网络目标市场后，必须进行市场定位，以使本企业及产品在市场上树立一定的特色，塑造一定的形象，并争取目标顾客的认可。这需要向目标市场说明，本企业与现有的及潜在竞争者有什么区别，以使目标顾客在众多产品中找到自己的产品、购买自己的产品。随着电子商务的发展，网络营销的关键之一，也在于网络市场定位。

网络市场定位包含的步骤如下：

1. 明确定位的依据。调查了解目标顾客的需求和爱好，研究目标顾客对于产品的实物属性和心理方面的要求和重视程度，确定不同的产品定位形象。

2. 研究目标市场的状况。主要是竞争的情况，包括对手的产品、策略、优劣势等。

3. 确定产品在市场中的位置。企业可根据产品的属性、用途、质量，顾客心理满足程度等因素，确定产品在市场中的位置。

4. 选择定位策略，形成具体方案。不同的市场情况，需要有针对性地选择合适的策略，进行准确的市场定位，形成系统的、合理的营销方案。

（一）网络市场定位的依据

我们要进行正确的市场定位，必须首先确定市场定位的依据，那就是产品的差异化。市场定位的根本目的，就是要在目标市场上建立自己企业产品的竞争优势，并使目标市场上的顾客明显感觉和认识这种优势，以便吸引更多的顾客。竞争的优势体现在产品的差异化，产品的差异化是实现市场定位的重要手段，也是市场定位的主要依据。

那么，什么是产品的差异化？产品的差异化就是指通过设计一系列有意义的差异，使本企业的产品同竞争者的产品区别开来。这种差异主要可以从以下几个方面去寻找：

1. 产品实体的差异化。产品差异化的关注重点是产品看得见的、可感觉到的差别，这是把顾客理解和认同定为诉求的基石，但出发点依然是顾客的心理需要。通常表现在产品的特色、性能、耐用性、易修理性、可靠性、外形款式、风格、价格及包装等很多方面。例如，强生公司生产的婴儿沐浴露，不刺激婴儿的眼睛就是产品在特色上的优势；雕牌肥皂比其他肥皂洗得干净，土鸡蛋比洋鸡蛋好吃，这就是性能上的优势；小天鹅洗衣机出现故障后维修非常简单，一般只是更换标准化的零件，这就是产品在易修理上的差别优势；猎豹汽车外形特殊，为了它的款式，消费者愿意花高价去买，这就是产品在外形款式上的差别化优势；伊利婴幼儿奶粉请台湾专家重新设计产品包装后，市场上出现火暴购买现象，这就是产品在包装上的差别化优势。产品本身可能找到的差别化优势远远不止这些，只要企业善于去发现、去创造，总会找到目标市场的。

2. 价格差别化。雕牌洗衣粉定位在价廉物美，广告词是："只选对的，不买贵的"，广告模特选用的多是低收入的消费者或下岗工人，这一定位为占有目标市场起到了很大的促进作用。

3. 服务差别化。当产品实体难以进行差异化时、竞争成功的关键往往取决于服务的优劣，以服务差别化优势来吸引顾客。如海尔集团推出的"星级服务工程"，荣事达集团推出的"红地毯服务工程"，小鸭集团推出"超值服务工程"，都是以特色服务形成自己的差别化有优势的。尤其是在市场竞争非常激烈的今天，同种产品市场上有很多不同的品牌，而不同品牌的产品在价格、质量、性能等方面难以产生更大的差别，优质的、特色的服务就显得更加重要。

4. 人员差别化优势。企业还可以通过招聘、培养比竞争对手更优秀的员工来赢得差异化优势。如IBM公司以其人员的专业技术水平高而著称于世。武汉市中南商业大楼有十大明星导购，他们不但服务态度好，而且是所售商品的专家，这一优势成为吸引顾客的亮点。

5. 形象的差别化。企业形象也会影响消费者对企业产品的选择，即使其他方面的情况都相似时，但由于企业形象或产品形象不同，购买者也会做出不同的反应。比如，在家用电器价格竞争几乎达到白热化的今天，其他电器纷纷降价，有的电器价格已经降到成本的边缘，但销售量并没有多大的提高。而海尔电器却依然坚持一分不降，这使得海尔电器和其他品牌的电器之间的价格差更大，同是冰箱，海尔比别的品牌贵一二百元甚至几百元却比别的品牌卖得多、卖得快，这主要是因为企业形象和产品形象问题。

当然，形象不可能一夜之间在公众心目中形成，也不可能凭借一种媒体塑造。影响企业形象的因素是多方面的，主要有产品质量、售后服务、价格、分销渠道、广告宣传、公共关系、品牌商标等方面。

（二）网络市场定位的策略

企业进行市场定位，就是要着力宣传那些会对其目标市场产生重大震动的差异，以确定企业在目标顾客心目中的独特位置。定位是为了在消费者心目中占据有利的地位，这个有利地位当然是相对于竞争对手而言的。从这个角度讲，定位不仅要把握消费者的心理，而且要研究竞争者的优劣势。

1. 属性定位法。针对消费者或者用户对某种产品某一特征或属性的重视程度，强有力地塑造出本企业产品与众不同的鲜明的个性或形象，并把这种形象生动地传递给顾客，从而使该产品在市场上确定适当的位置。

2. 利益定位法。根据产品所能满足的需求或所提供的利益、解决问题的程度来定位。例如企业每天都要和国外各分公司联络，因此使用传真机的速度较快，能节省大量的国际电话费；某企业生产的牙膏有苹果的香味，闻起来很香，可以让小朋友每天都喜欢刷牙，避免牙齿被蛀；某种鞋是设计在正式场合穿的，但鞋底非常柔软富有弹性，很适合上下班步行的职员来穿。

3. 产品使用者定位法。即正确找出产品的使用者或购买者，使定位在目标市场上显得更突出。如一家网络化妆品专卖店，可以将目标市场集中在某一女性群体，并明确她们的年龄、职业、兴趣爱好、社会地位、地理区域等。

4. 竞争者定位法。这种定位法是直接针对某一特定竞争者，而不是针对某一产品类别。在某些时候，企业将自己和某一知名的竞争者比较，是进入潜在顾客心中的有效方法。挑战某一特定竞争者的定位法，虽然可以获得成功（尤其是在短期内），但是就长期而言，也有其限制条件，特别是挑战强有力的市场领袖时，更趋明显。市场领袖通常不会放松自如，他们会更努力巩固其地位。挑战市场领袖时，企业必须明确是否拥有所需的资源，是否有能力提供使用者认为具有明显差异性的产品。

5. 价格定位法。价格是消费者购买商品时要考虑的最重要因素之一。网上购物之所以具有生命力，重要的原因之一是因为网上销售的商品价格普遍低廉。现在很多网上商家都推出低价策略吸引顾客，如卓越网曾谈到自己“不是网上打折的开先河者，但一定是在网上打折出售热卖商品的领跑者”。为了实现这一点，卓越网有一套独特的成本控制和灵活的经营理念。卓越的进货量大，可以拿到较低价位的货源，直接从厂家提货，减少了中间环节，降低了成本。这样通过节省成本让利于消费者。

6. 空当定位法。这种定位策略是指企业把产品或网络服务定位在那些为许多顾客所重视的，但尚未被开发的市场空间。实施空当定位策略时企业必须考虑以下问题：市场空当是否还未被竞争者发现，且有一定的规模，同时自身有足足够的资源和能力。

7. 多重定位法。企业将市场定位在几个层次上，或者依据多重因素对产品进行定位，使产品给消费者的感觉是多种特征、多重效能。作为市场定位体现的企业和产品形象，都必须是多纬度、多侧面的立体。

（三）网络市场定位的内容

网络市场定位改变了传统市场营销定位工作中单项选择的不足，采用了双向的方式，借助于网站或其他工具完成与消费者的交互，有助于营销人员了解网络消费者的情况以及自已的产品是否适宜网络销售，进而更好地把握目标市场的情况，有效地开展营销工作。

1. 网上产品定位。是指在完成网络市场定位的基础上，企业对用什么样的网络产品来满足网络目标消费者或目标消费市场的需求。网上营销与一般营销有较大的区别，因此其市场定位也有其独特的特点。如何准确客观地进行网上产品的市场定位，必须注意以下关键问题：

(1) 产品或服务是否适合在网上进行营销。在经典的营销组合中，开发产品或服务是以顾客的需求为前提的。由于互联网本身是一个特殊的销售渠道，因此要找出适合的产品或服务进行营销。如何判断产品或服务是否适合在网上进行营销？其判断的标准：一是看产品或服务的消费者是否与互联网的用户轮廓一致；二是看产品与服务是否与计算机相关，如果相关，则销售情况会更好；三是看与购买决策的关系，一般来说，标准化、数字化、品质容易识别的产品或服务适合在网上进行营销。标准化的产品，如飞机票、图书等，则容易通过网上销售，而服装、化妆品等不易通过网上销售。所谓品质容易识别，是指你的产品或服务有不同于其他同类产品或服务的地方，以致于消费者很容易识别其品质。例如一个商品的品牌。中国银行是一世界级品牌，在它的站点上，消费者自然很容易信赖其网上金融服务；四是看是否属于高科技，高科技的产品更易于在网上销售，如手机、电脑；五是看产品或服务是否含有“知识性”，知识含量高的产品或服务更适合网上销售，如软件、图书、VCD、信息服务等。

(2) 分析网上竞争对手。网上的竞争对手往往与现实中的竞争对手一致，网络只是市场营销的一个新的战场。在网上，要访问竞争对手的网页，往往对手的最新动作包括市场活动会及时反映在其网页上；而且要注意本企业站点的建设，以吸引更多的消费者光顾，更多的竞争对手分析可在现实中实现。

(3) 目标市场客户应用互联网的比率。网上营销并非万能，它的本质是一种新的高效的营销方式。目标市场客户应用互联网的比率，无疑是一个非常重要的参数，假若目标市场的客户基本不使用互联网，那在互联网上营销显然是不值得的，如面对这样的情形，则可以通过互联网完成原传统营销方式的一部分功能：如广告宣传等。

(4) 确定具体的营销目标。与传统营销一样，网上营销也应有相应的营销目标，需避免盲目。有了目标，还需进行相应的控制。网上营销的目标总体上应与现实中营销目标一致，但由于网络面对的市场客户有其独到之处，且网络的应用不同于一般营销所采用的各种手段与媒体，因此具体的网上市场目标确定应稍有不同。在当前，网上营销刚刚起步发展之时，目标就不应定得过高，重点应在于如何使客户接受这种新颖的营销手段。

(5) 准确的市场定位决定着营销方式。定位是整个网上营销的基础，由此决定网页的内容和营销形式，进行营销的产品、服务通过网页实现，而网页建设的质量则直接影响营销方式的成功与否。

2. 企业网站定位。实施网络营销，建立网站是开展网上营销的基础工作。但公司的营销目标不同，网站建设的要求也有所差异。一个网站可以用来改善形象、宣传产品或服务、收集客户名单、接待客户咨询或投诉、提供客户服务，以及利用网上交易或传统付款方式产生直接订货等。传统公司包括老牌的消费者公司，并非一定要把网站建成销售渠道。显然，如果要把网站建为网上百货商店，不妨把主页设计成如琳琅满目的超市货架；如果网站的目的在于提升公司的形象，那么主页的风格应该引人入胜，富有个性。如果把网站建设成一个国际性的宣传渠道或销售渠道，那么，多种文字的版本是不可缺少的。

3. 网上品牌定位。是指定位之后进入到营销组合阶段。在网络营销中，我们称为“网上营销组合”。如果公司的产品定位于“优质高档”，企业就必须制造出高质量的产品，实行高价策略，进行精致的包装，通过较高档次的商店销售，广告内容也必须以“优质高档”为主题，这样做才符合公司的产品定位。公司定位决定于其产品在顾客心目中的位置，如果公司生产的产品从质量、价格、包装到分销和促销等方面长期定位在“高档”层次上，那么，时间久了公司自然就成了“高档”产品的代名词了。公司一旦建立起理想的市场定位，就必须保持其稳定性和持续性，不要轻易更改。为品牌进行市场定位，并通过多方努力形成品牌的市场形象和市场地位是很重要的。例如，当人们见到“索尼”牌产品时就知道这是高品位产品，这是由于“索尼”这一品牌已经相对独立地形成了市场声誉和市场地位，因而能够相对独立地表明所代表的产品的特殊品质。

复习思考题

1. 什么是网络市场细分？有哪些常用的方法？
2. 网络市场细分有哪些作用？应遵循哪些原则？
3. 比较分析网络市场细分的标准。
4. 结合实例说明企业该如何进行网络市场定位。

任务七　网络市场调研

学习任务

1. 了解网络市场调研的内容；
2. 掌握网络市场调研的步骤；
3. 掌握网络市场调研的的方法；
4. 掌握网络市场调研的策略。

情景案例

新可乐的失败

1985年，可口可乐公司曾决定终止最受欢迎的软饮料而代之以一种新配方，以新可乐的名字销售。作出这样的决定，与当时的软饮料市场有关，当时尤其值得关注的是可口可乐公司同百事可乐公司之间数十年的竞争。

两个宿敌间的竞争是不健康的，可口可乐公司甚至控告百事可乐在其名字里使用“可乐”的字眼，但最终败诉。在法庭外，可口可乐总是处于领先地位的。20世纪50年代，可口可乐销售量以5∶1的比例超出百事，但是，在接下来的10年里，百事重新把自己定位为年轻人的品牌，当百事日益被看做是“年轻人的饮料”时，它成功地缩小了与竞争者的差距。

到20世纪70年代，罗伯特·伍德拉夫（Robert Woodruff：可口可乐公司总裁）在可口可乐公司推出的一次“百事挑战”的测试中惊恐地发现，参与测试的人都更喜欢百事稍甜的配方。到1981年罗伯托·戈伊苏埃塔（Roberto Goizueta）成为董事长的时候，可口可乐老大的地位开始变得岌岌可危，它的市场份额不但输给百事，还输给可口可乐公司生产的其他饮料，如芬达、雪碧等。而这时健怡可乐也取得了巨大的成功，坐上了含糖可乐市场的第三把交椅。

很显然，可口可乐必须采取措施以重获其至高无上的地位。1984年戈伊苏埃塔推出广告宣传攻势：突出赞扬可口可乐的口感没有百事甜的特点，由当时享誉全球的人物比尔·科斯比（Bill Cosby）充当电视代言人，而且很显然他的年龄太大，不适合“百事新一代”。这种意欲将自己与竞争对手区分开来的努力效果十分有限，可口可乐的市场份额仍是老样子，而百事的份额却在节节攀升。另一件让可口可乐忧心的事情是购买者可以选择的时候，他们往往会选择百事。只是因为可口可乐有更有效的分销体系，使它还能保持领先的地位。例如，出售可口可乐的售货机明显多于百事。

可口可乐意识到问题出在产品身上。这一点更被健怡可乐所证明，该种可乐在口味上与百事更接近。所以比较合理的反应就是可口可乐开始研制新配方，一年后他们配置出了新可乐，并进行了20万次的口感测试以检验其进展情况，结果非常可喜，它不但好于传统可口可乐，而且较之于百事人们更喜欢它。但是，可口可乐如果要保持对百事的领先地位，就不能让两种直接竞争的产品同时出现在货架上，于是，它决定抛弃传统可口可乐，而代之以新可乐。

问题是可口可乐大大低估了老品牌的实力。1985年4月23日，新可乐被推出，几天后，传统可口可乐停止生产。自此，这两个决定一直被称为“历史上最大的营销失误”。新可乐销售低迷，而公众因买不到传统可口可乐而愤怒情绪持续高涨，大多数美国人立即决定要抑制这个新产品。不久之后，可口可乐清楚地看到，它除了恢复最初的品牌和配方之外别无选择。唐纳德·基奥（Donald Keough：可口可乐公司首席执行官）宣布恢复所有原产品：事实再简单不过了：我们在新可乐的消费者研究方面投入的所有时间、金钱、技术都没有估量到许多人对传统可口可乐的那种深切、持久的感情。这种对传统可口可乐的激情——是的，是这个词，激情——让我们非常吃惊，这是一个奇妙的美国之谜，一个可爱的美国之谜，它就像爱、尊严或爱国精神一样是无法衡量的。

换句话说，可口可乐认识到营销比产品本身重要得多。因为追求口感它才放弃了最关键的品牌资源：原创性。自19世纪80年代可口可乐作为一种新产品首创并推向市场开始，产品的名字就成为了可口可乐公司自己的品牌，在20世纪大部分时间里，可口可乐在其形形色色的广告宣传里都充分利用它原创的地位，例如20世纪40年代在美国到处可见的广告词：“唯一像可口可乐的就是可口可乐本身，它是真正的东西。”

显然新可乐的推出与可口可乐公司最初的营销努力背道而驰。将一个品牌的重要性归结为口感是完全错误的，像许多知名品牌一样，象征意义要比产品本身重要得多。如果你告诉世界你有“真正的东西”，你就不能接着提出“新的真正的东西”，这是一种自相矛盾的营销信息。

所以虽然围绕新可乐的推出进行了大张旗鼓的宣传（有人估测新可乐的免费宣传品超过1000万美元），它却注定要失败。当可口可乐重新推出传统可乐，在美国市场上将其定位为经典可乐时，媒体和公众的兴趣重新回到了品牌偏好上。它被视为一件富有意义的事件而被美国广播公司的新闻节目和其他美国电视网络当做重要新闻播出。也因为如此，具有讽刺意味的事情出现了，通过新可乐的失败，人们对传统可乐的忠诚度反而加深了，事实上，阴谋论者甚至认为整件事情就是可口可乐为加强公众对它的喜爱而故意实施的策略。当然，可口可乐公司否认了这种说法，唐纳德·基奥说："有的评论家会说这是可口可乐的营销失误，有些怀疑者会说我们设计了整件事情，但事实是，我们既没那么愚蠢，也没有那么聪明。"不过，从它与百事相竞争的背景来考虑，推出新可乐的决定是可以理解的。

案例点评

新可乐失败的案例告诉我们：

1. 关注品牌认知。"营销是认知的战役，不是产品的战役。"——杰克·特劳特(Jack Trout)《区隔或死亡》(*Differentiate or Die*) 的作者。

2. 不要克隆对手。可口可乐公司创造新可乐背离了自己的品牌形象而去模仿百事。

3. 感受爱。成功的品牌有的不是商标，而是"爱标"，在建立品牌忠诚度的过程中，公司也创造了一种感情上的忠诚，后者与产品质量无关。

4. 不要害怕走回头路。可口可乐公司决定重树传统可乐的做法增强了产品和消费者的纽带联系。

5. 进行正确的市场调查。尽管可口可乐对新配方进行了上万次的口感测试，但它却没有对原有品牌的公众认知进行足够的调查。

这个经典案例充分说明，任何一个企业，如果不进行充分的市场调研就开展营销活动，其结果是注定要失败的。可以说，市场调研是一切营销活动的开始。

知识体系

科学的营销方案必须建立在细致周密的市场调研基础上。市场调研可以发现企业营销中存在的问题，发掘市场中的机会，从而促使公司及时调整营销策略，引导营销人员制定出合理的营销方案，有效地开展营销工作。在网络、信息等技术迅速发展的今天，只有掌握新的工具，按照合理的步骤，采取科学的方法，才能更好地为企业制定营销决策以及进行营销管理提供依据。

市场调研是指以科学的方法，系统地、有目的地收集、整理、分析和研究所有与市场有关的信息，特别是有关消费者的需求、购买动机和购买行为等方面的市场信息，从而提出解决问题的建议，以作为营销决策的基础。

传统的市场调研一方面要投入大量的人力物力，如果调研面较小，则不足以全面掌握市场信息，而调研面较大，则时间周期长，调研费用大。互联网等技术及工具的广泛使用，为企业进行市场调研提供了便利，使得网络市场调研表现出调研效率高、调查费用低、调查数据处理方便、不受制于时间限制等优点，因此，网络市场调研将成为网络时代企业进行市场调研的主要手段。

一、网络市场调研的概念

网络市场调研，又称网上调查或在线调查，是指企业利用互联网络作为沟通和了解信息的工具，对消费者、竞争者以及整体市场环境等与营销决策相关的数据系统地进行调查研究。

网络市场调研是企业网络营销的有力工具，它能促使公司在掌握大量信息的基础上生产适销对路的产品，并根据市场环境变化及时调整营销策略。

二、网络市场调研的特征

1. 及时性和共享性

(1) 网络的传输速度非常快，网络信息能迅速传递给连接上网的任何用户。

(2) 网上调研是开放的，任何网民都可以参加投票和查看结果，保证了网络信息的及时性和共享性。

(3) 网上投票信息经过统计分析软件初步处理后，可以看到阶段性结果，而传统的市场调研得出结论需经过很长的时间。如人口抽样调查统计分析需 3 个月，而 CNNIC（中国互联网络信息中心）在对互联网进行调查时，从设计问卷到实施网上调查和发布统计结果，总共只有 1 个月时间。

2. 便捷性和低费用

(1) 网上市场调研可节省传统的市场调研中所耗费的大量人力和物力。

(2) 在网络上进行调研，只需要一台能上网的计算机即可。

(3) 调查者在企业站点上发出电子调查问卷，网民自愿填写，然后通过统计分析软件对访问者反馈回来的信息进行整理和分析。

(4) 网上市场调研在收集过程中不需要派出调查人员，不受天气和距离的限制，不需要印刷调查问卷，调查过程中最繁重、最关键的信息收集和录入工作将分布到众多网上用户的终端上完成。

(5) 网上调查可以是无人值守和不间接地接受调查填表，信息检验和信息处理工作均由计算机自动完成。

3. 交互性和充分性。网络的最大优势是交互性。这种交互性在网上市场调研中体现在以下两点：

(1) 在网上调查时，被访问者可以及时就问卷相关的问题提出自己的看法和建议，可减少因问卷设计不合理而导致的调查结论出现偏差等问题。

（2）被访问者可以在网上自由地发表自己的看法，同时没有时间的限制。而传统的市场调研是不可能做到这些的，例如，面谈法中的路上拦截调查，它的调查时间较短，不能超过10分钟，否则被调查者肯定会不耐烦，因而对访问调查员的要求非常高。

4. 调研结果的可靠性和客观性。由于企业站点的访问者一般都对企业产品有一定的兴趣，所以这种基于顾客和潜在顾客的市场调研结果是客观和真实的，它在很大程度上反映了消费者的消费心态和市场发展的趋势。

（1）被调查者在完全自愿的原则下参与调查，调查的针对性更强。而传统的市场调查中的面谈法中的拦截询问法，实质上是带有一定的强制性的。

（2）调查问卷的填写是自愿的，不是传统调查中的强迫式，填写者一般对调查内容有一定的兴趣，回答问题相对认真，所以问卷填写可靠性高。

（3）网上市场调研可以避免传统市场调研中人为因素所导致的调查结论的偏差，被访问者是在完全独立思考的环境中接受调查的，能最大限度地保证调研结果的客观性。

5. 无时空和地域的限制。网上市场调研可以24小时全天候进行，这与受区域和时间制约的传统市场调研方式有很大的不同。

例如：某家电企业利用传统调研方式在全国范围内进行市场调研，需要各个区域代理商的密切配合。而澳大利亚一家市场调研公司（www.consult.com）在1999年八九月进行针对中国等7个国家互联网用户在线的调查活动，他们在中国的在线调查活动是与10家访问率较高的ISP和在线网络广告站点联合进行的。这样的市场调研活动如果利用传统的方式是无法完成的。

6. 可检验性和可控制性。利用互联网进行网上调研收集信息，可以有效地对采集信息的质量实施系统的检验和控制。

（1）网上市场调查问卷可以附加全面规范的指标解释，有利于消除因对指标理解不清或调查员解释口径不一而造成的调查偏差。

（2）问卷的复核检验由计算机依据设定的检验条件和控制措施自动实施，可以有效地保证对调查问卷的100%的复核检验，保证检验与控制的客观公正性。

（3）通过对被调查者的身份验证技术可以有效地防止信息采集过程中的舞弊行为。

三、网络市场调研的内容

1. 市场需求研讨。研讨和剖析市场需求状况，主要目的在于掌握市场需求量、市场规模、市场占有率，以及如何运用有效的运营战略和手腕。

2. 用户及消费者购置行为的研讨。用户及消费者购置行为研讨的方向和内容主要包括：不同地域和不同民族的用户，他们的生活习气和生活方式有何不同，有哪些不同需求；了解消费者的购置动机，包括明智动机、感情动机和偏爱动机。特别是研讨明智动机时产品设计、广告宣传及市场销售活动的影响及发生这些动机的缘由；研讨用户对特定的商标或特定的商店发生偏爱的缘由；详细剖析谁是购置商品的决议者，运用者和详细执行者，以及他们之间的相互关系；了解消费者喜欢在何时、何地购置，他们购置的习气和方式，以及他们的反响和要求等。

3. 营销要素研讨。主要包括：产品的研讨、价格的研讨、分销渠道的研讨、促销战略的研讨、广告投放的研讨等。

4. 环境研讨。宏观环境包括人口、经济、自然天文、政治法律和社会文明等要素。企业还应根据实际需要了解合作者、供应商、营销中介等方面的信息。一切营销组织都处于这些环境之中，不可避免要受其影响和制约。

5. 竞争对手研讨。商品经济社会，是一个竞争剧烈的社会，企业要在竞争中取胜，必须“知已知彼”，每个企业都应充分掌握并剖析同行业竞争者各种状况，仔细剖析我方优点和缺陷。做到知已知彼，学会扬长避短，发扬优势的竞争窍门。主要内容有：市场上的主要竞争对手及其市场占有率状况；竞争对手在运营、产品技术等方面的特点；竞争对手的产品、新产品水平及其开展状况；竞争者的分销渠道，产品价格战略，广告战略，销售推行战略等状况及竞争者的效劳水平等。

四、网络市场调研的过程和方法

网络市场调研与传统的市场调研一样，应遵循一定的方法与步骤，以保证调研过程的质量。网络市场调研一般包括以下几个步骤：

（一）明确问题与确定调研目标

明确问题和确定调研目标对使用网上搜索的手段来说尤为重要。互联网是一个永无休止的信息流。当你开始搜索时，你可能无法精确地找到你所需要的重要数据，不过你肯定会沿路发现一些其他有价值，亦或价值不大但很有趣的信息。这似乎验证了互联网上的信息搜索的定律：在互联网上你总能找到你不需要的东西。其结果是，你为之付出了时间和上网费的代价。

因此，在开始网上搜索时，头脑里要有一个清晰的目标并留心去寻找。一些可以设定的目标是：

1. 谁有可能想在网上使用你的产品或服务？

2. 谁是最有可能要买你提供的产品或服务的客户？

3. 你的竞争对手的网络营销工作情况怎么样？

4. 开展网络营销工作可能要受哪些环境因素的影响？

（二）制订调查计划

网上市场调研的第二个步骤是制订出最为有效的信息搜索计划。具体来说，要确定资料来源、调查方法、调查手段、抽样方案和联系方法。下面就相关的问题来说明：

1. 资料来源：确定收集的是二手资料还是一手资料（原始资料）。

2. 调查方法：网上市场调查可以使用专题讨论法、问卷调查法和实验法。

（1）专题讨论法是借用新闻组、邮件列表讨论组和网上论坛（也可称 BBS，电子公告牌）的形式进行。

（2）问卷调查法可以使用 E－mail（主动出击）分送和在网站上刊登（被动）等形式。

（3）实验法则是选择多个可比的主体组，分别赋予不同的实验方案，控制外部变量，并检查所观察到的差异是否具有统计上的显著性。这种方法与传统的市场调查所采用的原理是一致的，只是手段和内容有差别。

例如：2000 年 6 月，拉拉手网站和中央电视台信息部等一些新闻媒体单位联合推出"中国首届网上购物测试"活动，结果发现在配送等环节存在着明显的地区差异。

3. 调查手段

（1）在线问卷，其特点是制作简单、分发迅速、回收方便。但要注意问卷的设计水平。

（2）交互式电脑辅助电话访谈系统，是利用一种软件程序在电脑辅助电话访谈系统上设计问卷结构并在网上传输。互联网服务器直接与数据库连接，对收集到的被访者答案直接进行储存。

（3）网络调研软件系统，是专门为网络调研设计的问卷链接及传输软件。它包括整体问卷设计、网络服务器、数据库和数据传输程序。

4. 抽样方案：要确定抽样单位、样本规模和抽样程序。详细内容见本节的介绍。

5. 联系方法：采取网上交流的形式。如 E－mail 传输问卷、参加网上论坛等。

（三）收集信息

网络通信技术的突飞猛进使得资料收集方法迅速发展。互联网没有时空和地域的限制，使得收集信息的方法也很简单，直接在网上提交或下载即可。这与传统的收集资料的方式有很大的区别。

在问卷回答中访问者经常会有意无意地漏掉一些信息，这可通过在页面中嵌入脚本或 CGI 程序进行实时监控。如果访问者遗漏了问卷上的一些内容，其程序会拒绝递交调查表或者验证后重发给访问者要求填补。最终，访问者会收到证实问卷已完成的公告，问卷的缺点是无法保证问卷上所填信息的真实性。

（四）分析信息

收集信息后要做的是分析信息，这一步非常关键。“答案不在信息中，而在调查人员的头脑中”。调查人员如何从数据中提炼出与调查目标相关的信息，直接影响到最终的结果。要使用一些数据分析技术，如交叉列表分析技术、概括技术、综合指标分析和动态分析等。目前国际上较为通用的分析软件有 SPSS、SAS 等。网上信息的一大特征是即时呈现，而且很多竞争者还可能从一些知名的商业网站上看到同样的信息，因此分析信息能力相当重要，它能使你在动态的变化中捕捉到商机。

（五）提交报告

调研报告的撰写是整个调研活动的最后一个阶段。报告不是数据和资料的简单堆砌，调研人员不能把大量的数字和复杂的统计技术放到管理人员面前，否则就失去了调研的价值。正确的做法是把与市场营销关键决策有关的主要调查结果报告出来，并以调查报告所应具备的正规结构写作。

作为对填表者的一种激励或犒赏，网上调查应尽可能地把调查报告的全部结果反馈给填表者或广大读者。如果限定为填表者，只需分配给填表者一个进入密码。对一些举手之劳式的简单调查，可以实施互动的形式公布统计的结果，效果更佳。

网络市场调研方法分为网络直接市场调研和网络间接市场调研。

网络直接市场调研是指利用互联网技术，通过网上问卷等形式调查网络消费者行为及其意向的一种市场调研类型。分类是认识事物的重要方法，根据不同的标志，可以将网上直接调研方法分为若干种类型。

1. 按调研的思路不同分类可以分为网上问卷调研和网上论坛调研等调研方法。

（1）网上问卷调研。网上问卷法是将问卷在网上发布，被调研的对象通过互联网完成问卷调研。在实际操作中有两种网上问卷调研途径：一是通过网站发布和回收问卷。将问卷放置在 WWW 站点上，等待访问者访问时填写问卷，如 CNNIC 每半年进行一次的“中国互联网络发展状况调研”就是采用这种方式。这种好处是采取自愿性填写，缺点是无法核实对问卷填写者真实情况。为达到一定问卷数量，站点还必须进行适当宣传，以吸引大量访问者。二是通过电子邮件发送和回收问卷。通过 E-mail 方式将问卷发送给被调研者，被调研者完成后结果通过 E-mail 返回。这种方式好处是，可以有选择的控制被调研者，缺点是遭到被调查者的反感。用这种方式时首先应争取被访问者的同意，并向提问者发送小礼物。

（2）网上论坛调研。网上论坛调研指通过 BBS 和新闻组对企业的产品进行网上调研。尽管问卷调研方法有比较客观直接的优点，但也存在不能对某些问题进行深入的调研和分析原因的缺点。为了弥补网上问卷调研的不足，许多企业设立 BBS 以供访问者对企业产品进行讨论，或者与某些专题的新闻组进行讨论，以更多深入调研获取有关资料。及时跟踪和参与新闻组和公告栏，有助于企业获取一些问卷调研无法发现的问题。因为问卷调研是从企业角度出发考虑问题，而新闻组和公告栏是用户自发的感受和体会，他们传达的信息也往往是比较客观的，网上论坛调研的缺点是信息不够规范，需要专业人员进行整理和挖掘。

2. 按组织调研样本的行为不同分类。可以分为主动网上调研法和被动网上调研法。主动调研法，即调研者主动组织调研样本，完成统计调研的方法。被动调研法，即调研者被动地等待调研样本造访，完成统计调研的方法。被动调研法的出现是统计调研的一种新情况。

3. 按采用的调研技术不同分类。可以分为站点法，电子邮件法，随机 IP 法和视频会议法等调研方法类型。

(1) 站点法。它是将调研问卷的 HTML 文件附加在一个或几个网络站点上，由浏览这些站点的网上用户回答调研问题的调研方法。站点法属于被动调研法，这是网上调研的基本方法。

(2) 电子邮件法。它是通过给被调研者发送电子邮件的形式将调研问卷发送给一些特定的用户，由用户填写后以电子邮件的形式再反馈给调研者的调研方法。电子邮件法属于主动调研法，优点是大大提高时效性。

(3) 随机 IP 法。它是以产生一批随机 IP 地址作为抽样样本的调研方法。属于主动调研法，其理论基础是随机抽样。

(4) 视频会议法。它是基于 Web 的计算机辅助访问的调研方法，是将分散在不同地域的被调研者通过互联网视频会议功能虚拟地组织起来，在主持人的引导下讨论调研问题的调研方法。网络间接市场调研主要是利用互联网收集与企业营销相关的市场，竞争者、消费者以及宏观环境等方面的信息。

网络间接调研的方法，一般通过搜索引擎搜索有关站点的网址，然后访问想查找信息的网站或网页。

1. 收集竞争者信息的方法

(1) 利用搜索引擎进行检索。利用所有的相关关键词和喜爱的搜索引擎进行一系列的互联网检查是搜索竞争者信息的首选方法。寻找全球性竞争对手信息的最好方法是在全球 8 大导航网站中查找。Yahoo，altavista，infoseek，excite，hotbot，webcrawler，lycos，planetseareh。收集国内竞争对手的方法，可以利用百度、新浪、搜狐、Google 等。值得注意的是，对于国内来讲，上网的企业还不是很多，通过引擎可能只能搜索一部分，往往还需要配合传统方法收集信息。

(2) 访问竞争者的网站。竞争者的网站会透露竞争企业的当前及未来的营销策略。应该认真阅读竞争者网站风格、内容和主要特色。虽然调研者在网站上可能发现不了什么内幕消息，但浏览竞争者的网站是获得大量信息的好的开端。

(3) 收集竞争者网上发布的信息。在互联网上日益增多的信息中，商业信息的增长速度是最快的。调研者在考虑这些信息对企业的时效性时，应该注意它们的时效性和准确性。

(4) 从其他网上媒体获取竞争者的信息。如果企业没有自己收集竞争者信息的资源或技术，就只能外购竞争者的信息了。外购信息优点是外部的咨询人员是客观的，他们具有丰富的专业经验，他们可以更快地完成报告，他们可以定期更新信息。外购的缺点是成本高，包括初始成本和更新信息的成本。

(5) 从有关新闻组和 BBS 中获取竞争者的信息。在网上有许多关于竞争者信息讨论组，参加其中的任何一个都会得到很大好处。

2. 收集市场行情信息的方法。企业所收集的市场行情资料主要是指产品价格变动，供求变化方面的信息。收集市场行情信息，首先要了解可能用来收集市场行情信息的站点。这一类站点数目较多，大致有 3 种：①实时行情信息网，如股票和期货市场。②专业产品商情信息网。③综合类信息网。一般来讲，不同商情信息网侧重点不同，最好是能同时访问若干家相关但不完全相同的站点，以求找出最新的最全面的市场行情。

3. 收集消费者信息的方法。消费者信息是指消费者的需要、偏好、意见、趋势、态度、信仰、兴趣、文化和行为等方面的信息。通过互联网了解消费者的偏好，可以通过网上调研的方法来实现。了解消费者的偏好也就是收集消费者的个性特征，为企业细分市场和寻找市场机会提供基础。

(1) 利用 Cookie 技术收集消费者信息。Cookie 是用户硬盘里的一个小的文本文件，它可以把用户的上网信息储存在浏览器的存储器中。一旦用户浏览某个使用 cookie技术的网站超过一定时间，网站就会把相关的信息下载到用户的浏览器上并存储起来。利用 cookie 技术，企业可以更详细地了解消费者的上网特征甚至购买行为。由此可见，cookie 是收集消费者信息的优秀工具。通过 cookie 与电子问卷调研等手段收集的信息结合在一起，调研者就可以了解用户上网特征，包括用户人口统计数据，消费心理数据及统计数据。收集这些重要的消费者信息可以帮助调研者实施更有效的一对一营销。

(2) 通过二手资料获取消费者信息。互联网可以让调研者迅速收集遍布全球的二手消费者信息。有大量组织机构提供内容广泛的消费者信息，调研者可以在互联网上找到各种商业报告、贸易杂志、数据库和政府的人口普查数据。有些服务是免费的，但很多是付费的。一般来讲，购买二手数据比收集一手数据更快更便宜。

(3) 利用专业统计软件和网上订单收集消费者信息。有的公司还通过网页统计方法了解消费者对企业站点感兴趣的内容，现在的统计软件可以如实记录下每个访问页面的 IP 地址，如何找到该网页等信息。目前许多公司为了方便消费者，在公司网站架设 BBS，允许消费者对公司的产品进行评述和提意见。有的公司允许消费者直接通过网络下订单，提出自己的个性化需要，公司因此可以获取消费者直接的第一手资料。

4. 收集环境信息的方法。环境信息是指企业营销战略有关的宏观环境变量的总和。宏观环境主要是指直接或间接影响企业的生存与发展的社会、技术、经济和政治因素。环境信息调研应该看成是对主要的环境变量信息进行收集，评价并把它们与企业的日常决策和长期战略计划结合在一起的过程。在当今全球一体化趋势下，任何地方发生的事情或出现的问题都可以对企业实现其短期和长期目标的能力产生影响。

网络市场调研时利用网络这种新兴的媒体，针对特定的营销环境进行市场调研活动，与传统的市场调研活动相比，网络调研是一种集经济、方便、快速等优点于一体的新型市场调研方法。

五、网络市场调研的策略

网络市场调查的目的是收集网上购物者和潜在顾客的信息，利用网络加强与消费者的沟通与理解，改善营销并更好地服务于顾客。为此，市场调查人员必须根据网络调研的特殊性认真研究调研策略，以充分发挥网络调查的优越性，提高网络调查的质量。网络市场调研的策略主要包括如何识别企业站点的访问者以及如何有效地在企业站点上进行市场调查。

（一）识别企业站点的访问者并激励其访问企业站点

传统市场调研，无论是普查、重点调查、典型调查，还是随机抽样调查、非随机抽样调查以及固定样本持续调查，尽管调查的范围不同，但调研对象如区域、职业、民族、年龄等都有一定的针对性，也即对被调查对象的大体分类有一定的预期。网络市场调研则不同，它没有空间和地域的限制，一切都是随机的，调研人员无法预期谁将是企业站点的访问者，也无法确定调研对象样本。即使那些在网上购买企业产品的消费者，要确知其身份、职业、性别、年龄等也是一个很复杂的问题。

因此，网络市场调研的关键之一是如何识别并吸引更多的访问者，使他们有兴趣在企业站点上进行双向的网上交流。解决这一问题，目前可采取以下一些策略：

（1）利用电了邮件或来客登记簿获得市场信息；

（2）给予访问者奖品或者免费商品；

（3）吸引访问者注册从而获得个人信息；

（4）向访问者承诺物质奖励；

（5）由软件自动检测访问者是否完成调查问卷。

（二）企业站点上的市场调查

要想有效地在企业站点上进行网络市场调研，可以采取以下策略：

1. 科学地设计调查问卷。一个成功的调查问卷应具备两个功能：一是能将所调查的问题明确地传达给访问者；二是设法取得对方的合作，使访问者能真实、准确地回复。

设计一份理想的在线问卷，一般应遵循以下几个原则：①目的性原则：即询问的问题与调查主题密切相关，重点突出。②可接受性原则：即被调查者回复哪一项，是否回复有自己的自由，故问卷设计要容易被调查者所接受。③简明性原则：即询问内容要简明扼要，使访问者易读、易懂，而且回复内容也简短省时。④匹配性原则：即使得访问者回复的问题便于检查、数据处理、统计和分析，提高市场调研工作的效率。

2. 监控在线服务企业站点的访问者能利用互联网上的一些软件来跟踪在线服务。营销调研人员可通过监控在线服务了解访问者主要浏览哪类企业、哪类产品的主页，挑选和购买何种产品等基本情况。通过对这些数据的研究分析，营销人员可对顾客的地域分布、产品偏好、购买时间以及行业内产品竞争态势做出初步的判断和估价。

3. 测试产品不同的性能、款式、价格、名称和广告页，在互联网上修改调研问卷的内容是很方便的。因此，营销人员可方便地测试不同的调研内容的组合。像产品的性能、款式、价格、名称和广告页等顾客比较敏感的因素，更是市场调研中重点涉及的内容。通过不同因素组合的测试，营销人员能分析出哪种因素对产品来说是最重要的，哪些因素的组合对顾客是最有吸引力的。

4. 有针对性地跟踪目标顾客市场调研人员在互联网上或通过其他途径获得顾客或潜在顾客的电子邮件网址，可以直接使用电子邮件向他们发出有关产品和服务的询问，并请求他们反馈回复；也可在电子调查表单中设置让顾客自由发表意见和建议的板块，请他们发表对企业、产品、服务等各方面的见解和期望。通过这些信息，调研人员可以把握产品的市场潮流以及消费者消费心理、消费爱好、消费倾向的变化，根据这些变化来调整企业的产品结构和市场营销策略。

5. 以产品特色、网页内容的差别化赢得访问者。如果企业市场调研人员跟踪到访问者浏览过其他企业的站点，或阅读过有关杂志的产品广告主页，那么应及时发送适当的信息给目标访问者，使其充分注意本企业站点的主页，并对产品做进一步的比较和选择。

6. 传统市场调研和电子邮件相结合。企业市场调研人员也可以在各种传播媒体上，如报纸、电视或有关杂志上刊登相关的调查问卷，并公告企业的电子邮箱和网址，让消费者通过电子邮件回答所要调研的问题，以此收集市场信息。采用这种方法，调研的范围比较广，同时可以减少企业市场调研中相应的人力和物力的消耗。

7. 通过产品的网上竞买掌握企业推出的新产品市场信息，可以通过网上竞买，了解消费者的消费倾向和消费心理，把握市场态势，从而制定相应的市场营销策略。

复习思考题

1. 网络市场调研具有哪些特点？
2. 如何运用网络市场调研的策略？
3. 简述网络市场调研的策略。
4. 网络市场调研一般包括哪些步骤？

模块三　网络营销策划

任务八　网络产品策略

学习任务

1. 理解并掌握网络产品策略、网络价格策略、网络渠道策略、网络促销策略的内容；

2. 能结合实际应用各种网络营销策略。

情景案例

招商银行从“一卡通”到“一网通”品牌与产品创新

招商银行是一个成功的商业银行品牌，这是毫无疑问的。招行成立之初，在国有银行与国际银行的夹缝中，以完全市场化的姿态，用产品创新与服务创新的方式，一举奠定了一个银行业的颠覆性新锐品牌。可以说，招商银行，从默默无闻到一举成名，从举步维艰到占有一席之地，只用了仅仅20年的时间，并且其品牌认知度在某些方面，甚至还超过了四大国有银行，在国际银行在国内市场零售使用率并不高的情况下，招行的品牌认知更是名列前茅。

在创建“一卡通”品牌后，招商银行加快了金融产品创新的步伐，在老百姓对金融产品意识还模糊、普遍习惯于使用现金和银行存折，且各商业银行还在竞相向公众提供同质化金融工具的情况下，又快速开通了“一卡通 POS”和“一网通”业务，即客户只要持有“一卡通”银行卡，就可在全国主要中心城市的招商银行特约商户处直接刷卡消费结账，也可利用“一网通”网上银行业务进行电子支付。该功能的开通标志着招商银行个人金融服务的柜台、自动柜员机和消费终端三大系统已经实现了网络化经营，从而不仅使“一卡通”成为老百姓口袋中的银行，而且使其直接走进网络消费时代——一网通。

案例点评

招商银行之所以能从市场中快速突围，缘于它有清晰的品牌意识和产品创新意识。从一卡通到一网通，招商银行一直把产品创新与服务创新、管理创新融为一体，始终不断领先、不断突破，采用始终比竞争对手先走一步的策略，奠定了今天的品牌认知局面。

知识体系

网络购物的盛行极大程度地改变了营销的策略。营销的核心因素——产品，也延伸出了更丰富的内涵和更宽广的外延。网络的出现对传统产品策略产生了多大影响？又有哪些新的网络产品出现？网络品牌又该如何建设？带着这些问题，我们来学习网络营销的产品策略。

一、网络营销产品概述

（一）产品整体概念

在网络营销中，产品是指提供给市场的能够满足人们某种欲望和需求的商品和服务。产品是一个整体概念，可分为5个层次，如图8-1所示。

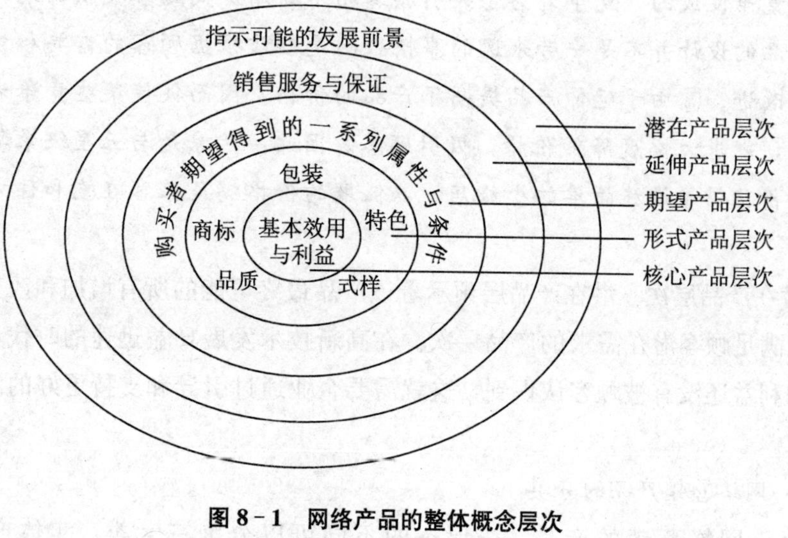

图8-1　网络产品的整体概念层次

1. 核心产品层次。产品能提供给消费者的基本效用或益处，是产品的最基本层次。

例如，消费者使用互联网，要首先购买“宽带接入”服务；为使计算机正常工作，要购买杀毒软件。企业要善于发现隐藏在产品背后的真正需要，把顾客所需要的核心利益和服务提供给顾客。

2. 基本产品层次。产品在市场上出现时的具体物质形态，主要表现在：品质、特征、式样、品牌、包装五种基本形式。由企业的设计和生产人员将核心产品通过一定的载体，即有形的物体，表现出来。形式产品层次确定了产品的差异性。

3. 期望产品层次。是指消费者在购买产品前，通常都会对所购商品的质量、特点等方面的期望值。例如，中国建设银行推出的“My Love”个性信用卡以“我的最爱，我的卡”为主题，持卡人可自行选择最值得纪念、最值得展示的形象和场景作为信用卡卡面，并通过互联网等渠道自行编辑设计信用卡卡面，充分体现了自我个性。

4. 延伸产品层次。又称为附加产品层次，是指顾客在购买产品时所得到的附加的服务或利益，其主要是帮助消费者更好地使用核心利益和服务。例如质量保证、免费送货、售后服务等；软件公司在销售软件时提供产品在线升级和信息资源下载更新服务。

【小贴士 8-1】 延伸产品的设计应该注意三点：①任何延伸产品都将增加企业成本，因此营销人员在设计延伸产品时并不是越多越好，应考虑顾客是否愿意承担因而发生的额外费用。②延伸产品给予顾客的利益将很快转化为顾客的期望利益。这种现象是竞争促成的，竞争者为了吸引顾客而不断增加向顾客提供的延伸产品。因而延伸产品的设计并不是一劳永逸的事情，而是应该根据顾客的需要和竞争者的动态来不断改进。③由于延伸产品提高了产品的价格，因而促使某些竞争者剥除所有延伸产品，以求大幅度降低价格，吸引顾客。因此，就像是与五星级豪华宾馆同时存在的廉价旅馆等设施简单的小旅店，以低廉的价格满足旅客在吃和住方面最基本的需要。

5. 潜在产品层次。潜在产品层预示着该产品最终可能的所有增加和改变，是企业提供的能满足顾客潜在需求的产品层次。在高新技术发展日益迅速的时代，有许多潜在需求和利益还没有被顾客认识到，这就需要企业通过引导和支持更好的满足顾客的潜在需求。

（二）网络营销产品的分类

适合于网络营销的产品，按形态的不同可以分为三大类：实体产品（Hard Goods）、软体产品（Soft Goods）和在线服务（On-line Service）。表 8-1 列举了这三类产品及其基本特征。

表 8-1　　网络营销商品分类

商品形态	营销方式	销售品种
实体商品	在线浏览	民用品
	购物选择	工业用品
	送货上门	农产品
软体商品	资讯提供	资料库检索、电子新闻、电子图书、电子报刊、研究报告、论文
	软件销售	电子游戏、套装软件
在线服务	情报服务	法律查询、医药咨询、股市行情分析、银行金融咨询服务
	互动式服务	网络交友、电脑游戏、远程医疗教育、法律救助
	网络预约服务	航空、火车票订购、电影票音乐会球赛入场卷预订、预约酒店宾馆、旅游预约、医院预约挂号

二、网络营销品牌的建立与推广

传统知名品牌深入人心，使得人们不太关注网站的建设。美国著名咨询公司——Forrester Research 公司在 1999 年 11 月发表的题为《Branding For A Net Generation》的调查报告中指出："知名品牌与网站访问量之间没有必然的联系。尽管可口可乐、耐克等品牌仍然受到年轻人的喜爱，但是这些公司网站的访问量却并不高。既然知名品牌与网站访问量之间没有必然的联系，那么公司到底要不要建设网站就是一个值得考虑的问题。从另一个角度看，这个结果也意味着公司要在网上取得成功，决不能依赖传统的品牌优势。

互联网的交互、快捷、全球性、媒体特性等优势，为提高企业知名度、树立企业品牌形象、更好地为用户服务等方面提供了有利的条件。网络的这些特性对于每一个企业都是公平的。企业应该根据自身产品与服务的特点利用网络、创建与推广的网络品牌。按照品牌经营的原则，网络品牌的开发必须建立在市场调查的基础上，而且要保证只能有一个独立、明确的品牌形象，使网络品牌具有更加广泛的包容性。在必要时还可与其他知名的企业共同建设新的网络品牌，形成一个新的网络品牌联盟。

（一）网络品牌的建立过程

1. 网络品牌的定位。在众多的网络品牌中，不同的品牌会与不同的特性服务联系在一起。如雅虎、搜狐同样是搜索网站，雅虎是定位于搜索功能，而搜狐则定位于综合服务功能，包括搜索、电子邮件、新闻信息等服务内容。成功的网络品牌定位，能使顾客对其提供的网络服务产生联想，形成习惯登录该网站满足自己的需求。网络定位实质上就是定位该网站提供的个性化服务。

2. 网络品牌的命名。在传统领域知名度高的企业往往可以直接借用原有的品牌，如美国惠普公司直接用 www.hp.com，而原有品牌较长或不简便的话，可以考虑使用简捷缩写，如中央电视台不适用中文拼音组成而改成域名 www.cctv.com. 其他大量以互联网业务为主的公司命名了全新的品牌。比如雅虎是互联网上最富有传奇色彩的品牌，名称取自一句短语：Yet Another Hierarchical Officious Oracle（又是一个颇有影响的、乐于助人的圣贤）。美国在线（America On - line）的网上品牌 AOL 直观而响亮。

3. 网络品牌的视觉设计。品牌不仅仅要有一个响亮的名称，还要有显眼的视觉形象。一个给人以强烈视觉冲击的形象，往往使人产生强烈的印象。在视觉设计中，不仅可以使用强烈的色彩对比，还可广泛应用多媒体技术，如三维动画、音响效果等。著名的美国英特尔公司其微处理器产品广告所伴随的简洁、明快的音乐就是很好的例子。在网络品牌的视觉设计中，不仅包括传统品牌的标志设计和专用造型，还包括企业网站主页风格的设计。具有独特风格的网页设计，使访问者印象十分深刻，也起到了品牌告知的效果。

网络品牌建立的过程，同时也是网站推广、产品推广、销售促进的过程。网络品牌的建设不是一蹴而就的，重要的是充分认识网络品牌的价值，并在各种网络营销活动中兼顾网络品牌的推广。

（二）网络品牌建立与推广中应注意采取以下措施

1. 借鉴传统品牌营销方式，利用传统手段宣传企业品牌。越来越多的企业开始使用电视、杂志、报纸、户外广告牌等传统广告形象。以使那些还没有接入互联网的用户在上网前就接受他们宣传的品牌；同时也增强那些上网的用户在离线状态下对品牌的认知程度。如亚马逊公司曾在非网络媒体投入了大量资金建设品牌。

2. 借助专业的品牌管理策划人员。创建网络品牌的基础是建设公司的网站，网站的开发与运作不应该完全由技术人员来操作，因为品牌的创建、维护、管理需要专业的商业知识。如世界最大的电子邮件出版发行商 Mercury Mall 更名为 InfoBest 时，为树立 InfoBest 成为个人信息分发领导者的形象，聘请了一位在 P&G 公司有 22 年产品包装经验的资深策划人员进行策划。

3. 借助原有企业的品牌优势。除了新的互联网公司需要进行网络品牌建设外，原有的著名企业也应加入这一新的网络经济环境。为了在网络中取得竞争优势，必须制定一些特殊的品牌策略，使用户认识到一个新的网站同样能得到一个具有影响力的公司的产品与服务。

4. 以自己的经营特色创建品牌。Amazon 是电子商务的一面旗帜，其成功有多方面的因素，但其核心策略是以服务和广告迅速创出品牌，并产生品牌效应，进而占领市场。Amazon 的经验提示人们要注重培养品牌。在网站建设初期，规模宁可小些，也要有自己的经营特色，以形成品牌和品牌效应。

三、网络营销新产品的开发

网络时代，特别是互联网的发展带来的新产品开发的困难，对企业来说既是机遇也是挑战。企业开发的新产品如果能适应市场的需要，就可以在很短时间内占领市场，打败其他竞争对手。

（一）网络营销中的新产品概述

企业网络营销产品策略中采取哪一种具体的新产品开发方式，可以报据企业的实际情况决定。但结合网络营销市场特点和互联网的特点来开发新产品是企业竞争的核心。

1. 网络时代新产品开发面临的挑战

新产品开发是许多企业在市场上取胜的法宝。但互联网的发展，使得在今后获得新产品开发成功的难度增大，原因如下：

（1）在某些领域内缺乏重要的新产品构思。

（2）不断分裂的市场。激烈的竞争正在导致市场不断分裂。互联网的发展加剧了这种趋势，市场主导地位正从企业主导转为消费者主导，个性化消费成为主流，未来的细分市场必将是以个体为基准的。

（3）社会和政府的限制。网络时代强调的是绿色发展，新产品必须以满足公众利益为准则，诸如消费者安全和生态平衡。

（4）新产品开发过程中的昂贵代价。

（5）新产品开发完成的时限缩短。

（6）成功产品的生命周期缩短。当一种新产品成功后，竞争对手立即就会对之进行模仿，从而使新产品的生命周期大为缩短。

2. 网络新产品应具备的特点。互联网所销售的产品或服务的消费者首先是作为互联网的用户，他们的年龄比较轻，收入水平在中等以上，教育水平也高于平均水平，他们喜欢创新，对新产品和新技术产品情有独钟。所以，企业开发的新产品或服务必须具有这些特征，除此之外，还应该考虑以下几个问题：

（1）产品或服务是否与计算机有关。如果有关，那么在网上营销就很可能成功。

（2）产品或服务在作出购买决策之前是否需要尝试或观察。如果需要，那么这种产品或服务在网络上销售成功的可能性不大。例如，指甲油和蔬菜，在互联网上顾客很难辨清指甲油的不同色泽，而买菜时，顾客更愿意摸一摸才会放心购买。但这也并非绝对。例如，人们购买牛仔裤时都希望试穿一下，看看是否合体，而如果牛仔裤的规格、尺寸和颜色都很明确的话，顾客也可以在互联网上直接订货。而在购买决策前无须观察或尝试的产品或服务，就适合用互联网进行市场营销，例如，飞机票和电影票。

(3) 产品或服务的性质。知识产权通常比有形产品更适合在网络上进行营销；同样，无形服务（能通过互联网提供服务）比有形服务（公司必须派人员现场提供服务）更易于在网络上销售。

(4) 产品或服务是否属于高技术。高技术的产品或服务更易在网络上进行市场营销。例如，互联网一直是寻呼机与移动电话等产品的理想销售渠道。

(5) 产品或服务是否具有国际性。互联网是国际性的媒体，具有同样性质的产品或服务更容易成功。虽然，对于网络营销的适用产品这个问题，不同的国家有不同的答案，不同的人有不同的见解，但对于哪些产品易于在网络上赢得销路还是有一些基本的共识。

(二) 网络营销中新产品开发的程序

网络营销中的新产品开发程序包括新产品的构思与概念的形成、新产品研制、新产品试销与上市三个阶段。

1. 新产品的构思与概念的形成。网络营销中新产品开发的首要前提是新产品的构思和概念的形成，这个时期主要是依靠科研人员的创造性推动的。

新产品的构思可以有多种来源，可以是顾客、科学家、竞争者、公司销售人员、中间商和高层管理者，但最主要的还是依靠顾客来引导产品的构思。网络营销的一个最重要特性是与顾客的交互性，它通过信息技术和网络技术来记录、评价和控制营销活动，来掌握市场需求情况。因此，企业要充分利用网络营销数据库来进行新产品构思与概念的形成。

2. 网络营销中新产品的研制。与过去的新产品研制与试销不一样，顾客可以全程参加概念形成后的产品研制和开发工作。顾客参与新产品研制与开发不再是简单地被动接收测试和表达感受，而是主动参与和协助产品的研制开发工作。与此同时，与企业关联的供应商和经销商也可以直接参与新产品的研制与开发，因为网络时代企业之间的关系主流是合作，只有通过合作才可能增强企业竞争能力，才能在激烈的市场竞争中站稳脚跟，也就是所谓的双赢。通过互联网，企业可以与供应商、经销商和顾客进行双向沟通和交流，可以最大限度地提高新产品研制与开发速度。

值得关注的是，许多产品并不能直接提供给顾客使用，它需要许多企业共同配合才有可能满足顾客的最终需要，这就更需要在新产品开发的同时加强与以产品为纽带的协作企业合作。

3. 网络营销中的新产品试销与上市。大多数网络消费者一般具有很强的好奇心与消费领导性，比较愿意尝试新的产品。因此，通过网络营销来推动新产品试销与上市，是比较好的策略和方式。但需注意的是，网上市场群体还有一定的局限性，目前的消费意向比较单一，所以并不是任何一种新产品都适合在网上试销和推广的。一般对于与技术相关的新产品，在网上试销和推广效果比较理想，这种方式一方面可以比较有效地覆盖目标市场，另一方面可以利用网络与顾客直接进行沟通和交互，有利于顾客了解新产品的性能，还可以帮助企业对新产品进行改进。

利用互联网作为新产品营销渠道时，要注意新产品能满足顾客的个性化需求的特性，即同一产品能针对网上市场不同顾客需求生产出功能相同但又能满足个性需求的产品，这要求新产品在开发和设计时就要考虑到产品式样和顾客需求的差异性。如戴尔电脑公司在推出电脑新产品时，允许顾客根据自己的需要自行设计和挑选配件来组装自己满意的产品，戴尔公司可以通过互联网直接将顾客订单送给生产部门，生产部门根据个性化需求组装电脑。因此，网络营销产品的设计和开发要能体现产品的个性化特征，适合进行柔性化的大规模生产，否则再好的产品也很难在市场经久不衰。

复习思考题

1. 什么是网络营销产品？包括哪些类型？
2. 如何进行网络新产品的开发？
3. 如何进行网络产品的品牌建设？包括哪些方面？

任务九　网络价格策略

学习任务

1. 理解并掌握影响营销定价的各种因素；
2. 理解网络营销的定价目标和定价方法；
3. 掌握网络营销定价策略。

情景案例

凡客诚品卖T恤：29元的定价玄机

2010年“五一”假期后气温骤升，各服装品牌的夏装大战一触即发。VANCL抢先 10 天推出 29 元 T 恤，其品质与设计均与同类品牌不相上下，而价格却极具竞争力，令对手几乎没有反击的机会。

凡客诚品没有实体门店，作为一家依托互联网推动销售的网络直销公司，在创办后的短短三年里，从男装衬衫到女装、童装乃至部分家居用品，不断迅速扩充其产品线。随着消费者信任度的增加、产品口碑的积累，VANCL 已经坐上服装类 B2C 企业销售额的头把交椅，不断获得投资商的青睐，并计划于海外上市。为了达到投资方对于销售额的考核要求，VANCL 的营销思路也开始有了变化，通过扩大规模广告投放以及 29 元 T 恤，VANCL 与传统服装品牌展开了全面竞争。

VANCL 一开始给 T 恤的定价是 39 元，与均价 70 多元的其他同类品牌相比更具竞争力。但是 VANCL 的 CEO 陈年还不满意，他问团队：能继续往下调吗？经过又一番的测算，最后给出的答案是“逼近成本价”的 29 元。他们告诉陈年，29 元已经是不能再低的价格了，再低就要赔本了。事实上，陈年觉得如果可以定位 19 元一件的话，则更具杀伤力。

于是没过几天，29 元的大 Logo 开始在营销推广时出现。在产品上线的第一周，VANCL 的 T 恤销量达到 60 万～70 万件，而后续的销量大致维持在这一水平上下。“我们不知道图案的吸引力如何，但是 29 元的标价足以让消费者动心。当消费者进入网站挑选的时候，500 款图案总能挑到一两件他们喜欢的。”VANCL 的相关负责人说。

案例点评

当 T 恤于 2009 年 9 月被列入 VANCL 产品计划时，其开发思路与其他产品线的思路基本一致：以性价比取胜。这是 VANCL 一直在坚持的，将生产与流通环节的成本优势转给消费者，让其受益，是 VANCL 作为互联网销售的服装品牌能立足于中国服装行业的核心竞争力。

知识体系

价格是营销因素组合中最为关键、最为活跃的因素，它随市场变化而上下波动，协调着买卖双方的利益关系。在市场经济条件下运作的企业，如果能在定价决策过程中正确制定价格变动的幅度、价格变动的时间和价格变动的地区，就能在瞬息万变的市场竞争格局中，居于十分有利的地位。

无论是传统营销还是网络营销，价格策略是企业营销组合策略中的重要组成部分，是竞争的主要手段之一，是企业实现赢利目标的重要途径。因此，如何制定合适的价格，采取何种价格策略等工作已经成为许多开展网络营销活动的企业关注的焦点。

一、网络营销定价概述

一般来说，价格是由产品价值决定的，价格是产品价格的货币表现。价值越高，价格往往也越高，反之亦然。但由于企业和消费者的立场不同，在主观上对价格的确定有不同的表现，而市场的最终价格又必须为双方同时接受。因此，企业确定的定价要受一系列内部和外部因素的影响和制约，其内部的影响因素包括企业的营销目标、营销组合策略、成本和定价组织；外部影响因素包括市场和需求的性质、竞争和其他环境因素（宏观经济政策、政府的政策法令）等。

西方经济学和营销学通常将价格定义为“顾客为得到一单位产品或劳务而必须支付的货币单位”，也是产品或劳务的提供者为其提供产品或服务所收取的费用。

网络营销中，网络营销价格是指在网络营销过程中买卖双方成交的价格。给网上营销的产品和服务制定价格的过程称为网络营销定价。其形成过程较为复杂，受到诸多因素的影响和制约，如企业目标、成本、市场需求、竞争状况等。

二、网络营销定价目标

当企业对成本心中有数了，对外部的经济环境和市场需求有了全面的了解，分析了竞争对手，并研究了可能存在的其他影响因素，即做到所谓的知己知彼后，就可以确定企业的定价目标了。

定价目标，是指企业通过制定价格达到所希望的营销目的。定价目标反映了产品的市场定位，是指导企业进行价格决策的出发点。要使定价策略卓有成效，就必须制定正确可行的定价目标。

定价目标通常以企业的战略和经营目标为基础。在不同的发展阶段，不同的市场竞争条件下，企业的定价目标也不同，一般有以下几种。

（一）以获取预定的利润额为目标

具体目标包括：在一定期限内收回投资，或追求最大利润，或以适中的价格获得长期稳定的利润等。

追求最大利润的定价目标并不意味着一定要制定最高价，因为最大利润有短期和长期之分，也有单个产品和组合产品之分，有远见的经营者会着眼于长期利润最大化。

每个企业希望通过制定高价获取高额利润，高价也有利于塑造高品质的形象。但在信息透明、产品同质化严重、竞争激烈的网络市场中，企业很难长期实行高价，利润空间遭到很大的挤压。如果要卖出高价，企业所提供的产品或服务必须具备很强的独特性，能够更细致而准确地把握客户的需求心理。

【小贴士 9-1】“黑袜子（Black Socks）”是欧洲的一家小网站，以“循环收费、定期送到门”的服务模式专售普通男士黑袜，价格为每双 10 美元，包含邮寄费。成立十多年来，Black Socks 卖出了 1000 多万双，在 75 个国家有 5 万左右的固定客户、每年纯利有上百万美元。Black Socks 成功的根本原因在于对目标顾客的精准把握，它针对的是，“男士＋懒人”客户群。黑袜是欧美男士，日常工作和交际的必备品，但男士往往很少主动去购物，等袜子穿破了才发现没有买新的。虽然 Black Socks 的价格稍贵，但部分客户对商价并不是特别敏感，他们更注重的是隐形成本：自己购物所耗费的时间、精力以对衣着不当的心理担忧等。Black Socks 定期送上门的细心服务为顾客解决了烦恼，其服务价值获得了顾客的认可，其价格也就被接受了。目标市场虽然相对窄小，但客户数量足以支撑规模和利润，Black Socks 在别人意想不到的领域里获得了成功。

可见无论是线上或线下销售，要想通过高价获得更大利润，产品和服务永远是根本。这就需要网络营销企业敢于打破固有的思维模式，更深入细致地研究市场、研究产品，善于发现和引导客户的潜在需求。

（二）以提高市场占有率为目标

市场份额直接反映了产品竞争能力，对每个来说都有重要的意义。为提高市场份额，企业最常用的手段是以低价策略吸引消费者，强化市场渗透。

2010 年夏季，凡客诚品以不能再低的价格在 T 恤市场发动闪电战，目的就是，薄利多销，意图在短期内迅速、尽可能多地抢占市场。毫无疑问，29 元的定价策略有效实现了凡客诚品的预订计划。但价格战是把双刃剑，不是对任何企业和产品都适用的，要想取得理想效果必须具备几个条件：产品的价格需求弹性较大，降价对销售量的刺激有明显作用；低价能阻止现有和可能出现的竞争者；企业有实力承受降价所造成的利润减少等。

（三）以应付竞争为目标

即企业根据自身与竞争对手的实力强弱对比，以竞争者的价格为参照，选择领导、跟随或稳定的定价目标。

例如，奇虎 360 公司在国内杀毒软件市场上打破行规，率先实行了免费策略，领导了市场竞争，传统的软件厂商们作为跟随者，基于各不相同的企业定位和竞争实力调整了价格，是为了应对竞争、遏制对手的急速扩张。

（四）以维持生存为目标

对于新进入市场的企业，或遇到经济危机市场需求大幅度下滑时，进行某些局部降价是必要的，此时企业的主要目标是维持生存，因为生存比利润更重要。

在互联网发展初期，网络还是社会上的新鲜事物，公众对网络的认知程度较低。

当时互联网企业的绝大多数产品是免费的，其首要目的是吸引大众，建立消费者的网络意识和上网消费习惯，以使企业能在新兴的网络市场中占有一席之地，然后等待时机再谋发展与赢利。

三、网络营销定价方法

定价方法是指在定价目标的指导下，运用价格决策理论和数学模型，给产品制定一个基本价格或浮动范围的具体计算方法。影响定价的三项基本因素是成本、市场需求和竞争对手，因此定价方法相应地有以下三种。

（一）成本导向定价法

成本导向定价法是以产品的总成本为中心，分别从不同的角度制定对企业最有利的价格。成本导向定价法由于较为简便，是企业最基本、最普遍和最常用的定价方法。它可以分为以下几种：

1. 成本加成定价法。成本加成定价法是以成本为基础，加上预期的利润来确定产品的售价。预期利润可以由企业根据市场环境及企业营销实力确定。此法的优点是：简单易行，在市场环境因素基本稳定的情况下，可保证各行业预期的利润率，从而保障生产经营的正常进行。缺点是忽视考虑商品的需求情况，因而是典型的生产导向观念的产物；由于对产品销量很难预知，因此导致成本和价格的计算缺乏科学性。

2. 盈亏平衡定价法。盈亏平衡定价法是指在预测商品销售量和已知固定成本、变动成本的前提下，通过求解商品盈亏平衡点来制定商品价格的方法。

（二）需求导向定价法

需求导向定价法是指企业在制定价格时，主要根据市场需求的大小和消费者的反应，分别确定商品价格。其特点是灵活有效地运用价格差异，对平均成本相同的同一产品，价格随市场需求的变化而变化。以需求为导向的定价法，主要有以下几种：

1. 理解价值定价法。是指企业以消费者对商品价值的理解度为定价依据，运用各种营销策略和手段，影响消费者对商品价值的认知，形成对企业有利的价值观念，再根据商品在消费者心目中的价值来制定价格。采用这种定价方法，显然需要企业能够比较自己的产品与竞争者的产品在市场上被消费者理解的程度，从而作出恰如其分的估计。因此，先要做营销调研。

2. 需求差异定价法。根据不同的市场需求制定不同的商品价格，是定价中极为普遍的一种定价法。这种定价的基础是顾客心理的差异、商品的式样差异、出售时间和地点的差异等。通常学者们认为采用需求差异定价法的条件是市场要能够细分，同时不同的细分市场要能看出需求程度的差别，而且差别价格不会引起消费者的反感。

(三) 竞争导向定价法

竞争导向定价法是以市场上竞争者的类似产品的价格作为企业产品定价的参照系的一种定价方法。它可以分为以下几种：

1. 随行就市定价法。是一种简单的定价方法，其特点是把本企业的产品的价格定得与市场上竞争者的同类产品的价格相近。当企业的产品特色不明显，又不打算以低价与竞争者竞争时，一般采用这种定价方法。企业可以根据自己产品与竞争者产品的差别来确定下一个略高于、略低于或相似于竞争者产品价格的价格。

2. 主动竞争定价法。与通行价格定价法相反，它不是追随竞争者的价值，而是根据本企业产品的实际情况及与竞争对手的产品差异状况来确定价值。因而价格有可能高于、低于或与市场价格一致。一般为实力雄厚或产品独具特色的企业所采用。

3. 密封投标定价法。密封投标定价法主要用于投标交易方式。投标价格是投标企业根据对竞争者的报价估计确定的，而不是按企业自己的成本费用或市场需求来制定的。企业参加投标的目的是希望中标，所以它的报价应低于竞争对手的报价。

总之，成本限定了价格的基数，市场需求决定了价格的波动区间，竞争对手的价格提供了定价的参照点。

产品要面对的，常常是有多重影响因素同时作用的复杂的市场环境，所以，为了有效地达到营销目标，企业往往不能选用单一的方法，而要结合不同的定价策略及综合其他因素，选用多个方法来核定价格，对不同的结果进行比较、筛选和调整，直到给产品找到一个最恰当的价位。所以定价方法的选择，要根据市场和企业的具体情况综合考虑，灵活选用。

四、网络营销定价策略

互联网促使产品的价格水平趋于一致，因此传统营销中的定价策略在网络营销中受到了一定的抑制，如“撇脂定价”在网上鲜有应用。同时，一些适合于互联网特点的定价策略获得了发展和创新。常见的网络营销定价策略主要有以下几种。

(一) 免费定价策略

免费定价策略就是指企业为了实现某种特殊的目的，将产品和服务以零价格形式提供给顾客所使用的价格手段。免费价格策略之所以在互联网上流行，是有其深刻的背景的。一方面，由于互联网的发展得益于免费策略的实施；另一方面，互联网作为20世纪末最伟大的发明，它的发展速度和增长潜力令人生畏，任何有眼光的人不会放弃发展的机会，免费策略是最有效的市场占领手段。

目前，企业在网络营销中采用免费价格策略的目的是：①让用户先免费使用，形成习惯后再开始收费。如金山公司允许消费者在互联网上下载限制使用次数版的 WPS 2000 软件，其目的是想等消费者使用习惯后，再掏钱购买正式软件。②先占领市场再在市场上获取收益。出于这种目的考虑的企业在制定免费定价策略时，主要是从战略发展的需要出发，着眼于发掘产品的后续商业价值。如 Yahoo 公司通过免费建设门户站点，经过 4 年亏损经营后，在第五年通过广告收入等间接收益扭亏为盈。可是在前四年的亏损经营中，公司却得到飞速增长。

（二）低价策略

根据有关学者的统计调查，消费者选择网上购物，一方面是因为网上购物比较方便，另一方面是因为从网上可以获取更多的产品信息，从而以最优惠的价格购买商品。因此，低价策略是网络营销定价中除了免费定价外，对消费者最具吸引力的企业定价方式。

（三）捆绑定价策略

捆绑定价，是将不同的产品组合在一起，以一个价格出售，其销售的是产品组合而不是单个产品，捆绑价格一般小于单品价格之和。网络上常见的方式有以下两种：

1. 同质的产品捆绑，即将有相似功能的产品捆绑在一起销售，例如航空公司对往返机票的捆绑销售；网站促销的套装“大礼包”等如图 9－1 所示。

图 9－1　同质产品的捆绑定价策略

2. 互补式产品捆绑，即把具有不同用途但彼此互补的产品捆绑，例如通信公司将手机话费、彩铃下载、移动办公、气象通等产品，以多种组合方式捆绑推广；淘宝网将衬衣与领带捆绑销售；这种销售方式可以增强产品的性价比，满足消费者的差异化需求。

（四）定制定价策略

定制定价策略是指企业为满足客户的个性化需求，以量身定制的方式向客户提供定制生产服务并相应地制定不同的价格。

网上个人定制服务，充分体现了网络的交互性特点与顾客主导化趋势，满足了人们对产品个性化和生活便捷化的追求，所以已经不仅仅是一种交易行为，更成为一种影响网民价值观的现代生活方式。2009 年日本著名牛仔裤品牌 Levi’s 的网络商店推出了“Customized Service”的定制服务：在某款经典款式的基础上，有多个年份的款型、尺寸、水洗方法、水洗程度、配饰等供顾客选择，并对应不同价格，企业在 2～4 周内完成生产，提供一条仅属于自己的牛仔裤。如图 9－2 所示。

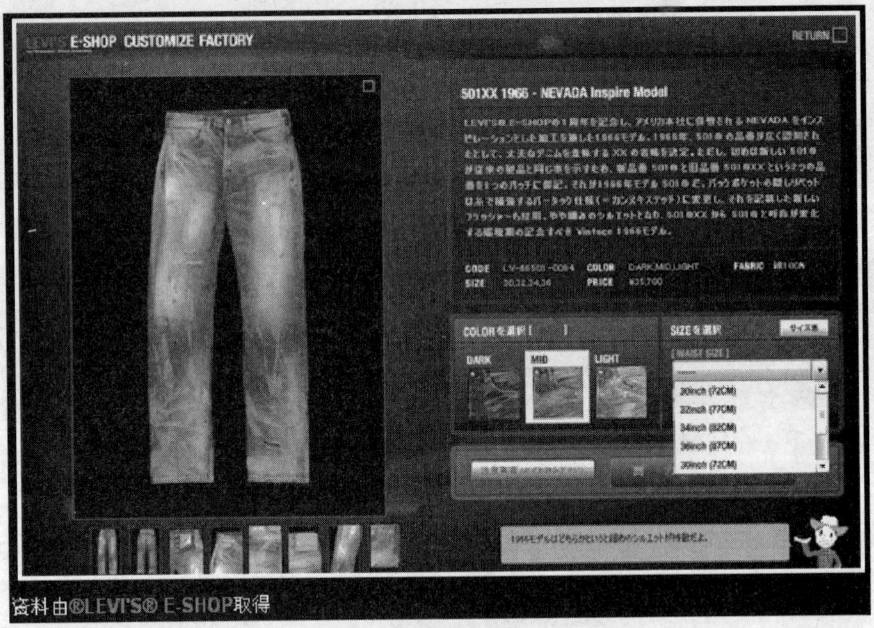

图 9－2　Levi’s 网店的定制服务

另外，由于消费者的个性化需求差异性大，加上消费者的需求量又少，因此企业实行定制生产必须在管理、供应、生产和配送各个环节上，都要适应这种小批量、多样式、多规格和多品种的生产和销售变化。

（五）使用定价策略

在传统交易关系中，产品买卖是完全产权式的，顾客购买产品后即拥有对产品的完全产权。但随着经济的发展和人民生活水平的提高，人们对产品的需求越来越多，而且产品的使用周期也越来越短，许多产品购买后使用几次就不再使用，非常浪费，因此制约了许多顾客对这些产品的需求。为了改变这种情况，可以在网上采用类似租赁的按使用次数定价的方式。

所谓使用定价，就是顾客通过互联网注册后可以直接使用某公司的产品，顾客只需要根据使用次数进行付费，而不需要完全购买该产品。这一方面减少了企业为完全出售产品而进行的不必要的大量生产和包装浪费，同时还可以吸引过去那些有顾虑的顾客使用产品，扩大市场份额。顾客每次只是根据使用次数付款，节省了购买产品、安装产品和处置产品的麻烦，还可以节省许多不必要的开销。

（六）在线拍卖竞价策略

在线网上拍卖是传统拍卖方式在网络上的应用，是目前发展比较快的领域，经济学认为市场要想形成最合理价格，拍卖竞价是最合理的方式。网上拍卖由消费者通过互联网轮流公开竞价，在规定时间内价高者赢得。目前国外比较有名的拍卖站点是：www. ebay. com，它允许商品公开在网上拍卖，拍卖竞价者只需要在网上进行登记即可。拍卖方只需将拍卖品的相关信息提交给 eBay 公司，经公司审查合格后即可上网拍卖。根据供需关系，网上拍卖竞价方式有下面几种：

1. 竞价拍卖。最著名的是 eBay 公司的交易，包括二手货、收藏品，也可以是普通商品以拍卖方式进行出售。

2. 竞价拍买。它是竞价拍卖的反向过程。消费者提出一个价格范围，求购某一商品，由商家出价，出价可以是公开的或隐蔽的，消费者将与出价最低或最接近的商家成交。

3. 网络团购。这是目前较为流行的一种网络交易方式。它属于集体议价的一种，也就是说，集合众人的力量进行集体杀价，以数量换价格，是美国著名的 Priceline 公司最先提出的。

上面几种价格策略是企业在利用网络营销拓展市场时可以考虑的几种比较有效的策略，并不是所有的产品和服务都可以采用上述定价方法的，企业应根据产品的特性和网上市场发展的状况来决定定价策略的选择。总而言之，不管采用何种策略，企业的定价策略应与其他策略配合，以保证企业总体营销策略的实施。

复习思考题

1. 参加一些网站的团购活动，总结你的消费体验，是失望还是满意？分析这种价格策略是卖家成功与否的原因所在。

2. 以网上某种商品为例，分析其是基于哪种定价目标、定价方法和定价策略制定出来的。

3. 举出一个运用免费定价策略获得赢利的网络营销商业案例，分析其成功的原因。

任务十 网络渠道策略

学习任务

1. 理解传统营销渠道与网络营销渠道的概念和异同点；
2. 掌握网络直接销售和网络间接销售；
3. 了解网络时代新型中间商。

情景案例

阿迪达斯与渠道商的博弈

阿迪达斯和耐克清楚地意识到了渠道代理商做大后的弊端。它们不愿看到渠道最终被两家或者几家渠道商所控制的局面，但也不想因为过激的改革伤害市场。

阿迪达斯和耐克与渠道代理商的博弈正暗中进行。在耐克取消多家省级经销商的代理权后，阿迪达斯正在酝酿着一系列的削权运动，但它直接面对的是百丽等全国经销商。

知情人士告诉记者，包括百丽在内的几家大型体育用品类经销商，与阿迪达斯坐到了谈判桌前。经销商希望能够尽管摆脱库存压力，包括打折销售库存产品。但阿迪达斯从品牌价格稳定的角度，并不认可经销商的上述行为。阿迪达斯与经销商的矛盾正在升级。

此前，由于过高估计了奥运行情，导致很多经销商至今仍有大量库存。新的订购周期又至，很多经销商已经没有现金支付这笔费用了。

作为北京奥运会合作伙伴的阿迪达斯，在奥运期间曾宣布，以22%的市场占有率超越了老对手耐克的21%，如愿以偿的成为中国体育用品市场第一品牌。

其近期公布的2008年业绩报告显示，除北美以外的所有地区，阿迪达斯销售均获得了两位数的增长，其亚洲的销售额增长了20%，其中中国销售的强劲增长成为主要推动力。

其耀眼的财务数据背后，却伴随与国内经销商矛盾的不断升级。由于在2008年，阿迪达斯没有选择成为全球赞助商，而是成为了北京奥运会的赞助商。2009年4月前，所有印有北京2008奥运会标志的商品都已宣布过期。

而在之前，由于很多经销商过高的估计了奥运的行情，在奥运前大肆拿货。但奥运会并没有为体育用品行业带来经销商预期的爆发行情，导致经销商的库存严重，很多经销商的库存至今也没能消化掉。

“阿迪达斯和耐克都是期货制，提前半年订货，货到付款。”一名阿迪达斯的湖南经销商对记者表示，由于并不是按照实际的市场需求去采购的，很多经销商积压的货物堆在仓库里，并导致资金被占压。

为了清理库存，各地经销商都在想着法子低价促销。但这并不为阿迪达斯所许可——过度的打折会使品牌受损，以后消费者不会再愿意买正价货了。

进入新的销售年份，资金被占压的经销商还不得不继续采购，且采购数量较前一年度一般不能下降太多，否则经销商资质会受到调整，从A级降到B级，或者B级到C级，拿货的政策也会受到相应调整，“这样更加得不偿失”，上述经销商如是说。

不仅仅是阿迪达斯，在体育用品行业，很多经销商同时代理着如阿迪达斯、耐克、李宁等好几个品牌，各品牌都或多或少存在着压货的情况。不过，由于阿迪达斯的北京奥运赞助商身份，它的情况似乎要比竞争对手更为严重一些。

一面是极力维护自己价格、品牌和供货政策的品牌商，一面是背上库存包袱的经销商，这个自奥运后至今未了的僵局困扰着这位体育商业巨头。

案例点评

激烈的竞争，多变的市场需求，使各行业渠道发生了深刻的变化，传统的以线性为主、层次分明的主流渠道模式在今天已渐被客户为中心的渠道模式所代替，整个渠道价值链面临着向服务型和增值型方向迅速转型，这势必引发渠道利益的再分配、渠道策略调整与战略大转折等问题。渠道商必须要认清新一轮渠道变革的趋势与方向，认识自身的价值和不足，才能在新一轮的渠道变革中找到自己的位置和生存空间。

知识体系

在新的技术环境下的市场营销——网络营销中，同样也存在着营销渠道的选择问题。网络营销渠道策略是整个市场营销组合策略的重要组成部分。一个网络分销系统是企业一项关键性的外部资源。它的建立通常需要较长时间，并且不是轻易可以改变的。它的重要性不亚于其他关键性的内部资源，诸如制造部门、研究部门、工程部门和地区销售人员以及辅助设备等。了解和熟悉网络营销渠道及其特点，不仅有利于企业产品顺利完成从生产领域到消费领域的转移，促进销售，加快物流和资金流的周转，还有利于企业准确地获取市场的需求信息。

一、网络营销渠道概述

1. 概念。网络营销渠道是借助互联网将产品从生产者转移到消费者的中间环节，一方面为消费者提供产品信息，以便消费者进行选择；另一方面，在消费者选择产品后要能完成钱货的交易手续，当然交钱和交货并不一定是要同时进行的。网络营销渠道也可分为直接分销渠道和间接分销渠道。如图 10－1 所示。

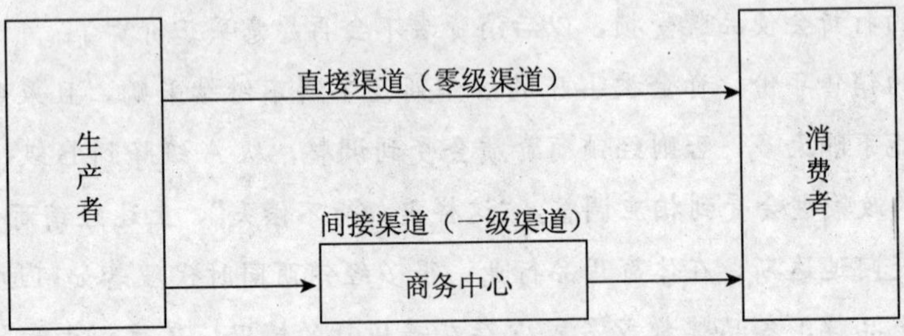

图 10－1　网络营销渠道

2. 网络营销渠道与传统营销渠道的区别。网络营销渠道是借助于互联网技术，将产品和服务从生产者转移到消费者的所有中间环节。这种新的渠道简化了传统营销中多种渠道的构成，集售前、销售、售后服务，商品与客户资料查询于一体，同传统营销渠道相比具有很大优势。

（1）将企业内部协调转向外部社会化。网络营销使得企业有能力在任何时间和地点与供应商、零售商、消费者及各种相关组织进行交互式多媒体通信。这就会改变传统模式下对外封闭和信息不足的情况，使得企业专注于与外界的联合，充分利用各种合作方式，从外界更为广泛的来源获取更为优化的资源。

（2）促使企业充分利用外部资料，低成本、快节奏地开发和利用市场机会。为适应快速变化的市场需求，企业必须改变传统的只和少数固定的伙伴保持关系的状态，而应与众多企业、设计与研究单位及相关产业建立动态联系，根据不断出现的新的市场机会迅速重新组织价值链条，其结果是企业的活动将以价值链、价值网的形式发展，甚至形成“虚拟公司”。

（3）营销结构趋于更直接和高效率。网络营销可以促使营销商与制造商、消费者与制造商直接沟通，形成一个单一的、连续的经济活动业务流。网络营销大大降低了整个经营过程中所消耗的劳动力资源，使得企业可以随时掌握商品的销售、库存、价格及利润和畅销程度。

（4）降低企业成本。网络营销使企业节省了大量的广告、促销费用以及门面店的各种成本。产品定制化降低了企业维持库存的压力，甚至可以实现零库存。

(5) 减少了流通的环节。以传统的分销渠道销售产品时，一般要经过批发商、零售商再到消费者手中，没经过一个环节，必然要使产品的价格上升以满足批发商和零售商的利润要求。而网络营销是一种直复营销，一般是消费者直接与生产企业联系，商品直接由生产者通过自已的分销渠道或第三方物流公司送达，这样就使得商品流通环节大大减少，也必然会引起价格的下降。

(6) 交流方式的改变。传统营销中，企业与消费者的沟通是单向的。而在网络营销时代，消费者与企业实现了点对点的沟通。这种互动不仅拉近了企业与消费者之间的距离，同时促进了企业数据库营销的发展。另外，消费者在购买商品时往往会在网络上寻求信息，不仅寻找产品信息，还会查找其他使用者的意见和评论。就如我们在淘宝网购买商品时，往往会参考其他买家的评价，从而决定是否购买。

但是，顾客对网络购物这种新生事物的接受要经过一个缓慢的过程，目前大部分的消费者还是习惯到传统的实体商店去购买自已需要的产品。传统的购物心理是眼见为实，消费者可以通过味觉、触觉、听觉等感受商品，从而影响其购买行为，而网上购物方式基本上属于人机交往的沟通形式，消费者既体验不到商场购物讨价还价的乐趣，也无法从交易过程中得到自我能力的验证，对于产品的品质和服务等有着很多不确定的因素。况且，网络营销无法适应所有的产品，尽管生产者已尽情展示其产品的内都结构、功能等，但网络营销仍具有一定的虚拟性，这是其最大的缺陷。

二、网络营销渠道的类型

网络营销渠道也可分为直接分销渠道和间接分销渠道。但与传统的营销渠道相比较，网络营销渠道的结构要简单得多。网络直接分销渠道和传统的直接分销渠道都是零级分销渠道，这方面没有大的区别。而对于间接分销渠道而言，网络营销中只有一级分销渠道，即只有一个信息中间商（商务中心）来沟通买卖双方的信息，而不存在多个批发商和零售商的情况，所以也就不存在多级分销渠道。

1. 直接营销渠道。网络直销是指生产商通过网络直接把产品销售给顾客的分销渠道。目前，通常的做法有两种：一是企业在互联网上建立自已的站点，申请域名，制作主页和销售网页，由网络管理员专门处理有关产品的销售事务；二是委托信息服务商在其网点发布信息，企业利用有关信息与客户联系，直接销售产品。

网络直销有许多优点：一是生产者能够直接解除消费者，企业可以从市场上收集到真实的第一手资料，合理安排生产。二是网络直销减少了流通环节，是买卖双方都节约了费用，产生了经济效益。三是网络直销是企业能够利用网络工具直接联系消费者，如电子邮件、公告牌等，使企业能够及时了解用户对产品的意见、要求和建议，从而使企业针对这些意见、要求和建议解决疑难问题，提高产品质量，改善企业经营管理。

当然，网络直销也有其自身的缺点。互联网确实使企业有可能直接面对顾客，但这又仅仅只是一种可能，面对大量网络，访问者很难有耐心一个个去访问一般的企业主页。特别是对于一些不知名的小企业，大部分网络访问者不愿意在此浪费时间，或者只是“路过”时走马观花地看一眼。据有关资料介绍，我国目前建立的众多企业网站，除个别行业和部分特殊企业外，大部分网站访问者寥寥无几，营销数额不大。为解决这个问题，必须从两方面入手，一方面需要尽快组建具有高水平的专门服务于商务活动的网络信息服务点；另一方面需要从间接分销渠道中去寻找解决办法。

2. 网络间接营销渠道。为了克服网络直销的缺点，网络商品交易中介机构应运而生。网络间接销售是指生产者通过融入了互联网技术的中间商机构把产品销售给最终用户。中介机构成为连接买卖双方的枢纽，使网络间接销售成为可能。一般适合小批量商品和生活资料的销售。中国商品交易中心、商务商品交易中心、中国国际商务中心等都属于此类中介机构。此类机构在发展过程中仍然有很多问题需要解决，但其在未来虚拟网络市场的作用是其他机构所不能替代的。

3. 双道法——企业网络营销渠道的最佳策略。在西方众多企业的网络营销活动中，双道法是最常见的方法，是企业网络营销渠道的最佳策略。所谓双道法，是指企业同时使用网络直接销售渠道和网络间接销售渠道，以达到销售量最大的目的。在买方市场条件下，通过两条渠道销售产品比通过一条渠道更容易实现市场渗透。

三、网络营销渠道的选择策略

1. 产品的搜寻。如果产品的搜索对消费者来说非常容易，产品的技术水平和复杂程度不高，那么网络直销较为便捷。反之，则需要中间商帮助他们对信息进行初级筛选、了解那些复杂而又关键的技术指标。这时企业采取网络间接营销的方式更适合。

2. 产品的定制化。批量化的大生产已经逐渐被个性化的定制生产所取代。如果这种定制可以很容易地为企业带来价值的增值、各个顾客的定制要求又具有很大的差异性、产品的定制化程度对于企业获得市场成功是非常关键的话，那么直面顾客的网络直销更适合，反之，两种方式都可以。

3. 产品的质量保证。如果市场中还没有建立关于产品质量的公认标准，公司的品牌和商誉还没有树立，那么更应考虑采取网络间接营销渠道，以便于消费者向新型中间商追究责任；反之，则适用于采用网络直销。

4. 购买规模。如果产品的单价较高、购买规模较大，则比较适宜采取网络直销；反之，适宜采用网络间接营销方式。

5. 产品的归类。如果提供产品归类信息对于消费者来说十分必要的话，那么更适宜采用网络间接营销的方式，由网络中间商为顾客提供有关的信息归类服务；否则，会影响双向选择。

6. 市场的分布。这里的市场分布主要是指市场在地理空间上的分布，如果市场分散程度较高（即地理位置较分散），则适宜使用网络间接营销；反之，网络直销更具竞争性。对于那些偏远的消费者，网络直销的成本太高，企业完全可以利用那些分布在各地的中间商，只需要在网上列出各个分销商的所在地，消费者自然会就近购买。

7. 售后服务。企业在提供售后服务时要考虑顾客对等待时间的要求，以及售后服务的复杂程度及技术含量等问题，如果这些影响因素并不关键则可采用网络直销，反之，宜采用网络间接营销。

8. 物流。网上可以完成信息流和资金流的传递，但实际的物流还需要在网下实现。如果物流需要企业的专门设备，则宜使用网络直销；如果交通运输的便利性不高而且投资巨大，则应借助中间商。

四、电子中间商

中间商是指在企业与消费者之间参加商品交易业务、促使买卖行为发生和实现、具有法人资格的经济组织和个人。

由于网络的信息资源丰富、信息处理速度快，基于网络的服务便于搜索产品，但对产品（信息、软件产品除外）的实体分销，网络却难以胜任。目前出现了许多基于网络信息服务中介功能的新型中间商，人们将其称为电子中间商（Cybermediaries）。电子中间商在网络渠道中扮演着不同的角色，发挥着不同的作用。

1. 目录服务。利用互联网上的目录化的 Web 站点提供菜单驱动进行搜索。现在这种服务是免费的，将来目录服务可能收取一定费用。现在有三种目录服务：①通用目录（如 Yahoo!），可以对不同站点进行检索，所包含的站点分类按层次组织在一起；②商业目录（如 Internet 商店目录），提供各种商业站点的索引，类似于印刷出版的工业指南手册；③专业目录，针对某个领域或主题建立 Web 站点。目录服务的收入主要来源于为客户提供的 Internet 广告服务。

2. 搜索服务。与目录不同，搜索引擎（如 Baidu）为用户提供基于关键词的检索服务，站点利用大型数据库分类存储页面内容。搜索站点不允许用户直接浏览数据库，但允许用户向数据库添加条目。

3. 虚拟商业街。是指在一个站点内链接两个或两个以上的商业站点，其直销过程如图 10－2 所示。虚拟商业街与目录服务的区别是，虚拟商业街定位于某一特定类型的企业和零售商，为其在虚拟商业街销售各种商品，提供不同服务。站点的主要收入来源依靠其他商业站点对其的租用。如我国的新浪网开设的电子商务服务中，就提供网上专卖店店面出租。

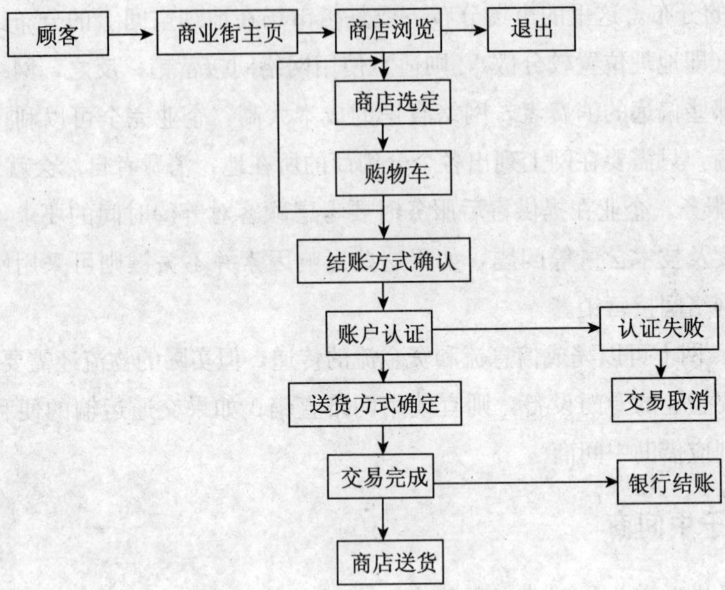

图 10-2　虚拟商业街直销过程

4. 网络出版。由于网络信息传输及时而且具有交互性，网络出版的 Web 站点可以提供大量有趣而有用的信息给消费者。目前出现的联机报纸、联机杂志就属于此种类型。由于内容丰富而且基本上免费，此类站点访问量特别大，因此出版商利用站点做互联网广告或提供产品目录，并以广告访问次数进行收费。

5. 虚拟零售店（也称网上商店）。不同于虚拟商业街，虚拟零售店拥有自己的货物清单，并直接销售产品给消费者。通常这些虚拟零售店是专业性的，定位于某类商品。它们直接从企业进货，然后以折扣价销售给消费者。由于互联网上的固定费用很少，虚拟零售商可以大幅度降低成本并让利给消费者。消费者可以直接从网上选购，不用出家门就可以购物。虚拟零售店表明在互联网上可以建立有效低廉的中间商，提供低价优质服务，而避免相对麻烦的企业与消费者的直接交易。

6. 站点评估。消费者在访问企业站点时，由于内容繁多，往往显得手足无策，不知该访问哪一个站点。提供站点评估，可以帮助消费者根据以往的数据和评估等级，选择合适的站点访问。通常，一些目录搜索站点也提供一些站点评估服务。

7. 电子支付。电子商务要求能够在网络上交易的同时，实现买方和卖方之间的授权支付。现在的授权支付系统主要是信用卡，如 Visa、电子等价物；如填写的支票、现金支付；如数字现金以及安全电子邮件。这些电子支付手段，通常对每笔交易收取一定佣金以减少现金流动风险和维持运转。目前，我国的商业银行也纷纷上网提供电子支付服务。

8. 虚拟市场和交换网络。虚拟市场提供一个虚拟场所，任何只要符合条件的产品都可以在虚拟市场站点内进行展示和销售，消费者可以在站点中任意选择和购买，站点经营者收取一定的管理费用。如我国对外贸易与经济合作部设立的网上市场站点，中国商品交易市场就属于此种类型——人们交换产品或服务时，实行等价交换而不用现金，交换网络就可以提供以货易货的虚拟市场。

9. 智能代理

随着互联网的飞速发展，用户常常在纷繁复杂的互联网上难以选择。智能代理是这样一种软件，它可以根据消费者的偏好和要求预先为用户自动进行初次搜索。在搜索时还可以根据用户自己的喜好和别人的搜索经验自动生成优化搜索标准。用户可以根据自己的需要选择合适的智能代理站为自己提供服务，同时支付一定费用。

复习思考题

1. 比较传统营销渠道与网络营销渠道的优缺点。
2. 网络营销渠道的类型有哪几种？
3. 建立网络营销渠道应考虑哪些因素？
4. 根据某公司具体情况，选择相应的网络营销渠道。

任务十一 网络促销策略

学习任务

1. 理解网络营销促销策略的特点、作用及实施；
2. 理解并掌握网络营销促进策略；
3. 理解网络营销公共关系的策略。

情景案例

广告的魅力

“爱网络，爱自由，爱晚起，爱夜间大排档，爱赛车，也爱 29 块的 T－SHIRT，我不是什么旗手，不是谁的代言，我是韩寒，我只代表我自己。”这条广告充分定义了“一夜成名”。如图11-1所示。这是一条广告，是凡客诚品的形象代言人韩寒高调的自我宣扬。同时，另一位凡客代言人王珞丹也以“平凡人”的身份冲击着主流文化。“爱××，爱××，也爱×××，我只代表我自己，我是××”，在这样的模板下衍生出了各种拿名人开涮的PS图片。以豆瓣起家，网络上瞬间出现了网友自发PS的1000多张凡客体广告图，它们涵盖了所有的层面，包含了众多处于风口浪尖，大名鼎鼎的人物。

图11-1 凡客诚品的原版广告

这场轰轰烈烈的全民运动还在继续并持续高烧，百度百科应运而生了“凡客体”一词，百度百科对凡客体的定义：凡客诚品（VANCL）广告文案宣传的文体，该广告意在戏谑主流文化，彰显该品牌的个性形象。

案例点评

凡客体或是凡客诚品自身的一次网络营销。无疑，它是成功的，它或将成为网络营销的经典案例。另据了解，国际知名的快消品牌通常有两种广告策略：一是在主流媒体上投放主流广告，二是通过网络结合线下活动进行广告传播。引起争议的同时也就引起了关注的目光。至此，品牌的营销也获得了成功。相关业内人士表示，VANCL正是这样的典型案例。

知识体系

一、网络营销促销概述

（一）网络营销促销内涵

1. 网络营销促销的特点

网络促销是指利用现代化的网络技术向虚拟市场传递有关产品和服务的信息，以启发需求，引起消费者的购买欲望和购买行为的各种活动。它突出地表现为以下三个明显的特点：

第一，网络促销是通过网络技术传递产品和服务的存在、性能、功效及特征等信息的。它是建立在现代计算机与通信技术基础之上的，并且随着计算机和网络技术的不断改进而改进。

第二，网络促销是在虚拟市场上进行的。这个虚拟市场就是互联网。互联网是一个媒体，是一个连接世界各国的大网络，它在虚拟的网络社会中聚集了广泛的人口，融合了多种文化。

第三，互联网虚拟市场的出现，将所有的企业，不论是大企业还是中小企业，都推向了一个世界统一的市场。传统的区域性市场的小圈子正在被一步步打破。

2. 网络营销促销与传统促销的区别

虽然传统的促销和网络促销都是让消费者认识产品，引导消费者的注意和兴趣，激发他们的购买欲望，并最终实现购买行为，但由于互联网强大的通信能力和覆盖面积，网络促销在时间和空间观念上，在信息传播模式上以及在顾客参与程度上都与传统的促销活动发生了较大的变化。

①时空观念的变化。以产品流通为例，传统的产品销售和消费者群体都有一个地理半径的限制，网络营销大大地突破了这个原有的半径，使之成为全球范围的竞争；传统的产品订货都有一个时间的限制，而在网络上，订货和购买可能在任何时间进行。这就是现代最新的电子时空观（Cyber Space）。时间和空间观念的变化要求网络营销者随之调整自己的促销策略和具体实施方案。

②信息沟通方式的变化。多媒体信息处理技术提供了近似于现实交易过程中的产品表现形式；双向的、快捷的、互不见面的信息传播模式，将买卖双方的意愿表达得淋漓尽致，也留给对方充分思考的时间。在种环境下，传统的促销方法显得软弱无力。

③消费群体和消费行为的变化。在网络环境下，消费者的概念和客户的消费行为都发生了很大的变化。上网购物者是一个特殊的消费群体，具有不同于消费大众的消费需求。这些消费者直接参与生产和商业流通的循环，他们普遍大范围地选择和理性地购买，这些变化对传统的促销理论和模式产生了重要的影响。

④对网络促销的新理解。网络促销虽然与传统促销在促销观念和手段上有较大差别，但由于它们推销产品的目的是相同的，因此，整个促销过程的设计具有很多相似之处。所以，对于网络促销的理解，一方面应站在全新的角度去认识这一新型的促销方式，理解这种依赖现代网络技术、与顾客不见面、完全通过电子邮件交流思想和意愿的产品推销形式；另一方面则通过与传统促销的比较去体会两者之间的差别，吸收传统促销方式的整体设计思想和行之有效的促销技巧，打开网络促销的新局面。

（二）网络营销促销形式

传统营销的促销形式主要有四种：广告、销售促进、宣传推广和人员推销。网络营销是在网上市场开展的促销活动，相应形式也有四种：网络广告、销售促进、站点推广和关系营销。其中网络广告和站点促销是网络营销促销的主要形式。

网络广告类型很多，根据形式不同可以分为旗帜广告、电子邮件广告、电子杂志广告、新闻组广告、公告栏广告等。

网络营销站点推广就是利用网络营销策略扩大站点的知名度，吸引网上流量访问网站，起到宣传和推广企业以及企业产品的效果。站点推广主要有两种方法：第一种是通过改进网站内容和服务，吸引用户访问，起到推广效果；第二种是通过网络广告宣传推广站点。第一种方法，费用较低，而且容易稳定顾客访问，但推广速度比较慢；第二种方法，可以在短时间内扩大站点知名度，但费用不菲。

销售促进就是企业利用可以直接销售的网络营销站点，采用一些销售促进方法如价格折扣、有奖销售、拍卖销售等方式，宣传和推广产品。

关系营销是通过借助互联网的交互功能吸引用户与企业保持密切关系，培养顾客忠诚度，提高顾客的收益率。

（三）网络营销促销作用

1. 告知功能。网络促销能够把企业的产品、服务、价格等信息传递给目标公众，引起他们的注意。

2. 说服功能。网络促销的目的在于通过各种有效的方式，解除目标公众对产品或服务的疑虑，说服目标公众坚定购买决心。例如，在同类产品中，许多产品往往只有细致的差别，用户难以察觉。企业通过网络促销活动，宣传自己产品的特点，使用户认识到本企业的产品可能给他们带来的特殊效用和利益，进而乐于购买本企业的产品。

3. 反馈功能。网络促销能够通过电子邮件及时地收集和汇总顾客的需求和意见，迅速反馈给企业管理层。由于网络促销所获得的信息基本上都是文字资料，信息准确，可靠性强，对企业经营决策具有较大的参考价值。

4. 创造需求。运作良好的网络促销活动，不仅可以诱导需求，而且可以创造需求，发掘潜在的顾客，扩大销售量。

5. 稳定销售。由于某种原因，一个企业的产品销售量可能时高时低，波动很大。这是产品市场地位不稳的反映。企业通过适当的网络促销活动，树立良好的产品形象和企业形象，往往有可能改变用户对本企业产品的认识，使更多的用户形成对本企业产品的偏爱，达到稳定销售的目的。

（四）网络营销促销实施

对于任何企业来说，如何实施网络促销都是一个新问题，每一个营销人员都必须摆正自己的位置，深入了解产品信息在网络上传播的特点，分析网络信息的接收对象，设定合理的网络促销目标，通过科学的实施程序，打开网络促销的新局面。

根据国内外网络促销的大量实践，网络促销的实施程序可以由六个方面组成。

1. 确定网络促销对象。网络促销对象是针对可能在网络虚拟市场上产生购买行为的消费者群体提出来的。随着网络的迅速普及，这一群体也在不断膨胀。这一群体主要包括三部分人员：产品的使用者、产品购买的决策者、产品购买的影响者。

2. 设计网络促销内容。网络促销的最终目标是希望引起购买。这个最终目标是要通过设计具体的信息内容来实现的。消费者的购买过程是一个复杂的、多阶段的过程，促销内容应当根据购买者目前所处的购买决策过程的不同阶段和产品所处的寿命周期的不同阶段来决定。

3. 决定网络促销组合方式。网络促销活动主要通过网络广告促销和网络站点促销两种促销方法展开。但由于企业的产品种类不同，销售对象不同，促销方法与产品种类和销售对象之间将会产生多种网络促销的组合方式。企业应当根据网络广告促销和网络站点促销两种方法各自的特点和优势，根据自己产品的市场情况和顾客情况，扬长避短，合理组合，以达到最佳的促销效果。

网络广告促销主要实施“推战略”，其主要功能是将企业的产品推向市场，获得广大消费者的认可。网络站点促销主要实施“拉战略”，其主要功能是将顾客牢牢地吸引过来，保持稳定的市场份额。

4. 制订网络促销预算方案。在网络促销实施过程中，使企业感到最困难的是预算方案的制定。在互联网上促销，对于任何人来说都是一个新问题。所有的价格、条件都需要在实践中不断学习、比较和体会，不断的总结经验。只有这样，才可能用有限的精力和有限的资金收到尽可能好的效果，做到事半功倍。①必须明确网上促销的方法及组合的办法；②需要确定网络促销的目标；③需要明确希望影响的是哪个群体，哪个阶层，是国外的还是国内的？

5. 衡量网络促销效果。网络促销的实施过程到了这一阶段，必须对已经执行的促销内容进行评价，衡量一下促销的实际效果是否达到了预期的促销目标。

6. 加强网络促销过程的综合管理。

二、网络销售促进策略

网络销售促进，又称营销推广，就是在网上利用销售促进工具刺激顾客对产品的购买和消费使用。互联网作为一种新型的承载平台有着传统媒介所没有的独特优势，既刺激了产品销售，又与顾客建立了互动关系，了解了顾客对产品的需求和评价。网上销售促进主要有以下形式：

1. 免费促销。互联网在国内外的发展历史可以看到，企业促进公众学习新技术、培育市场，让顾客进行免费产品体验和免费使用是最有效的营销手段，可以快速吸引大量客户，占据市场份额，这是众多互联网巨头成功的原因之一。

企业为用户提供产品体验服务和试用，已日渐成为企业打开市场的的重要方式。体验式营销克服了用户担心产品品质是否有保障的担忧情绪，在尚无品牌影响力的情况下，能快速消除用户疑虑，达到以品质决胜的目标。

但是这种免费体验和使用并非真的免费，其目的或是市场的短期性方法，或是一种为后续收费的其他产品或增值服务吸引流量、奠定用户基础的策略性手段。因此，企业应根据自身条件，设定合适的免费促销目标。

2. 折扣促销与折价券（优惠券）。折价是最常见的一种网络促销方式。企业可以根据特定的时间（例如节假日、季节、有效期等），对于一定的购买数量，购买方式，给出不同的折扣率。

折价券是折扣的一种变形，用户持券购物可以免付一定的金额，折价券可通过网络广告发给顾客，如各种电子优惠券；也可是实物的，与用户所网购的商品一起邮寄给用户，以吸引顾客的再次购买。这给企业带来快速成功的机遇，同时也带来了挑战，如果活动失当，其负面效应也会在短时间内成倍扩散，后果难以估量。

【小贴士 11-1】原价 64 元的肯德基外带全家桶，凭超级特价“特别秒杀优惠券”只需 32 元就可以买到；香辣、劲脆鸡腿堡套餐，凭券买一赠一……这场肯德基于 2010 年 9 月 5 日推出的超值优惠，却在南京引发了一场空前的“兑券门”。大量手持优惠券的市民在肯德基要购买外带全家桶和汉堡时，却被告知，不接收这两种秒杀优惠券，并定义它们为“假券”。下午 4 点，南京肯德基几乎所有门店都聚满了前来“讨说法”的市民，有些店人数最多时达到上百人。大约 6 点半左右，经过警察调解，工作人员答应先将市民手中的优惠券盖章并留下市民的姓名和电话，会向总部汇报并商讨结束后给出说法。这依然不能让市民全都满意。“肯德基突然取消半价全家桶优惠，出尔反尔，还我半价全家桶。”天涯论坛上这个帖子引起不少关注，同时，在猫扑、百度贴吧等各大论坛，都有类似的帖子，有网友甚至把各地的秒杀券使用情况汇总，一并向肯德基投诉。在百度贴吧的“各地秒杀券使用情况汇总”的帖中，可以看到各地网友的秒杀券使用情况，北京网友反馈显示，一直到下午 4 点前后，3 种秒杀优惠券都能买。深圳网友称，三种优惠券都以买到。而广州、武汉、太原、天津、苏州等地网友反馈，三种秒杀优惠券都被拒用。常州有网友反馈称，优惠券下午 3 点到 4 点间可以用，5 点以后都不能用了。优惠券一时能用又一时不能用，有的地方能用有的地方不能用，引起了网友强烈不满，网友称肯德基这次陷入了“秒杀门”。

3. 网上联合促销。即以单一的价格将不同的产品或服务组合出售，企业可以对自己旗下的不同种类产品进行组合，也可以由两家企业联合起来各自的产品组合销售。如果运用得当，可以有效地提升销量，并且使企业获得规模报酬。

4. 网上抽奖促销。参与完成一定的用户购买一定的产品或配合企业互动活动（如网络调查、发表评论等）即可抽取奖品或奖金。企业可按照不同比例的获奖人数，给予获奖者不同等级的奖品，以提高消费者的参与兴趣。

5. 积分促销。网上积分活动可以通过编程和数据库等来实现，消费者通过多次购买或参加活动来增加积分以获得奖品。现在，不少电子商务网站发行的虚拟货币是积分促销的另一种体现。积分促销有助于商家留住客户，等于把用户变成了企业的会员，提高了客户的忠诚度。如银行提供的刷卡消费；游戏网站以积分来鼓励玩家回访并增加在线时间。

6. 赠品促销。企业向消费者赠送样品或礼品，这是企业介绍新产品的有效方式。礼品的意义重在趣味性、实用价值而不在礼品本身。赠品的选择应注意不要选到次品、劣质品，否则只会获得相反的效果。

三、网络营销公共关系策略

网络公共关系又称线上公关或 e 公关，指企业以互联网作为信息沟通渠道，为改善企业形象，提高企业的知名度和美誉度、增进与公众的良好关系而采取的相关措施。

在信息化的社会中，企业间的竞争逐渐由有形资产的竞争转为品牌、形象、商誉等无形资产的竞争，“高服务、高关系”是公共关系的主要方向，企业引导与自己利益相关的客户和社会大众了解企业的文化和政策，与大众建立和谐的关系，以使这种关系对企业的营销产生有利的影响，所以公共关系也属于一种促销手段。

（一）网络公共关系的主要形式及平台

1. 发布新闻或举行网上新闻发布会。遇到有重要活动或事件时，企业可以在网上发布企业新闻，或举行专门网上新闻发布会。

其应用的主要平台有：①综合性门户网站。比如搜狐、新浪、网易、TOM 等。这类媒体网站的特征是知名度高、网站各类信息比较全面、访问量大，覆盖面广。缺点是专业性不够突出。比较适合目标客群比较广泛的企业和产品。比如手机、电脑、汽车、数码产品、快速消费品、保险等。②行业性门户网站或媒体。比如太平洋电脑网、中国仪器网、中国美容网等，这些媒体或门户网站锁定某一行业，具备较强的专业性，在同行业中具有较大的影响力，访问人群比较集中，比较适合专业性要求较高的企业或产品。比如仪器仪表、医疗器械等。③新闻媒体的网络版。比如新华网、人民网、中青网、南方网、CCTV. com 等，这些网站依托传统媒体的资源优势，也吸引了一定的访问人群，具有权威性高、受众群比较稳定等特点，但这部分媒体的受众访问情况有待考证。④网络出版物，如数码杂志、电子书籍、网络音像、视频节目等，这类出版物带有明显的网络特征，娱乐性、互动性比较强、传播快速、受众面宽，也是比较好的网络媒体。

2. BBS论坛或社区公关。其应用的主要平台有：①门户网站或行业门户的专业BBS论坛，如新浪、搜狐、TOM、QQ等综合门户网站均开设有不同专业角度的论坛。这些论坛一般具有较集中的人气。一些区域综合门户开设的论坛，也具有比较好的人气，比如上海热线社区、齐鲁热线社区等。行业门户社区如IT行业的天极社区、医药行业的三九健康网社区等。②专业社区网站如西陆社区、天涯社区、榕树下、西祠胡同等，这些网站专业从事社区服务，受众群相对稳定，专业性比较强。③网络媒体开设的论坛。如人民网的强国社区、千龙网的千龙社区、大洋论坛等。这些论坛有些颇具特色，具有较高的知名度。

3. 企业定期向用户发送电子邮件。电子邮件可以与公众建立一对一的互动关系。邮件内容不是商业广告，而是与用户的日常工作和生活密切相关的问题，如普及行业知识、生日或节假日问候等。阿里巴巴经常给用户免费发放提高销售业务技巧的电子书深受用户欢迎，这有利于增进双方的关系，提高客户的忠诚度。

4. 其他网上公关活动。

（1）网上沙龙。企业邀请一些嘉宾参与，就某个热点主题展开深层次和多角度的讨论，网友可以参与、互动，这是一种很好的网络公关形式。

（2）访谈。针对社会或企业的热点事件，对企业的管理层进行访谈，借以提高企业形象。访谈的形式更为正式，可与新闻发布会结合进行。

（3）参与或赞助网上媒体的活动。对于网络媒体组织的一些活动，企业可选择性地参与或者赞助，借以增进公众对企业的了解，推广品牌，或展示企业热衷公益事业的形象。

（4）其他。如网络视频演示、新产品上市的专题报道、招商引资、人才招聘等，多种宣传活动的立体组合能够使企业与公众之间达成更深层次的交流，使公众得到关于企业或产品的更全面的信息。

（二）事件营销

事件营销在英文里叫做Event Marketing，国内有人把它直译为事件营销或者活动营销。事件营销（Event Marketing）是企业通过策划、组织和利用具有名人效应、新闻价值以及社会影响的人物或事件，引起媒体、社会团体和消费者的兴趣与关注，以求提高企业或产品的知名度，树立良好品牌形象，并最终促成产品或服务的销售目的的手段和方式。

简单地说，事件营销是以网络为载体，吸引网民对热点事件的关注，以四两拨千金的方式挖掘出事件背后的商业价值。与广告和其他传播活动相比，事件营销以最快的速度、在最短的时间内创造强大的影响力。好的事件营销无论是在投入方面还是在知名度的提升方面，回报率都超过了广告形式。

网络上的事件营销是否能成功，取决于事件的目的性以及企业对事件的把握程度。如果把握得好，则会把网络营销带向一个高潮；如果把握得不好，反而会招致公众厌恶，损害企业声誉；若是参与恶性炒作，更会引发公众的信任危机。2010 年中国青年报社会调查中心所做的专题调查显示，只有 2.1%的网民相信网络热炒的事件、人物是真实的；最让网民反感的网络炒作方式，排在首位的是丑闻，其次是恶搞。

【小贴士 11-2】1915 年，在国际巴拿马博览会上，各国送展的产品，可谓琳琅满目，美不胜收。可是中国送展的茅台酒，却被挤在一个角落，久久无人问津。一中国工作人员心里很不服气，便提着一瓶茅台酒，走到展览大厅最热闹的地方，故作不慎把这瓶茅台酒摔在地上。酒瓶落地，浓香四溢，招来不少看客。人们被这茅台酒的奇香吸引住了……从此，那些只饮什么香槟、白兰地的外国人，才知道中国茅台酒的魅力。这一摔，茅台酒出了名，被评为世界名酒之一，并获了奖。

（三）网络危机公关

危机公关，是指企业为减轻危机事件对企业形象和品牌所带来的损害，有组织、有计划地实施一系列应对措施，以恢复形象、消除影响。

互联网逐渐变得越来越大众化，信息传播速度之快、影响力之大，已经成为危机事件的触发器和放大器，使危机的负面影响极易扩散，给企业造成严重损失。因此网络危机公关就成为网络营销和企业公共关系的一项重要内容。

网络危机公关与传统危机公关的处理原则是基本一致的，最基本的原则是：说真话、赶快说。诚信、尊重、互惠是网络危机公关的基础理念，一旦遇到危机，企业首先应接受它，然后化解它。由于国内网络公关业存在急功近利的情况，因而使用网络技术屏蔽消息、删帖、封堵压制，这种欺骗公众的危机公关，其结果只会事与愿违，引发更大的公关危机，终会造成企业公信力的丧失，并使其失去客户和市场。

复习思考题

1. 网络促销与传统促销相比，有哪些优点？

2. 联系实际谈谈你认为哪些网络广告形式会在未来得到更广泛的应用？

3. 如果你是凡客诚品的营销人员，在“凡客体”流行期间，会采取哪些销售促进措施，以便趁热打铁将企业的品牌影响转化为销售量？

模块四　网络营销工具应用

任务十二　网络广告

学习任务

1. 了解网络广告的定义，熟记网络广告特征；
2. 熟悉网络广告主要的优点和缺点；
3. 了解网络广告的分类，熟悉网络广告分类的基本方法；
4. 理解掌握网络广告的具体应用。

情景案例

美国2011年网络广告营收310亿美元，同比增长22%

【赛迪网讯】北京时间4月19日消息，据国外媒体报道，据美国互动广告局(IAB)最新发布的《互联网广告收入报告》称，美国2011年互联网广告收入增长了22%，达到310亿美元。

据美国互动广告局称，2011年的收入创下了历史新高。2010年最后一个季度的互联网广告收入为90亿美元，同比增长20%，同时也创下单季的历史新纪录。

搜索广告收入仍然是互联网广告收入中份额最高的一部分收入，美国2011年搜索广告收入达到了148亿美元，较2010年的117亿美元增加了26.5%。但是从份额增长速度来说，移动广告收入却是增长最快的一部分，美国2011年移动广告收入达到16亿美元，较2010年的6亿美元增长了一倍多。

美国2011年显示广告收入为111亿美元，同比增长35%；视频广告收入为18亿美元。

美国互动广告局的这份报告是由普华永道编写的，双方代表召开电话会议通报了这份报告的结果。

美国互动广告局总是在会议开始的时候引述一句名人名言来表明报告的主题。今年它引述的是美国现代实用主义法学创始人、大法官霍姆斯（Oliver Wendell Holmes）的话："这个世界上的伟大的事并不总是在我们所处之处，也不总是在我们前进的方向上。"

美国互动广告局研究高级副总裁谢丽尔·梅恩（Sherrill Mane）表示，广告印象价格（CPM）非常值得关注，这个数据并未像以前那样快速下降，它有望在以后稳定下来甚至重新回升。她还说，通过对比发现，与2011年上半年相比，下半年品牌公司的网络广告开支移动速度有所减慢。

案例点评

从2002年起计算，美国网络广告收入复合增长率为20.3%，期间除了2009年因为金融危机影响，广告收入同比下滑3%外，其他年份广告均保持两位数的增速。2011年，美国网络广告已经超越报纸、有线电视成为第二大广告媒介。美国互联网广告市场很集中，TOP10公司收入占网络广告市场总收入七成以上，TOP50公司收入占网络广告总收入九成左右。

我们国内互联网广告市场也重演美国高速增长历史，如图12－1所示。2011年国内网络广告市场总收入为511.9亿元，同比增长67.3%，正处于成长期，未来持续高增长可期。依据艾瑞咨询数据，国内互联网广告中搜索广告、电商网站、视频网站份额逐年提升，是推动互联网广告市场高速增长的重要引擎。

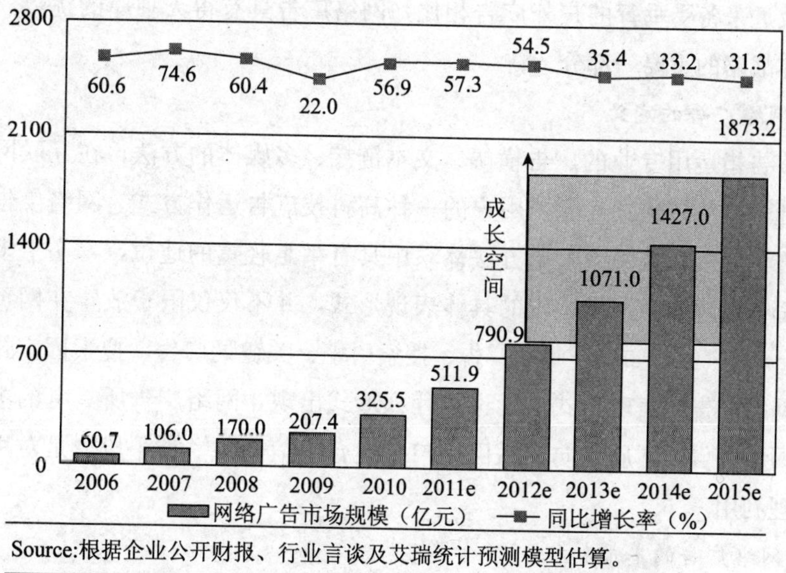

图12－1　2006—2015中国互联网广告市场规模预测

知识体系

从艾瑞对中国网络广告市场规模的预测数据来看，未来3～4年整个市场仍将保持30%以上的高速增长，至2015年市场规模将达到1800多亿，是2011年市场规模的近4倍，舞台不可谓不大。

一、网络广告概述

追本溯源，网络广告发源于美国。1994年10月27日是网络广告史上的里程碑，美国著名的Hotwired杂志推出了网络版的Hotwired，并首次在网站上推出了网络广告，这立即吸引了AT&T等14个客户在其主页上发布广告Banner，这标志着网络广告的正式诞生。

中国的第一个商业性的网络广告出现在1997年3月，传播网站是Chinabyte，广告表现形式为468×60像素的动画旗帜广告。Intel和IBM是国内最早在互联网上投放广告的广告主。中国网络广告一直到1999年年初才稍有规模。历经多年的发展，网络广告行业经过数次洗礼已经慢慢走向成熟。

目前网络广告的市场正在以惊人的速度增长，网络广告发挥的效用越来越显得重要。以致广告界甚至认为互联网络将超越路牌，成为传统四大媒体（电视、广播、报纸、杂志）之后的第五大媒体。因而众多国际级的广告公司都成立了专门的网络媒体分部，以开拓网络广告的巨大市场。与传统的四大传播媒体（报纸、杂志、电视、广播）广告及近来备受垂青的户外广告相比，网络广告具有得天独厚的优势，是实施现代营销媒体战略的重要一部分。

（一）网络广告的定义

网络广告指运用专业的广告横幅、文本链接、多媒体的方法，在互联网刊登或发布广告，通过网络传递到互联网用户的一种高科技广告运作方式。网络广告是主要的网络营销方法之一，在网络营销方法体系中具有举足轻重的地位，事实上多种网络营销方法也都可以理解为网络广告的具体表现形式，并不仅仅限于放置在网页上的各种规格的Banner广告，如电子邮件广告、搜索引擎、关键词广告、搜索固定排名等都可以理解为网络广告的表现形式。无论以什么形式出现，网络广告所具有的本质特征是相同的：网络广告的本质是向互联网用户传递营销信息的一种手段，是对用户注意力资源的合理利用。

（二）网络广告的本质特征

相对于传统广告形式，网络广告呈现出一些自身的特点，了解这些特点，是把握网络广告营销策略实质的基础。关于网络广告的特点，许多相关书籍和文章都罗列了一些表面的现象，如交互性、广泛性、针对性、表现形式多样性、易统计性等，网络广告的确在一定程度上具有这些特征，但这些基本特征在现阶段的实践应用中要么没有完全发挥出来，要么这些特征不足以从深层次说明网络广告的本质，因此有必要从更深的层次上认识网络广告的特征。

1. 网络广告需要依附于有价值的信息和服务载体。用户是为了获取对自己有价值的信息来浏览网页、阅读电子邮件，或者使用其他有价值的网络服务如搜索引擎、即时信息等，网络广告是与这些有价值的信息和服务相依赖才能存在的，离开了这些对用户有价值的载体，网络广告便无法实现网络营销的目的。因此在谈论网络广告的定向投放等特点时应该正确认识这个因果关系，即并非网络广告本身具有目标针对性，而是用户获取信息的行为特点要求网络广告具有针对性，否则网络广告便失去了存在的价值。网络广告这一基本特征表明，网络广告的效果并不是单纯取决于网络广告自身，还与其所存在的环境和依附的载体有密切关系，这也说明了为什么有些形式的网络广告可以获得较高的点击率，如搜索引擎关键词广告和电子邮件广告等，而网页上的一般 Banner 和 Button 广告点击率却在持续下降的事实。

2. 网络广告的核心思想在于引起用户关注和点击。由于网络广告承载信息有限的缺点，因此难以承担直接销售产品的职责，网络广告的直接效果主要表现在浏览和点击，因此网络广告策略的核心思想在于引起用户关注和点击。这与搜索引擎营销传递的信息只发挥向导作用是类似的，即网络广告本身所传递的信息不是营销信息的全部，而是为吸引用户关注而专门创造并放置于容易被发现之处的信息引导。这些可以测量的指标与最终的收益之间有相关关系，但并不是一一对应的关系，浏览网络广告者并不一定点击，浏览者也可以在一定程度上形成转化。这也为网络广告效果的准确测量带来了难度，而且某些网络广告形式如纯文本的电子邮件广告等本身也难以准确测量其效果。网络广告这个特征也决定了其效果在品牌推广和产品推广方面更具优势，而其表现形式以新、大、奇等更能引起注意，这也说明了为了解决网络广告点击率不断下降的困境，网络广告形式不断革新的必然性。

3. 网络广告具有强制性和用户主导性的双重属性。网络广告的表现手段很丰富，是否对用户具有强制性关键取决于广告经营者而不是网络广告本身。早期的网络广告对于用户的无滋扰性也使其成为适应互联网营销环境营销手段的一个优点，但随着广告商对于用户注意力要求的扩张，网络广告逐渐发展为具有强制性和用户主导性的双重属性。虽然从理论上讲用户是否浏览和点击广告具有自主性，但越来越多的广告商采用强制性的手段迫使用户不得不浏览和点击，如弹出广告、全屏广告、插播式广告、漂浮广告等，虽然这些广告引起用户的强烈不满，但从客观效果上达到了增加浏览和点击的目的，因此为许多单纯追求短期可监测效果的广告客户所青睐，这也使得网络广告与传统广告一样具有强制性，而且表现手段越来越多，强制性越来越严重。目前对于网络广告所存在的强制性并没有形成统一的行业规范，更没有具有普遍约束性的法律法规，因此这种矛盾仍将继续存在下去。

4. 网络广告应体现出用户、广告客户和网络媒体三者之间的互动关系。网络广告具有交互性，因此有时也称为交互式广告，在谈论网络广告的交互性时，通常是从用户对于网络广告的行为来考虑，如一些媒体广告中用户可以根据广告中设定的情景做出选择，在即时信息广告中甚至可以实时地和工作人员进行交谈，这种交互其实并没有反映网络广告交互的完整含义，何况，事实上这种交互性也很少得到有效的体现，大部分的网络广告只是被动地等待用户的点击。网络广告交互性的真正意义在于体现了用户、广告客户和网络媒体三者之间的互动关系，就是说，网络媒体提供高效的网络广告环境和资源，广告客户则可以自主地进行广告投放、更换、效果监测和管理，而用户可以根据自己的需要选择自己感兴趣的广告信息及其表现形式。也只有建立了三者之间良好的互动关系，才能实现网络广告最和谐的环境，才可以让网络广告真正成为大多数企业都可以采用的营销策略，网络广告的价值也能够最大限度地发挥出来。这种互动关系具有一定的理想特征，但离现实并不遥远，目前在搜索引擎营销中常用的关键词广告、竞价排名等形式中已经初步显示了其价值。

（三）网络广告的优势

1. 覆盖范围广泛。网络连接着世界范围内的计算机，它是由遍及世界各地大大小小的各种网络，按照统一的通信协议组成的一个全球性的信息传输网络。因此，通过互联网发布广告信息范围广，不受时间和地域的限制。只要具备上网条件，任何人在任何地点都可以阅读。这是传统媒体无法达到的。从广告角度看，作为广告媒体，其传播信息的范围越广，接触的人越多，广告效应越大。从广告用户市场看，用户市场遍及世界各个角落，即使是一家小企业都有可能一夜成为国际性公司。

2. 信息容量大。在互联网企业提供的信息容量是不受限制的。企业或广告代理商可以提供相当于数千页计的广告信息和说明，而不必顾虑传统媒体上每分每秒增加的昂贵的广告费用。网络上一个小小的广告条后面，企业可以把自己的公司以及公司的所有产品和服务，包括产品的性能、价格、型号、外观形态等看来有必要向受众说明的一切详尽的信息在内制作成网页放在自己的网站中。可以说，费用一定的情况下（为在别的网站上存放广告条而交纳的），企业能够不加限制地增加广告信息，这在传统媒体上是无法想象的。

3. 强烈的交互性与感官性。网络广告的载体采用多媒体技术，提供文件、声音、图像等综合性服务，不仅可做到图文并茂，而且可以同时进行人机对话。只要消费者对某样产品感兴趣，轻按鼠标就能进一步了解更多、更为详细、生动的信息，从而使消费者能亲身体验产品、服务与品牌。如能将虚拟现实等新技术应用到网络广告，让顾客如身临其境般地感受商品或服务，并能在网上预订、交易与结算，将极大增强网络广告的实效。

4. 实时性与持久性的统一。在传统媒体上做广告发布后很难更改，即使可改动往往也须付出很大的经济代价。而在互联网上做广告能按照需要及时变更广告内容。网络媒体具有随时更改信息的功能，企业可以根据需要随时进行广告信息的改动，企业可以随时调整产品价格、商品信息，可以即时将最新的产品信息传播给消费者，并且网络媒体也可以长久保存广告信息。企业建立起有关产品的网站，可以一直保留，随时等待消费者查询，从而实现了实时性与持久性的统一。

5. 投放目标准确。网络广告的准确性包括两个方面：一方面是企业投放广告的目标市场的准确性，网络实际是由一个一个的团体组成，这些组织成员往往具有共同爱好和兴趣，无形中形成了市场细分后的目标顾客群，企业可以将特定的商品广告投放到有相应消费者的站点上去，目标市场明确，从而做到有的放矢，而信息受众也会根据广告信息与自己专业相关而更加关注此类信息；另一方面体现在广告受众的准确性上，上网是需要付费的，消费者浏览站点的时候，只会选择真正感兴趣的广告信息，所以网络广告信息到达受众方的准确性高。

6. 非强迫性传送资讯。众所周知，报纸广告、杂志广告、电视广告、广播广告、户外广告等都具有强迫性，都是要千方百计吸引你的视觉和听觉，强行灌输到你的脑中。而网络广告则属于按需广告，具有报纸分类广告的性质却不需要彻底浏览，它可自由查询，将要找的资讯集中呈现给你，这样就节省了时间，避免无效的、被动的注意力集中。对网络广告感兴趣的网民不再被动地接受广告，而是可以及时地做出反应。

7. 即时效果监测。利用传统媒体做广告，很难准确地知道有多少人接受到广告信息，而在互联网上可通过权威公正的访客流量统计系统精确统计出每个广告被多少用户浏览点击，以及这些用户查阅的时间分布和地域分布，从而有助于客商正确评估广告效果，审定广告投放策略。比如，你同时在几家报刊上做广告，但每家的效果怎么样，不可能及时得到反馈，只能凭事后的感觉或调查来推断。

（四）网络广告的劣势

网络广告在具有比传统广告明显的优势外，也同时无法避免地带来了它的劣势，主要表现在以下几方面。

1. 访问者自身对网络广告的“过滤”。有些访问者根本就不想看，更不用说有应答反应。这与其他媒体的处境是相似的，只有极少数的消费者会购买你的产品，但这就行了！关键是要能把广告信息传递给这部分消费者，网络广告的最大的难点是在于选准目标市场，否则广告就很难促成最终的购买行为。

2. 网络技术对广告的过滤。网络本身一方面为广告提供了更多的空间、机会、工具，同时，网络文化本身的起源就是厌恶商业主义的，所以又出现了一些软件和工具将网络广告作为网络文化的糟粕过滤掉（如 intemet fast forward）。公司在做网络广告时，一定要检验目标市场是否有极端厌恶商业广告的倾向，是否使用这些过滤网络广告的工具。

3. 缺乏表达能力和营销技巧。网络广告的指导思想是"信息促销"，而不是"印象劝诱"，但是信息的表达和传递仍然需要表达技巧，以吸引消费者。所以，仅仅是将产品和信息罗列出来，是绝对无法形成成功的网络广告。传统广告中运用使人产生不可抗拒的印象和吸引力的表现技巧及营销技巧在网络广告仍然需要，甚至要求更高。对营销人员来说如何在向消费者提供丰富的信息资源同时，又能对他们产生强大的吸引力是一个巨大的挑战。

4. 网络广告对营销人员的要求比其他媒体都要高。目前的网络广告大多是由网络技术人员来完成，受本身专业的限制，使得网络广告缺乏与行销、传播、美术设计等专业广告要素的契合，从而让网络广告的效果大打折扣。网络广告几乎可以看做整个营销的一个缩影，它涉及如何吸引顾客与顾客互动等，这与传统广告给顾客留下深刻印象的目标相比，已经走得很远了。总之网络广告要求营销人员能够综合运用传统广告的表现手法、营销技巧及具备能在网络上利用提供信息进行软营销的能力。

5. 网络广告的公信力比较弱。由于网络上传的方便灵活，会出现很多虚假、夸大广告，误导顾客。而在我国还没有专门的政府相关机构或专业的管理监督手段来对网络广告进行从制作到发布的全程透彻地跟踪和监控。

（五）网络广告的类型

经过多年的发展，网络广告的形式已经基本趋于稳定，但由于网络广告的分类缺乏统一的标准，加之网络服务商、广告主、广告公司为了使网络广告发挥最理想的效果，又不断探索更有效的网络广告新形式，网络广告的形式也由最初的旗帜广告和按钮广告发展成电子邮件广告、互动游戏广告、弹出式广告、巨型广告等 20 多种形式，形成了一定规模，取得了较好的促销效果。

根据不同的划分依据，网络广告可以划分为多种类型。根据广告表现形式的不同，网络广告可以分为文字广告、图片广告和动画广告；根据广告面积大小，网络广告可分为按钮式（Button）广告、条幅式（Banner）广告和新近出现的大屏幕广告；根据网络广告相对于网页位置的不同，网络广告可分为弹出式广告、浮动式广告和内嵌式广告；根据广告效果释放的条件，网络广告可分为点击/观看式广告、观看/点击式广告和观看式广告；根据传播方式的不同，又将其分为基于网络媒介的网络广告、发布在企业自己的 Web 网站的广告和基于 E－mail 的广告。本书主要从网络广告的投放目的、投放形式及其表现形式三方面对网络广告的分类进行详细介绍：

1. 投放目的。

（1）信息传播类：信息传播类的广告，其目的是将某个消息传播出去，主要是将新产品上市的信息扩散传播。

（2）品牌广告类：品牌广告，是针对某一个品牌进行的宣传，其目的是为了提升品牌的知名度和美誉度。

（3）销售引导类：销售类广告，目的就是为了销售产品。比如我们经常看到的 SP 的图铃广告都可以归为此类。

2. 投放形式。

（1）固定位置广告：固定位置的广告形式是最早采用，也是最常见的广告形式。它的特点是，在某一个或者某一类页面的相对固定位置放置广告。

（2）上下文相关广告：上下文相关广告，是在固定位置广告的基础上，增加广告与上下文的相关性，由广告投放平台通过分析投放广告的页面内容，然后从广告库中提取出相关的广告进行投放。

（3）弹出广告：①部分弹窗广告采取后弹模式，即当页面载入完成后弹在当前页面后；②部分弹窗广告采取关闭触发的模式，即当用户关闭窗口，或者离开当前页面的时候弹出。

（4）内文提示广告：即在内文中，划出一些关键字，然后当鼠标移动到上边的时候，使用提示窗口的方式显示相关的广告内容。

3. 网络广告投放表现形式。

网络广告采用先进的多媒体技术，拥有灵活多样的广告投放形式。但是，目前全球网络广告的形式主要还是以横幅式广告（Banner）出现较多。

①横幅式广告（Banner）：又名“旗帜广告”，是最常用的广告方式。通常以 Flash、GIF、JPG 等格式定位在网页中，同时还可使用 Java 等语言使其产生交互性，用 shockwave 等插件工具增强表现力。

②按钮式广告（Buttons）：以按钮形式定位在网页中，比横幅式广告尺寸偏小，表现手法也较简单。

③邮件列表广告（Directmarketing）：又名“直邮广告”，利用网站电子刊物服务中的电子邮件列表，将广告加在每天读者所订阅的刊物中发放给相应的邮箱所属人。

④电子邮件式广告（E－mail）：以电子邮件的方式免费发送给用户，一般在拥有免费电子邮件服务的网站上常用。电子邮件广告具有针对性强、费用低廉的特点，且广告内容不受限制。特别是针对性强的特点，它可以针对具体某一个人发送特定的广

告，为其他网上广告方式所不及的。

⑤文本链接广告是以一排文字作为一个广告，点击可以进入相应的广告页面。这是一种对浏览者干扰最少，但却较为有效果的网络广告形式。有时候，最简单的广告形式效果却最好。

⑥插页式广告（interstitialads）：又名“弹跳广告”，广告主选择自己喜欢的网站或栏目，在该网站或栏目出现之前插入一个新窗口显示广告。插播式广告有各种尺寸，有全屏的也有小窗口的，而且互动的程度也不同，从静态的到全部动态的都有。浏览者可以通过关闭窗口不看广告（电视广告是无法做到的），但是它们的出现没有任何征兆，而且肯定会引起浏览者注意。

⑦Rich Media 广告：一般指使用浏览器插件或其他脚本语言、Java 语言等编写的具有复杂视觉效果和交互功能的网络广告。这些效果的使用是否有效，一方面取决于站点的服务器端设置，另一方面取决于访问者浏览器是否能查看。一般来说，Rich Media 能表现更多、更精彩的广告内容。

⑧互动游戏式广告（interactive games）——在一段页面游戏开始、中间、结束的时候，广告都可随时出现。并且可以根据广告主的产品要求为之量身定做一个属于自己产品的互动游戏广告。

⑨竞赛和推广式广告（contests&promotions）：广告主可以与网站一起合办他们认为感兴趣的网上竞赛或网上推广活动。

二、网络广告的网络营销价值

网络广告的网络营销价值可以归纳为六个方面：品牌推广、网站推广、销售促进、在线调研、顾客关系、信息发布。

1. 品牌推广。网络广告最主要的效果之一就表现在对企业品牌价值的提升，这也说明了为什么用户没有点击浏览网络广告同样会在一定时期内产生效果，在所有的网络营销方法中，网络广告的品牌推广价值最为显著。同时，网络广告丰富的表现手段也为更好地展示产品信息和企业形象提供了必要条件。

2. 网站推广。网站推广是网络营销的主要职能，获得尽可能多的有效访问量也是网络营销取得成效的基础，网络广告对于网站推广的作用非常明显，通常在网络广告中出现的“点击这里”按钮就是对网站推广最好的支持，网络广告（如网页上的各种 Banner 广告、文字广告等）通常会链接到相关的产品页面或网站首页，用户对于网络广告的每次点击，都意味着为网站带来了访问量的增加。因此，常见的网络广告形式对于网站推广都具有明显的效果，尤其是关键词广告、Banner 广告、电子邮件广告等。

3. 销售促进。用户由于受到各种形式的网络广告吸引而获取产品信息，已成为影响用户购买行为的因素之一，尤其当网络广告与企业网站、网上商店等网络营销手段相结合时，这种产品促销活动的效果更为显著。网络广告对于销售的促进作用不仅表现在直接的在线销售，也表现在通过互联网获取产品信息后对网下销售的促进。

4. 在线调研。网络广告对于在线调研的价值可以表现在多个方面，如对消费者行为的研究、对于在线调查问卷的推广、对于各种网络广告形式和广告效果的测试、用户对于新产品的看法等。通过专业服务商的邮件列表开展在线调查，可以迅速获得特定用户群体的反馈信息，大大提高了市场调查的效率。

5. 顾客关系。网络广告所具有的对用户行为的跟踪分析功能为深入了解用户的需求和购买特点提供了必要的信息，这种信息不仅成为网上调研内容的组成部分，也为建立和改善顾客关系提供了必要条件。网络广告对顾客关系的改善也促进了品牌忠诚度的提高。

6. 信息发布。网络广告是向用户传递信息的一种手段，因此可以理解为信息发布的一种方式，通过网络广告投放，不仅可以将信息发布在自己的网站上，也可以发布在用户数量更多、用户定位程度更高的网站，或者直接通过电子邮件发送给目标用户，从而获得更多用户的注意，大大增强了网络营销的信息发布功能。

三、网络广告策划过程

（一）确定网络广告的目标

确定网络广告的目标：广告目标的作用是通过信息沟通使消费者产生对品牌的认识、情感、态度和行为的变化，从而实现企业的营销目标。在公司的不同发展时期有不同的广告目标，比如说是形象广告还是产品广告，对于产品广告在产品的不同发展阶段广告的目标可分为提供信息、说服购买和提醒使用等。AIDA 法则是网络广告在确定广告目标过程中的规律：

1. 第一个字母 A 是“注意”（Attention）在网络广告中意味着消费者在电脑屏幕上通过对广告的阅读，逐渐对广告主的产品或品牌产生认识和了解。

2. 第二个字母 I 是“兴趣”（Interest）。网络广告受众注意到广告主所传达的信息之后，对产品或品牌发生了兴趣，想要进一步了解广告信息，他可以点击广告，进入广告主放置在网上的营销站点或网页中。

3. 第三个字母 D 是“欲望”（Desire）。感兴趣的广告浏览者对广告主通过商品或服务提供的利益产生“占为已有”的企图，他们必定会仔细阅读广告主的网页内容，这时就会在广告主的服务器上留下网页阅读的记录。

4. 第四个字母 A 是“行动”（Action）。最后，广告受众把浏览网页的动作转换为符合广告目标的行动，可能是在线注册、填写问卷参加抽奖或者是在线购买等。

（二）确定网络广告的目标群体

确定网络广告的目标群体：简单来说就是确定网络广告希望让哪些人来看，确定他们是哪个群体、哪个阶层、哪个区域。只有让合适的用户来参与广告信息活动，才能使广告有效地实现其目标。

（三）进行网络广告创意及策略选择

网络广告创意及策略选择是影响广告效果的关键一环。这里不仅要确定广告所要传达的信息，而且还要确定其表现形式。要根据网络广告的目标和选择的目标群体，进行全面的综合分析和创意设计，确定网页的内容主题、旗帜主题、诉求及表现方法等。具体来说应注意以下问题：

1. 要有明确有力的标题。广告标题是一句吸引消费者的带有概括性、观念性和主导性的语言。明确有力的广告标题作用很大，特别是在网络广告中，根据统计，上网者在一个网络广告版面上所花的注意力和耐性不会超过5秒钟。因此，一定要在这短短的时间内吸引人潮进入目标网页，并树立良好的品牌形象。这时广告标题的设计就显得十分重要。

2. 简洁的广告信息。由于带宽的限制，图像过多的广告（如动画设计）传输速度较慢，上网者往往会放弃。因此在网络上，强烈清晰的文案比制作复杂的影音文件更能吸引上网者点击。所以，网络广告信息在目前互联网上发布时应力求简洁，多采用文字信息。

3. 发展互动性。随着网络技术的开发，今后网络广告必定朝着互动性的方向发展。这是体现网络广告优势的必由之路。如在网络广告上增加游戏功能，提高访问者对广告的兴趣。

4. 合理安排网络广告发布的时间因素。网络广告的时间策划是其策略决策的重要方面。它包括对网络广告时限、频率、时序及发布时间的考虑。时限是广告从开始到结束的时间长度，即企业的广告打算持续多久，这是广告稳定性和新颖性的综合反映。频率即在一定时间内广告的播放次数，网络广告的频率主要用在E-mail广告形式上。时序是指各种广告形式在投放顺序上的安排。发布时间是指广告发布是在产品投放市场之前还是之后。根据调查，消费者上网活动的时间多在晚上和节假日。

5. 正确确定网络广告费用预算。公司首先要确定整体促销预算，再确定用于网络广告的预算。整体促销预算可以运用量力而行法、销售百分比法、竞争对等法或目标任务法来确定。而用于网络广告的预算则可依据目标群体情况及企业所要达到的广告目标来确定，既要有足够的力度，也要以够用为度。量力而行法即企业确定广告预算的依据是他们所能拿得出的资金数额。销售百分比法即企业按照销售额（销售实绩或预计销售额）或单位产品售价的一定百分比来计算和决定广告开支。竞争对等法是指企业比照竞争者的广告开支来决定本企业广告开支的多少，以保持竞争上的优势。目标任务法的步骤：①明确地确定广告目标；②决定为达到这种目标而必须执行的工作任务；③估算执行这种工作任务所需的各种费用，这些费用的总和就是计划广告预算。

6. 设计好网络广告的测试方案。在网络广告策略策划中，根据广告活动所要选择的形式、内容、表现、创意、具体投放网站、受众终端机等方面的情况，设计一个全方位的测试方案是至关重要的。在广告发布前，要先测试广告在客户终端机上的显示效果，测试广告信息容量是否太大而影响其在网络中的传输速度，测试广告设计所用的语言、格式在服务器上能否正常处理，以避免最后的广告效果受到影响。

总之，网络广告创意及策略选择是网络广告策划的重要内容，这一过程是一个众多因素综合平衡、协调选择的策划体系，其复杂性是十分明显的。

（四）选择网络广告发布渠道及方式

网上发布广告的渠道和形式众多，各有长短，企业应根据自身情况及网络广告的目标，选择网络广告发布渠道及方式。在目前，可供选择的渠道和方式主要有：

1. 主页形式。建立自己的主页，对于企业来说，是一种必然的趋势。它不但是企业形象的树立，也是宣传产品的良好工具。在互联网上做广告的很多形式都只是提供了一种快速链接公司主页的途径，所以，建立公司的 Web 主页是最根本的。从今后的发展看，公司的主页地址也会像公司的地址、名称、电话一样，是独有的，是公司的标识，将成为公司的无形资产。

2. 网络内容服务商（ICP）。如新浪、搜狐、网易等，它们提供了大量的互联网用户感兴趣并需要的免费信息服务，包括新闻、评论、生活、财经等内容，因此，这些网站的访问量非常大，是网上最引人注目的站点。目前，这样的网站是网络广告发布的主要阵地，但在这些网站上发布广告的主要形式是旗帜广告。

3. 专类销售网。这是一种专业类产品直接在互联网上进行销售的方式。走入这样的网站，消费者只要在一张表中填上自己所需商品的类型、型号、制造商、价位等信息，然后按一下搜索键，就可以得到你所需要商品的各种细节资料。

4. 企业名录。这是由一些互联网服务商或政府机构将一部分企业信息融入他们的主页中。如香港商业发展委员会的主页中就包括汽车代理商、汽车配件商的名录，只要用户感兴趣，就可以通过链接进入选中企业的主页。

5. 免费的 E－mail 服务。在互联网上有许多服务商提供免费的 E－mail 服务，很多上网者都喜欢使用。利用这一优势，能够帮助企业将广告主动送至使用免费 E－mail 服务的用户手中。

6. 黄页形式。在互联网上有一些专门用以查询检索服务的网站，如 Yahoo、Infoseek、Excite 等。这些站点就如同电话黄页一样，按类别划分，便于用户进行站点的查询。采用这种方法的好处，一是针对性强，查询过程都以关键字区分；二是醒目，处于页面的明显处，易于被查询者注意，是用户浏览的首选。

7. 网络报纸或网络杂志。随着互联网的发展，国内外一些著名的报纸和杂志纷纷在互联网上建立了自己的主页；更有一些新兴的报纸或杂志，放弃了传统的“纸”的媒体，完完全全地成为一种“网络报纸”或“网络杂志”。其影响非常大，访问的人数不断上升。对于注重广告宣传的企业来说，在这些网络报纸或杂志上做广告，也是一个较好的传播渠道。

8. 新闻组。新闻组是人人都可以订阅的一种互联网服务形式，阅读者可成为新闻组的一员。成员可以在新闻组上阅读大量的公告，也可以发表自己的公告，或者回复他人的公告。新闻组是一种很好的讨论和分享信息的方式。广告主可以选择与本企业产品相关的新闻组发布公告，这将是一种非常有效的网络广告传播渠道。

四、网络广告计费方式

网络广告计费方式有很多种，网上广告收费最科学的办法是按照有多少人看到你的广告来收费，按访问人次收费已经成为网络广告的惯例。但在我国，一个时期以来的网络广告收费模式始终含糊不清，网络广告商们各自为政，有的使用 CPM 和 CPC 计费，有的干脆采用包月的形式，不管效果好坏，不管访问量有多少，一律一个价。现将目前最常用的几种网络广告计费方式在下面为大家做介绍：

（一）按展示计费

1. CPM 广告（Cost per mille/Cost per Thousand Impressions）：每千次印象费用。广告条每显示 1000 次（印象）的费用。CPM 是最常用的网络广告定价模式之一。CPM（千人成本）指的是广告投放过程中，听到或者看到某广告的每一人平均分担到多少广告成本。传统媒介多采用这种计价方式。

在网上广告，CPM 取决于印象尺度，通常理解为一个人的眼睛在一段固定的时间内注视一个广告的次数。比如说一个广告横幅的单价是 1 元/CPM 的话，意味着每一千个人次看到这个 Ban－ner 的话就收 1 元，如此类推，10000 人次访问的主页就是 10 元。至于每 CPM 的收费究竟是多少，要根据以主页的热门程度（即浏览人数）划分价格等级，采取固定费率。

2. CPTM 广告（Cost per Targeted Thousand Impressions）：经过定位的用户的千次印象费用（如根据人口统计信息定位）。CPTM 与 CPM 的区别在于，CPM 是所有用户的印象数，而 CPTM 只是经过定位的用户的印象数。

（二）按行动计费

1. CPC 广告（Cost－per－click）：每次点击的费用。根据广告被点击的次数收费。如关键词广告一般采用这种定价模式。

这样的方法加上点击率限制可以加强 EMU 的难度，而且是宣传网站站点的最优方式。但是，此类方法就有不少经营广告的网站觉得不公平，比如，虽然浏览者没有点击，但是他已经看到了广告，对于这些看到广告却没有点击的流量来说，网站成了白忙活。有很多网站不愿意做这样的广告，据说，是因为传统媒体从来都没有这样干过。

2. PPC 广告（Pay - per - Click）。是根据点击广告或者电子邮件信息的用户数量来付费的一种网络广告定价模式。

3. CPA 广告（Cost - per - Action）。每次行动的费用，即根据每个访问者对网络广告所采取的行动收费的定价模式。对于用户行动有特别的定义，包括形成一次交易、获得一个注册用户或者对网络广告的一次点击等。

CPA 计价方式是指按广告投放实际效果，即按回应的有效问卷或定单来计费，而不限广告投放量。CPA 的计价方式对于网站而言有一定的风险，但若广告投放成功，其收益也比 CPM 的计价方式要大得多。

4. CPL 广告（Cost for Per Lead）。以搜索潜在客户名单多少来收费，并按注册成功支付佣金。

5. PPL 广告（Pay - per - Lead）。根据每次通过网络广告产生的引导付费的定价模式。例如，广告客户为访问者点击广告完成了在线表单而向广告服务商付费。这种模式常用于网络会员制营销模式中为联盟网站制定的佣金模式。

（三）按销售计费

1. CPO 广告（Cost - per - Order）。也称为 Cost - per - Transaction，即根据每个订单/每次交易来收费的方式。

2. CPS 广告（Cost for Per Sale）。营销效果是指销售额。

3. PPS 广告（Pay - per - Sale）。根据网络广告所产生的直接销售数量而付费的一种定价模式。

五、网络广告效果的评估

网络广告效果评估，是指网络广告活动实施以后，通过对广告活动过程的分析、评价及效果反馈，以检验广告活动是否取得了预期效果的行为。广告主通过对网络广告执行效果的评估，可为日后的广告运作提供依据。

（一）评估的基本内容

评估的基本内容包括两个方面：一是对访问量的评估，比较其在计划与执行上的区别。二是研究广告的衰竭过程，方法是将同一广告每天的点击率在坐标轴上连成线，研究每个广告衰竭的时间，为确定更换广告的时间间隔提供依据。

（二）评估所需数据的获取

1. 通过安装在广告商服务器上的访问统计软件获取。利用这类软件，广告主可及时了解在什么时间、有多少人访问过载有广告的页面，有多少人通过广告直接进入自己的网站。

由于这些数据是出自各广告服务商网站自己的软件，因此这种监测模式很不合理，弊病颇多。最简单的作弊方式如网站的经营者可以不停地刷新放置有广告的页面；比较复杂的方式是利用传销中的转包手段，即网站经营者以较低的价格将广告转包给其他一些乏人问津的小网站，后者尽管访问人次较少，但如果这类网站为数众多，则其流量也是相当可观的，所以广告客户往往对数据的可信度抱有疑虑，如果统计数据出自第三方，其可信度当然会有所提高，因此，现在广告主开始选择由第三方提供技术力量并进行广告监测的评估方式。

2. 通过权威的广告评估机构。传统媒体一般都是由一些权威机构发布的发行量、收听率、收视率等来衡量一家媒体的优劣，但监测网络广告效果还是一个全新的领域。为迎合这种需求，目前在美国已经有 IAB（www. iab. net）和一些 Web 评级机构开始充当权威检测人的角色。我国目前还没有专门的网络广告评估机构，许多广告商和广告客户已经意识到这个问题，正积极寻找第三方充任这一关键角色，如中国互联网络信息中心 CNNIC，其提供的数据具有较高的可信度。

3. 通过客户的反馈量。即通过广告投放之后网站的在线提交量和电子邮件数量增加的幅度来判断广告发布的效果。

（三）网络评估的特点

网络广告由于具有技术上的优势，在效果评估方面显示出了传统广告所无法比拟的优势和特点，具体表现为：

1. 及时性。网络的交互性使广告受众可以直接在线提交反馈意见，广告主可以在几分钟，最多几小时之内收到反馈以了解广告的传播效果、社会效果和经济效果。

2. 方便准确性。网络广告本身具有易衡性，可以方便地准确统计出具体数据，同时，网络的数字化定量分析，可以部分避免在传统广告中因专家意见偏差等主观原因所造成数据失真的情况。因此网络广告效果的调查、评估结果的客观性与准确性大大提高。无论采用何种统计指标，利用软件工具都很容易得到准确结果。

3. 广泛性。网络的广泛性使网络广告效果调查能在网上大面积展开，对极其广泛的调查目标群体进行调查，使参与调查的样本数量增加，范围扩大，有助于提高广告效果评估的客观性和可信度。

4. 客观性。网络广告效果评估无须调查人员出面参与，广告受众不受调查人员的主观影响、不受干扰地回答调查表单上的问题，因此能准确地反映广告受众的态度与看法。故调查结果会更符合消费者的真实感受，更具可信性。

5. 经济性。网络广告效果评估依靠技术手段，与传统广告评估相比，耗费的人力物力少，故成本较低，这也是网络广告效果评估的最大优势。

（四）选择网络广告监测机构的基本标准

对打算发布网络广告的企业来说，选择一个好的网络广告监测机构是十分重要的，这类机构正处于雏形阶段，民间也相继出现了一些组织或机构，目前对监测机构的基本认同标准主要有：

（1）客观、公正、权威。

（2）不能“一家独秀”，要有相应的制约规则的约束。

（3）熟悉商业及市场的运作模式。

（4）熟悉广告行业的运作模式。

（5）已经或能够与媒体提供商建立广泛良好的合作关系。

六、网络广告促销

如何使自己的广告发挥尽可能大的效果，是每个在互联网上做广告的客户所关心的问题。为实现广告促销的目的，下面几个环节是十分重要的。

（一）网络广告的策划

1. 从网络营销的角度策划广告。网络营销的核心是市场定位，即你的经营目的是什么，是树立企业形象，推销产品，还是信息服务？你希望的受众是哪个群体或哪个阶层？是国内的还是国外的？围绕这些因素来策划和确定网络广告投放的整体方案，如内容、图片、色彩，投放到哪些类型的网站上，投放时间的长短、频率和密度、效果监测等。只有这样，才能用有限的资金取得尽可能好的效果。

2. 网络广告的设计。

（1）使用具有吸引力的词汇。如“FREE”这个词在网上被使用的频率是最高的。在互联网中，“免费”并不意味着一定要免费赠送物品或有关的服务。“免费”还蕴涵着另一层意思：浏览者可以自由点击这个的图标，我的网页是可以让你免费浏览，看这个信息是不收费的。如果要向客户提供免费的服务、演示版或产品样品，就更有理由使用“免费”这个词了。

（2）广告词要精悍、明了。JAVA的开发者以KISS（Keep It Simple，Stupid）来形容JAVA语言的简单易明。这个原则应用到网络广告中更具实际意义，因为旗帜广告的大小是有限的，在这有限的空间里要让浏览者用目光一瞥就能明白其意思。例如，“Award Winning News”，“Click. Join. Win. Free Pentium PC!”。有时，广告词还可以出奇制胜，如：Are You Smart Enough to Click Here?（点击这里说明你很聪明）。好的广告词要能“定住”浏览者的眼光，要给浏览者点击这个旗帜广告的理由，要能够唤起浏览者点击的欲望。

(3) 文字与图形的设计及色彩、动画的协调。浏览者一般难得会有足够的耐心和时间去看一个词句太多的旗帜广告，因此应用尽可能少的广告词说清楚意图。图形、色彩和动画一般是用来突出广告的视觉效果，浏览者最终是通过文字获得广告信息的，因此图形、色彩和动画都是为文字服务的，其设计上不能喧宾夺主，应当注重在视觉上能够吸引人，使人们浏览主页时，都会禁不住对这些富有创意的动态广告看上一眼。所以，将文字与图形、色彩和动画协调好，是网络广告成功的基础。

(二) 网络广告服务商的选择

网络广告服务商是提供网络广告服务的网站，或者是搜索引擎。通常 ISP 和 ICP 都具有这样的服务功能。随着互联网的迅猛发展，国内外已涌现出一大批网络广告服务商，由于他们的服务内容、质量和费用存在着很大的差异，因此选择一个服务优良、收费公道的广告服务商是企业成功地开展网络促销的重要环节。客户在选择广告服务商时主要应考虑以下五个方面的要素：

1. 服务商提供的信息服务种类和用户服务支持。互联网上信息服务的种类很多，但是在收费标准大体相当的情况下，不同的信息服务商提供的服务种类往往是不同的。一般应选择信息量较大，信息的准确性较高，内容可定期更新或补充，栏目设置条理清晰、主题鲜明、文字简洁，主页设计与制作比较精良的网站。另外要看这些站点发布信息所使用的语言。目前国外站点大都是英文，国内站点常用的是中文（GB 码）和英文，而台湾站点大都采用 GB 码和 BIG5 码两种中文版本。有的站点同时提供这三种语言的版本，显然，不同的语言会吸引不同的浏览群体。有些信息服务商除了提供常规的互联网信息服务之外，还提供一系列专门的信息服务，如经济信息查询、在线商场、股市信息、法律咨询、人才交流、体育及娱乐等，这些服务措施将大大增加站点的浏览人数，在这样的站点上刊登旗帜广告效果较好。此外，还要看是否提供免费服务，因为有一定价值的免费服务往往能够吸引很多访问者。

用户服务支持是指在刊登网络广告时服务商对用户提供的构思帮助、说明资料、免费试播时间等，这些情况也应当了解清楚。

2. 服务商的设备条件和技术力量配备。设备条件关系到广告商所提供的服务是否可靠，能否保证每天 24 小时、一年 365 天不间断地播出广告等问题。客户应当优先考虑那些技术先进、设备的可靠性和可扩展性高的广告服务商。技术力量配备不仅关系到服务本身的可靠性，而且关系到用户在遇到问题时能否得到及时的技术咨询服务和技术支持服务。一个可靠的广告服务商的技术队伍应该是由技术熟练的专业人员组成，而不是一些缺乏经验的新手，以确保用户在任何时候都能得到及时的技术支持。

3. 服务商的通信出口速率。通信出口速率是选择广告服务商的十分关键的一个因素。目前我国只有少数几个网络具备直接链接国际互联网的专线，许多广告服务商都是通过这些网络进入国际互联网的。因此选择广告商时首先要弄清它的通信出口速率的情况，是专线出口速率还是接入专线的出口速率。其次，应了解这个广告商的出口专线是自建的，还是租用别人的，或是与他人共享的。这关系到广告商的出口线路及速率的可靠性问题。与他人分享线路的广告服务商一般是难以保证其宣称的通信出口速率的。最后还应当了解用户的数量，有的互联网专线通信出口速率虽然很高，但因用户较多，每个用户实际的通信速度仍不理想。

4. 服务商的经营背景。广告服务商的背景也很重要。注册资本是否雄厚，经营状况如何，是否具有长期经营的能力等。需指出的是，国家对于经营互联网广告服务有严格的规定，一个广告服务商必须同时持有经国务院批准的互联网接入代理许可证，和国家邮电部门核发的电信经营许可证（含计算机信息服务、电子邮件服务等），才可以面向社会提供网络广告服务。

5. 服务商的收费标准。如前所述，目前网络广告没有统一的收费标准，它是由多种因素构成的。不同的网络广告服务商所制定的价格有很大的差异，需要认真地进行比较后再作抉择。

七、网络广告与传统广告的比较分析

对于网络广告与传统广告，它们之间既有相似的地方，又存在许多不同，如在时空方面、在反馈效果方面、在检索能力方面、在读者的针对性方面、在价格方面、在传播形式方面等都有着明显的不同。在实际过程中应整合运用，根据不同的需要选择不同的方式，从而将营销传播的效益发挥到最大化。对于网络广告与传统广告的比较分析，主要体现在以下几个方面：

1. 广告对象。是指依据消费者的需求偏好、购买行为和购买习惯的差异性，按照一定的细分标准，把整体市场划分为若干个需求与愿望各不相同的消费者群。电视、广播、杂志和报纸等传统媒体，其某一时愿节目或某一栏目可能是针对特定消费者的，但就整个媒体而言，其对象几乎是全民性的，包括了各个年龄、各个文化水平、各个收入标准和各个生活层次的消费者。而网络由于其对操作者物质设备的要求，其对操作者文化水平的要求，其对操作者经济收入的要求，自然的对广大消费者做了第一层次的市场细分，从全体消费者中分离出了网民这一具有某些共同特质的消费者群。同时，消费者所以点击网络广告，心理因素是主要动因。网络广告是一种以消费者为导向的个性化广告形式。消费者拥有比在传统媒体面前更大的自由。他们可根据自己的个性特点和喜好，选择是否接收，接收哪些广告信息。一旦消费者作出选择点击广告条，其心理上已经首先认同，在随后的广告双向交流中，广告信息可以毫无阻碍的进入到消费者的心理中，实现对消费者有效的劝导。

2. 广告发布。传统广告发布主要是通过广告代理制实现的，即由广告主委托广告公司实施广告计划，广告媒体通过广告公司来承揽广告业务。广告公司同时作为广告客户的代理人和广告媒体的代理人提供双向的服务。而在网络上发布广告对广告主来说有更大的自主权，既可以自行发布又可以通过广告代理商发布。大致来说，目前网络广告发布主要有三种主要方式：①广告主直接寻求网络服务商作为合作伙伴。网络服务商为广告主办理广告业务执行广告计划，甚至参与离线市场促销活动。颇类似于传统媒体有自身的广告部门。②传统的广告代理商顺应潮流，招聘专门人才成立网络广告服务部门，或直接投资成立的新兴网络广告公司，或与网络服务商合作，广告专业人才与网络技术人员优势互补，共同代理此类业务。③广告主不借助广告代理商，而是自己制作和建立网站，自行发布广告信息。

3. 广告收费。电视、广播、报纸和杂志等传统媒体广告的计费方式是建立在收视收听率或发行量阅读率的基础之上，以千人印象成本（cost per one thousand impressions，CPM）为单位计算的。广告费用＝CPM×媒体接触人数（收视率或发行量）/1000。受传统媒体计费方式的影响，大部分网络媒体服务商沿用了这种模式，以广告图形在用户端计算机上被显示 1000 次为基准计费。CPM 计费方式虽然是由传统媒体移植到网络上的，但在网络上它却发挥了较在传统媒体上更大的作用和效力。

传统媒体无法对实际接触广告信息的人数做详细准确的统计。无论第三方的调查统计工作如何公正详尽，最后得到的媒体收视率阅读率也只是近似值。而网络媒体可以精确的计算广告被读者看到的次数。在报纸某个版面上做的广告，广告主按照其发行量付费，但有可能根本不知道有多少人看到这则广告，正如在传统媒体上做广告，许多人都说我明明知道我做广告的钱有一半被浪费了，可问题在于我不知道浪费掉的是哪一半。而网站可以精确的统计有多少人浏览了含有广告的这一页面。

在网络广告中，广告主更喜欢网络广告的另一计费模式千人点击成本（costper one thousand click - through，CPC），它是以广告图形被点击并链接到相关网址或详细内容页面 1000 次为基准的计费模式。这种方式能更好地反映广告是否真止吸引消费者的注意力并引起其购买欲，广告是否真正产生效果。

4. 广告效果评估。对于广告效果的测定和评估，一般都是从以下方面去考虑：①注意率，包括广告的接触者数量，接触者范围以及在一定时期内接触广告的次数即接触频率，实际是对广告交流效果的评估。②到达率，包括知名度、理解率、确信率三个层次。即通过广告活动、企业的名称品牌等在消费者中知道了多少，又有多少消费者理解了广告所传达的各种信息，又有多少消费者信服了这些广告信息继而采取一定的行为和心理态度的转变。③行动率，主要包括三个方面：a. 消费者对企业的正向心态即对企业的赞许态度的增加与否；b. 市场销售额的变化；c. 从市场占有率的变化等来确定广告在促成购买行动上的作用。

传统媒体广告效果的测评一般是通过邀请部分消费者和专家座谈评估，或调查视听率发行量，或统计销售业绩分析销售效果。在实施过程中，由于时间性不强，具有滞后性，往往需要上月的时间，主观性影响（调查者和被调查者主观感受的差异及相互影响）、技术失误造成的误差和人力物力所限样本小等原因，广告效果评估结果往往和真实情况相差很远。而网络广告效果测评由于技术上的优势，有效克服了传统媒体以上的不足，表现的更及时：网络的交互性使得消费者可以在浏览访问广告点时直接在线提意见反馈信息。广告主可以立即了解到广告信息的传播效果和消费者的看法；更客观：网络广告效果测评不需要人员参与访问，避免了调查者个人主观意向对被调查者产生影响。因而得到的反馈结果更符合消费者的本身的感受，信息更可靠更客观；更广泛：网络广告效果测评成本低，耗费人力物力少，能够在网上大面积展开，参与调查的样本数量大，测评结果的正确性与准确性大大提高。

复习思考题

1. 网络广告和传统广告的主要区别是什么？
2. 网络广告的本质特征主要有哪些？
3. 网络广告的网络营销价值主要包括哪几个方面？
4. 网络广告发布主要有哪几种方式？

任务十三　搜索引擎营销

学习任务

1. 了解搜索引擎营销的概念和分类；
2. 理解掌握关键词的选择设计方法；
3. 能够在主要搜索引擎中进行关键词竞价；
4. 掌握搜索引擎的注册登记、广告投放方法及其排名规则。

情景案例

王汉生：一半的广告预算投放在搜索引擎

【赛迪网讯】2012年1月8日，由北京大学光华管理学院主办的“第十三届北大光华新年论坛”在北京大学一百周年纪念讲堂隆重举行，本届论坛的主题是“创新创业与经济转型”。北京大学光华管理学院教授，北京博雅立方科技有限公司首席科学家王汉生先生在分论坛上认为在成熟的市场上，如果把整个投到互联网上的广告费作为百分比来计算的话，每家企业都有大概50%的广告预算是投放到了搜索引擎上。

案例点评

由上述案例可以看到搜索引擎在企业网络营销体系中的重要作用，而搜索引擎营销所占份额是全部网络营销方法的80%，也造成搜索引擎营销在中国近几年快速发展，越来越多的商家开始重视搜索引擎带来的效果，与之相关的研究和探讨也造就了搜索营销的体系，这个体系的日益完善也推动了对搜索营销价值的广泛认同，因此在搜索营销上投入的预算呈现快速增长的趋势。

情景案例

甘国清：销售平台升级 建立家居行业搜索引擎

2012年2月9日，在掌上明珠家具举办的“创变2012”商务年会上，搜狐家居记者对掌上明珠家具营销中心总经理甘国清进行了采访。在采访中，甘总深入分析了2012年度家具行业的现状和发展形势，并详细介绍了在未来2～3年营销方面的重大举措。甘总明确指出，在未来几年，80后、90后甚至00后很快就会成为主要消费者群体。他们具有明显的个性化需求特征，购买产品的方式也不一样。像20世纪70年代初那些人，基本没有上网的习惯，而80后、90后，他们没有太多时间逛街买东西，购物主要都在网上进行。针对这种情况，我们专门开了一个销售信息网上平台升级，这个平台升级完成之后，消费者一旦搜索掌上明珠就会链接到我们的网站，所有需要的东西都可以在我们的网页里看到。

案例点评

优秀的品牌一定要借助适合的宣传方式才能够达到更好的宣传效果。传统营销需要选择目标市场，通过创造、传递、传播优质的客户价值，获得、保持和发展优质客户。针对当今信息社会以及新生代消费群体的行为习惯，越来越多的商家开始借助网络营销工具，实现营销信息的发布、传递，与用户之间交互，为实现销售营造有利的环境。

知识体系

一、搜索引擎概述

随着互联网的迅猛发展，网络信息以几何级数增长，用户查找信息难度也随之增大，而搜索引擎作为互联网络最理想的信息检索服务技术为用户解决了这一难题。据权威统计，全球有超过80%的互联网用户通过搜索引擎来寻找所需信息或产品。

（一）搜索引擎定义

搜索引擎是指根据一定策略、运用特定的计算机程序从互联网上搜集信息，在对信息进行组织和处理后，为用户提供检索服务，将用户检索相关的信息展示给用户的系统。

（二）搜索引擎分类

搜索引擎按其工作方式可分为：全文索引、目录索引和元搜索引擎三类。

1. 全文索引。通过从互联网上提取各个网站的信息（以网页文字为主），建立起数据库，并能检索与用户查询条件相匹配的记录，按一定的排列顺序将结果返回给用户，因此它们是名副其实的搜索引擎。国外具有代表性的有谷歌、AltaVista、Inktomi等，国内著名的有百度。

全文搜索引擎可分为两类：一类拥有自己的检索程序（俗称蜘蛛程序或机器人程序），其工作原理是通过搜索引擎蜘蛛到各个网站收集、存储信息，并自建网页数据库供用户检索，用户搜索结果直接从自身数据库中调用，这样当用户检索时才可以在很短的时间得到大量的反馈结果。这些信息并不是搜索引擎即时从互联网上检索得到的，而是一个收集了大量网页资料并按照一定规则建立索引的在线数据库。谷歌和百度就属于此类；另一类则是租用其他搜索引擎的数据库，并按自定的格式重新排列搜索结果。

2. 目录索引。目录索引虽然有搜索功能，但从严格意义上来讲算不上是真正的搜索引擎，只是一种按目录分类的网站链接列表而已。这种搜索引擎并不采集网站任何信息，而是利用各网站向搜索引擎提交网站信息时填写的关键词和网站描述资料，经过人工审核编辑后，如果符合网站登录条件，则输入数据库以供查询。用户在检索时按照分类目录找到所需要的信息，完全可以不用关键词进行检索。目录索引中最具代表性的有雅虎、新浪分类目录搜索。

目录索引优点是：用户可以根据目录有针对性地逐级查询自己需要的信息，而不像全文搜索引擎反馈出大量的信息，而这些信息之间的关联性并不一定符合用户的期望。

3. 元搜索引擎。元搜索引擎在接受用户查询请求后，同时在其他多个引擎上进行搜索，并将结果返回给用户。在搜索结果排列方面，有的直接按来源排列搜索结果，有的则按自定的规则将结果重新进行排列组合。代表性元搜索引擎有 InfoSpace、Dogpile、Vivisimo 等。

元搜索引擎是为弥补传统搜索引擎的不足而出现的一种辅助检索工具，有着传统搜索引擎所不具备的许多优势。但是，元搜索引擎依赖于数据库选择技术、文本选择技术、查询分派技术和结果综合技术等。用户界面的改进、调用策略的完善、返回信息的整合以及最终检索结果的排序，仍然是未来元搜索引擎研究的重点。

（三）搜索引擎工作主要步骤

搜索引擎工作主要分为搜集信息、建立索引数据库、搜索排序三个阶段。

1. 搜集信息。从互联网上抓取网页。通过网络蜘蛛或人工收集的方法，从互联网上抓取网页，存放到数据库中。在抓取过程中，网络蜘蛛一方面读取网页内容，分析超链接，将超链接的页面放入待抓取列表中；另一方面分析网页中出超链接地址外的文字。

【小贴士 13-1】 网络蜘蛛在搜集信息时，能够不断优化算法，在抓取网页时通常会采取两种方式：广度优先抓取策略和深度优先抓取策略。

广度优先抓取策略：首先扫描并抓取一个网页，并同时抓取该网页上的所有页面，在选择其中的一个页面，抓取该网页中的链接网页，逐级深入。

深度优先抓取策略：扫描并抓取一个起始页面，然后从当前页面的链接逐级跟踪扫描，抓取链接页面后再继续跟踪扫描下一个链接页面，直至抓取完成。

2. 建立索引数据库。看书时，借助目录和索引可快速查找信息，搜索引擎的索引与图书目录功能相同。首先由分析索引系统程序对收集回来的网页进行分析，提取相关网页信息（包括网页所在 URL、页面内容包含的标题、关键词、编码类型、生成时间、大小、地址链接关系等），然后根据一定的相关度算法进行大量复杂的计算，得到每一个网页针对页面内容中及超链接中每一个关键词的相关度或重要性，然后用这些相关信息建立网页索引数据库。

3. 搜索排序。当用户输入关键词搜索后，由搜索系统程序从网页索引数据库中找到符合该关键词的所有相关网页，相关度越高，排名越靠前。最后，由页面生成系统将搜索结果的链接地址和页面内容摘要等组织起来返回给用户。

搜索结果有多重排序方式，比如根据信息发布的时间、是否付费以及关键词被搜索的频率等排序。

（四）搜索引擎的推广

搜索引擎推广是指利用搜索引擎、分类目录或排名等具有在线检索信息功能的网络工具进行产品和网站推广的方法。

搜索引擎推广的形式有基于搜索引擎的方法和分类目录的方法，前者包括搜索引擎优化、关键词广告、竞价排名、固定排名、基于内容定位的广告等多种形式，而后者则主要是在分类目录合适的类别中进行网站登录。随着搜索引擎形式的进一步发展变化，也出现了一些其他形式的搜索引擎，不过大都是以这两种形式为基础。

搜索引擎推广的方法又可以分为多种不同的形式，常见有：登录免费分类目录或付费分类目录、搜索引擎优化、关键词广告、关键词竞价排名、网页内容定位广告等。

实训任务13-1

百度竞价推广应用

在各大搜索引擎推广方式多种多样，有竞价广告、联盟广告及品牌广告等类型。百度的付费搜索推广就包括：百度竞价推广、百度联盟推广、百度品牌广告等，但主流形式还是表现为搜索引擎竞价广告。

搜索引擎竞价推广因搜索引擎服务商不同，其开通形式、付费价格、搜索引擎推广的表现形式也各有差异，本任务主要围绕百度竞价推广进行介绍分析。

1. 打开百度推广注册页面 http：//www. baidu. com，如图 13－1 所示。

图 13－1　百度竞价后台登录入口

2. 单击“快来注册”，填写注册信息，如图 13－2 所示。

注册信息包括用户名、密码、公司名称、网址、联系电话、联系人、联系地址等选项，用户输入相应信息并同意百度推广合同，确认后即可在1～2个工作日开通。

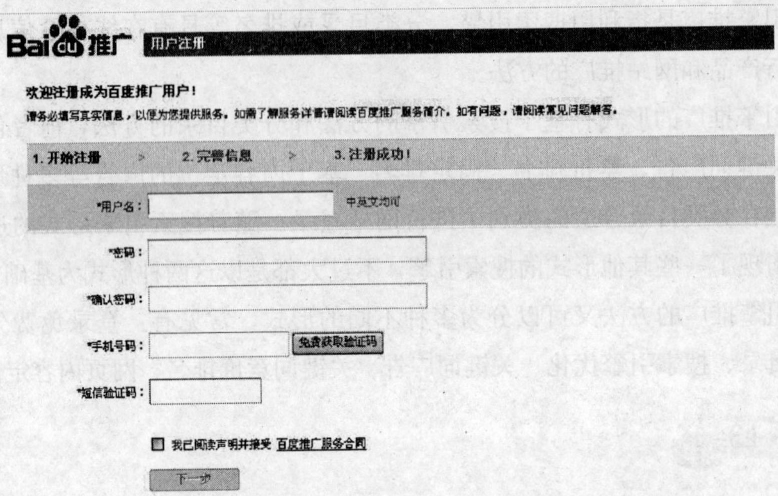

图13-2 百度竞价用户注册图

3. 付费、开通。

二、搜索引擎营销

搜索引擎营销就是根据用户使用搜索引擎的方式，利用用户检索信息的机会尽可能将营销信息传递给目标用户。搜索引擎营销实现的基本过程是：企业将信息发布在网站上，搜索引擎将网站或网页信息收录到索引数据库，并为用户提供一个包含搜索框的页面，用户在搜索框中输入关键词，通过浏览器提交给搜索引擎进行检索后，检索结果中将相关的索引信息及其链接URL罗列，用户选择有兴趣的信息并点击URL进入信息源所在网页，这样就完成了企业从发布信息到用户获取信息的全过程。

（一）搜索引擎营销定义

目前中国网民已达3.16亿，他们接触互联网的时间远远超过传统媒体。其中，搜索引擎已成为网民获取信息的第一渠道。而搜索引擎营销就是利用搜索引擎这个平台帮助企业和商家销售产品，通过这个平台让更多有需求的人快速找到自己所心仪的商品。

搜索引擎营销（Search Engine Marketing，SEM）。就是根据用户使用搜索引擎的方式，利用用户检索信息的机会尽可能将营销信息传递给目标用户。简单来说，搜索引擎营销就是基于搜索引擎平台的网络营销，在人们检索信息的时候尽可能将营销信息传递给目标客户。

（二）搜索引擎营销的特点

1. 搜索引擎营销方法与企业网站密不可分。一般说来，搜索引擎营销作为网站推广的常用方法，在没有建立网站的情况下很少被采用，搜索引擎营销需要以企业网站为基础，企业网站设计的专业性对搜索引擎的效果又产生直接营销。

2. 搜索引擎传递的信息只发挥向导作用。搜索引擎检索出来的是网页信息的索引，一般只是某个网站、网页的简要介绍，或者是搜索引擎自动抓取的部分内容，而不是网页的全部内容，因此这些搜索结果只能发挥一个引子的作用。如何尽可能好地将有吸引力的索引内容展示给用户，是否能吸引用户通过这些简单的信息进入相应的网页继续获取信息，以及该网页、网站是否可以给用户提供给他所期望的信息，这些就是搜索引擎营销所需要研究的主要内容。

3. 搜索引擎营销是用户主导的网络营销方式。搜索用什么搜索引擎、通过搜索引擎检索什么信息完全是由用户自己决定的，在搜索结果中点击哪些网页也取决于用户的选择，因此搜索引擎营销是由用户自己所主导的，最大限度地减少了营销活动对用户的干扰，最符合网络营销的基本思想。

4. 搜索引擎营销可以实现较高程度的定位。网络营销的主要特点之一就是可以对用户行为进行准确分析并实现高程度定位，搜索引擎营销在用户定位方面具有更好的功能，尤其是搜索结果页面的关键字广告，完全可以实现与用户检索所使用的关键字高度相关，从而提高营销信息被关注的程度，最终大大增强网络营销的效果。

5. 搜索引擎营销的效果表现为网站访问量的增加而不是直接销售。搜索引擎营销的任务就是获得访问量，因此作为网站推广的主要手段，至于访问量是否可以最终转化为收益，不是搜索引擎所能决定的。

6. 搜索引擎营销需要适应网络服务环境的发展变化。搜索引擎营销是搜索引擎服务在网络营销中的具体应用，因此在应用方式上依赖于搜索引擎的工作原理和提供的服务内容。当搜索引擎的工作原理和服务内容有所变化的时候，搜索引擎营销的方法也应该随之改变。

7. 搜索引擎市场服务较成熟，竞争性强。如何让企业的信息在众多的信息中脱颖而出，呈现在用户面前并引起用户的关注，成了企业网络营销非常重视的问题。一方面，搜索引擎帮助用户查找所需的资料；另一方面，搜索引擎又通过自身的算法，努力使与用户搜索请求相关度较高的内容出现在搜索结果靠前的位置。市场上有很多网络公司，为企业的搜索引擎营销问题提供了全面的营销方案，为企业网站提供了各种优化、改善方法。同时，网络公司针对企业的特点，提供了域名注册、搜索引擎优化、关键词广告、竞价排名等方案，进一步促进了中小企业搜索引擎营销的开展。

8. 开展搜索引擎营销门槛低，费用少，投资回报率高。搜索引擎是开放性的平台，门槛比较低。任何企业，不论规模大小，也不论品牌知名度高低，都可以在搜索引擎上推广宣传，并且机会均等，发布的信息都有可能排在前面。另外，与传统广告和其他网络推广方式相比，搜索引擎推广更廉价有效。

9. 搜索引擎营销客户针对性强，促销效果好。搜索引擎在某种程度上解决了信息获取和信息筛选的问题。现在的网络对于广大网民来说，不是信息不够，而是信息太多。与传统市场的推广方式、网络平台推广、营销型网站不同，搜索引擎投放信息都是根据用户选用的关键字而有针对性的展示的，因此用户搜索目的明确，企业投放信息针对性也较强，有利于企业降低营销成本，提高企业的营销效益。

10. 搜索引擎营销有利于企业的品牌建设。搜索引擎营销使得品牌建设成本大大降低了，企业网站可以通过网站推广，增加网站浏览量来寻求新的合作伙伴，还可以通过竞价广告获得源源不断的经济合作伙伴。

11. 搜索引擎营销效果易监测。企业可以通过用户访问网站的次数、网站总浏览量来评定搜索引擎效果，对营销效果监测也是一种较为方便、可行的方法。

12. 动态更新，随时调整。根据企业产品和服务内容的变化，可以随时调整与更新广告发布的内容和网站建设内容，为客户提供及时的资讯，吸引更多新客户，留住更多老客户。

（三）搜索引擎营销的模式及原理

搜索引擎营销实现方式主要包括：搜索引擎优化、关键词竞价排名和目录分类登录、付费收录等方式。

1. 搜索引擎优化（SEO）。是指按照规范的方式，通过对网站栏目结构、网站内容、网站功能和服务、网页布局等网站基本要素的合理设计，提高网站对搜索引擎的友好性，使得网站中尽可能多的网页被搜索引擎收录，并且在搜索引擎中获得好的排名，从而通过搜索引擎的自然搜索获得尽可能多的潜在用户。搜索引擎优化的着眼点并非只考虑搜索引擎的排名规则，更重要的是为用户获取信息和服务提供方便。搜索引擎优化（SEO）又包括网站内容优化、关键词优化、外部链接优化、内部链接优化、代码优化、图片优化、搜索引擎登录等内容。

2. 关键词竞价排名。就是网站付费后才能出现在搜索结果页面，付费越高者排名越靠前；竞价排名服务，是由客户为自己的网页购买关键字排名，按点击计费的一种服务。客户可以通过调整每次点击付费价格，控制自己在特定关键字搜索结果中的排名，并可以通过设定不同的关键词捕捉到不同类型的的目标访问者。在国内最流行的点击付费搜索引擎有百度，雅虎和Google。

3. 登录分类目录。目录列表曾是最早的搜索付费载体，一般使用在目录网站上。

目录网站是通常由编辑人工维护，按照主题来排列网站的站点。目录列表通常保证推介你的网站（或是网站的一部分），但是并不承诺你的网站会出现在列表的哪一部分或者有多少人会点击你的网站。目录的编辑决定你的网站被放到什么主题类别之下，你也可以要求一个具体的类别。绝大多数网站在一个主题类别中只有一个链接通往他们的主页，但是中到大型的公司有多个不同主题的网页，这样就可以得到多个目录列表。国内主要的分类目录为：Yahoo！中国、网易、搜狐及新浪搜索。其中，雅虎和网易提供完全的免费登录，新浪则必须付费，搜狐只针对非商业机构提供免费登录。

【小贴士 13－2】

主要分类目录站点：

Yahoo！中国搜索引擎：http：//cn. Yahoo. com/search/

新浪搜索引擎：http：//dir. iask. com/

搜狐搜索引擎：http：//dir. sohu. com/

Hao123 网址之家网站登录网址：http：//221. 12. 147. 30/url _ submit. php

Dmoz. org：http：//Dmoz. org/Regional/Asia/China/

4. 付费收录。网站是企业在互联网上进行网络建设和形象宣传的平台，是网络营销的基础。而付费收录就是通过向搜索引擎和类似黄页站点付费的行为，使企业网站和网页能够被收录到服务器的索引信息中，但是通常不需要被显示在搜索结果列表上的某个特殊位置。

三、关键词策略

关键词就是用户在通过搜索引擎查找相关信息、产品或服务时，在搜索框里输入的词语。一般情况下，关键词越长，从搜索引擎中返回的信息也就越精确。

（一）关键词列表的选择

在设置关键词时，需要分析网站的特点，全面考虑词汇与企业产品或服务的相关性、网民关注程度、表现形式等内容。比如产品的名称、企业的名称、品牌、网页标题、网址等都可以作为备选关键词。一个网站会有很多个页面，一级、二级、三级，可以根据级别为不同的页面设置不同的关键词。

如一家商贸旅游技师学院网站，它的关键词列表除了与自身开设的专业直接相关外，还可通过进一步联想，找出与其相关的词。如“高级工、高级工培训、技师、五星级酒店、餐饮服务、西安旅游、中式菜肴、西式糕点”等。在考虑关键词是，除尽可能涵盖公司的所有业务外，还应符合大多数人习惯用语。一般网友不会通过直接搜索企业名称来查找信息，大都通过类似的排比顺序来确定关键词。

另外，在选择网站关键词时，也可借鉴一下同行业或竞争对手的网站，看看他们为什么能排在前面。也可以到百度、谷歌等搜索引擎上用多个关键词查一下，选择反馈结果较多的。

（二）关键词密度

关键词密度又称关键词频率，是指在同一页面上，关键词与其他文字出现的比例，一般用百分比表示。例如：如果某个网页共有 100 个词，而关键词在其中出现 8 次，则可以说关键词密度为 8%。相对于页面上的总体文字而言，关键词出现的频率越高，说明密度越大。一般网站关键词的密度建议值为 2%～8%，这样有利于网站在搜索引擎中的排名，同时也不易被搜索引擎视为关键词填充。

（三）关键词分布

要达到理想的网站优化效果，不但要为网站或网页选择恰当的、有效的关键词，更重要的是如何在网页中恰当地将这些关键词嵌入内容中。在进行页面的搜索引擎优化（SEO）时，关键词需要出现在整个网页的适当位置。下面列出常见重要的关键词分布位置。

网页代码中的＜Title＞、＜Meta＞、＜H1＞或＜H2＞标签中；

网页的正文部分，越靠近页面的开头越好；

在网页的域名及路径、文件名中；

在站内链接的链接文本中；

在站外链接的链接文本中；

在图片标签的 Alt 属性中。

四、搜索引擎优化的方法

企业网站的搜索引擎优化工作室一个系统化的任务，其涉及网站的域名、服务器、网页结构等诸多内容。搜索引擎优化常见的内容和方法主要包括：网页、网站的结构设置问题；网站的链接问题；网站的关键字设置；网页的更新和维护问题；网站的域名和服务器问题。以下是进行搜索引擎优化的几种方法：

1. 为每个网页设置一个相关标题。网页标题中的关键词在搜索引擎排名中占有很重要的作用。当用户对某种商品名称进行检索时，他所关心的不是厂商的名字，而是产品本身。因此在设计网站标题时，企业名称不如产品关键词重要，所以说，设置好的标题吸引用户进入网站，可以起到双赢的效果。

2. 重视外部网站链接的数量及质量。网站外部链接的数量和质量是最为核心的因素，决定一个网站排名的关键，是外部有多少高质量的链接指向这个网站的关键。网站被外部高质量的网站链接非常重要，以谷歌为例，将链接广度作为网站排名的重要指标之一，在其他方面差别不大的网站，链接广度高的网站比如排名靠前。经验表明，对于新网站有一种有效的获得高质量链接的方法，即在付费分类目录中登记网站，并且优先登录分类目录，等到获得收录后再向蜘蛛搜索引擎提交，因为主要搜索引擎分类目录的链接通常可以作为链接广度来计算。

3. 正确处理各种关键词的优化关系。网页标题、网站内容、图片的 Alt 属性、Meta 标签等都可以设置关键词，但其重要程度不同。网页标题最高，另外是网页主体内容，Alt 属性、Meta 标签的程度则视具体搜索引擎而定。在进行关键词优化时应注意：①对搜索引擎要讲究诚信，不能对搜索引擎有任何的欺骗行为，更要重视网页高质量的内容；②不要 Meta 标签设计等同于搜索引擎优化；③不要用肉眼看不到的图片来设计 Alt 属性；④不要故意在网页中堆砌关键词；⑤重要的关键词应尽量放置在网页主题 HTML 代码中靠前的位置，以便搜索引擎检索。只有正确处理了关键词的各种优化关系，才能使搜索引擎营销的开展取得最佳效果。

4. 尽量使用静态网页。目前能够像谷歌一样对动态网页进行索引的搜索引擎还比较少，而同样内容的动态网页其权重比静态网页要低很多，因此无论是从效率还是从方便搜索引擎收录方面来讲，使用内容发布系统将网站内容发布成静态网页都是非常必要的。

5. 为搜索引擎访问网站提供方便。当有用户开始搜索时，搜索引擎蜘蛛要到网站上发现有价值的网页，要到每个网页检索有效的关键词，但这些信息有时并不一定能被蜘蛛顺利发现，因此为搜索引擎提供方便时提高网页被搜索机会的有效方法。为此，专门设计了一个名为 simemap. htm 的网页，存放在网站的根目录下，称为网站地图(Site Map)，在这个网页中列出了网站所有子栏目的链接。

网站地图是辅助导航的手段，最初是为用户设计的，以方便用户快捷到达目标页。良好的网站地图设计常常以网站结构来体现目录关系，具有静态、直观、扁平、简单的特点，而且多采用的是文本链接，不用或少用修饰性图片，以加快页面的加载速度。

实训任务13-2

搜索引擎营销实训

一、实训目的与要求

1. 了解掌握搜索引擎的类型及工作原理。
2. 了解搜索引擎优化策略和关键词策略。
3. 掌握搜索引擎的注册登记、广告投放方法、排名规则。

二、实训任务

1. 选择一家企业网站，浏览该企业网站并筛选该网站的 2～5 个核心关键词（如企业名称、行业类别、主要产品或服务等)。

2. 用每个关键词分别在百度、雅虎搜索引擎进行检索，了解记录该网站搜索结果中，如排名、网页标题和摘要信息内容等。

3. 浏览与上述企业竞争者的网站，并记录同一关键词在该网站中的检索结果及排名。

4. 根据有关信息分析被调查网站的搜索引擎友好性及不友好性。

5. 为该企业设计其他关键字并登录百度网站，查看“火暴地带”，试着填写“百度火暴地带推广购买订单”(相关订单可通过搜索引擎搜索并下载)。

6. 将该网站向 3 个免费搜索引擎登录。

【小贴士 13-3】

下面是一些常用的搜索引擎网站网址：

百度搜索网站登录网址：http：//www. baidu. com/search/url _ submit. htm

雅虎搜索网站登录网址：http：//search. help. cn. yahoo. com/h4 _ 4. html

搜狗搜索引擎网站登录网址：http：//www. sogou. com/feedback/urlfeedback. php

搜搜搜索引擎网站登录网址：http：//www. soso. com/help/usb/urlsubmit. shtml

打开搜索引擎网站登录的页面，在输入框中输入完整的网址和验证码，点击“提交网站”即可。

复习思考题

1. 全文搜索引擎和目录索引引擎的区别是什么?

2. 搜索引擎工作主要步骤有哪些?

3. 关键词选择策略有哪些?

任务十四　E-mail 营销

学习任务

1. 理解 E-mail 营销的定义和特点；

2. 理解掌握 E-mail 营销的原则与策略；

3. 掌握 E-mail 邮件列表的获取方法。

情景案例

追忆乔布斯，去美国，找你的苹果

2011年10月5日，苹果公司前执行官乔布斯去世。世界各地的果粉对这位传奇人物的离去进行悼念，他改变世界的传奇代表着一代人的梦想。

10月20日，新东方游学策划了一次邮件营销活动，主题是：追忆乔布斯，去美国，找你的苹果（如图14-1所示）。

作为苹果的忠实粉丝，看到这样的主题，突然袭来一阵伤感，我迫不及待的打开了邮件。

邮件的内容设计非常巧妙：以苹果公司成立地点、皮克斯动画《玩具总动员》首映地、ipad发布地点为三大主线，号召果粉们去美国游学，纪念乔布斯。

图14-1　新东方活动邮件页面

这封邮件成功的主题和巧妙的内容策划引起大家的共鸣，取得了非常理想的打开率与点击率。

（资料来源：http：//www.unimarketing.com.cn）

案例点评

设计一封成功的营销邮件，需要注意很多环节：美术创意设计，内容展现，邮件HTML代码规范，明确的吸引力，各ISP的显示测试，主题与内容的A/B测试等。新东方在这封邮件不论从活动策划还是内容设计上都非常具有创意，对比行业中常规的“游学城市推荐”等类型的营销邮件，相信这样的邮件让人印象深刻，肯定会取得意想不到的效果。

知识体系

一、E-mail营销概述

电子邮件作为大众信息传播工具，已经成为继网页浏览之后的第二大互联网应用，伴随网络营销的诞生，基于其方便、快捷、廉价的特点，电子邮件的营销价值也就随之呈现。电子邮件并非因为营销而产生，但要将E-mail作为专业的网络营销工具，并不那么简单，不仅仅是将邮件内容发送给一批接收者，而是要了解 E-mail 营销的一般规律和方法，遵循行业规范，讲究基本的网络营销道德。但是，由于最早的 E-mail 营销来源于垃圾邮件，因此为了合理地利用电子邮件广告，人们把电子邮件广告分为许可制电子邮件广告和垃圾邮件广告，简单的区别在于它们的发送是否得到接受者的许可。

（一）E－mail 营销的定义

E－mail 营销是在用户事先许可的前提下，通过电子邮件的方式向目标用户传递有价值信息的一种网络营销手段。定义中强调了三个基本因素：①必须基于用户许可；②通过电子邮件传递信息；③信息对用户有价值。三个因素缺少一个，都不能称为有效的 E－mail 营销。

（二）邮件列表概述

1. 邮件列表（Mailing List）是互联网上最早的社区形式之一，是用于各种群体之间的信息交流和信息发布。早期的邮件列表是一个小组成员通过电子邮件参与讨论某一个特定话题，当时称为讨论组。随着互联网的发展，讨论组也数以万计快速增加，很快就发展演变出另一种形式，即有管理者管制的讨论组，它是由管理者通过电子邮件发送信息，一般用户只能接收信息，也就是现在我们通常所说的邮件列表，或者叫狭义的邮件列表。

2. 邮件列表的类型有公开、封闭、管制三种类型

（1）公开类型：邮件列表可供所有人自由讨论，即使不是这个邮件列表的订户也可以自由地发送邮件给这个邮件列表的所有订户。如现在的公开讨论组和各种形式的论坛等。

（2）封闭类型：是指只有邮件列表里的用户才能互相发送邮件。如同学通讯录或公司内部讨论组等。

（3）管制类型：只有经过邮件列表管理者许可的电子邮件，才能发送给邮件列表的其他用户。常见于电子刊物、新闻邮件等。

3. 常见的邮件列表形式有六种：电子刊物、新闻邮件、注册会员信息、新产品通知、顾客服务/关系邮件、顾客定制信息。

【小贴士 14－1】

电子邮件列表工作原理

邮件列表是互联网中非常有用的工具之一，邮件列表（Mailing List）是以一个简单的想法为依据的。如果用户想要向一个人发出一封电子邮件，那么就必须指定一个邮件地址。如果用户希望向不止一个人发送这一封电子邮件，那么就可以设置一个特殊的名字，我们称之为“别名（alias）”。在这里，别名代表的是一组人，这里的组我们称为

“讨论组”。我们提供的两个邮件列表“讨论组A”与“讨论组B”就是两个别名，分别代表参与这两个组的所有组员。

举个例子来说，让我们假设“讨论组A”有三个人参加，他们是小陈、小张、小王，那么这个别名“讨论组A”代表的是这三个人的邮件地址，不管在什么时候，如果用户发电子邮件给“讨论组A”，那么邮件程序就会自动地将这一电子邮件发送给这三个人中的每一个。

我们假设这三人组成了一个别名为“车迷天下”的讨论组。现在小张新购置了一款新车，并将该车性能做了一个个人分析，现在他想和其他人共享。这样，他所需要做的一切就是将电子邮件发给“车迷天下”讨论组，随后，每个人都会收到这一电子邮件的一个拷贝。现在假设小陈希望在小张的看法中加上自己的不同意见，他也只需将自己的意见发电子邮件给“车迷天下”；然后，这封电子邮件就会自动地发送给列表中的每一个人。

下面，让我们考虑在更大范围内的情况。可以想象得出一个别名可能包含了几十个或者几百个用户的地址，并且他们都散布于Internet的各个地方。任何发送到别名中的信息都会自动地转发给组中的每一位成员。这样，在用户之间可以交谈、争论、帮助他人、讨论问题、共享信息等，只要任何人发送了电子邮件，组中的所有成员都会知道。

（三）E-mail营销分类

1. 按照是否经过用户许可分类。按照发送信息是否事先经过用户许可来划分，可分为许可E-mail营销和未经许可的E-mail营销。未经许可的E-mail营销就是通常所说的垃圾邮件。

2. 按照E-mail地址的所有权分类。用户的E-mail地址是企业重要的营销资源，根据对用户E-mail地址资源的所有权形式，可将E-mail营销分为内部E-mail营销和外部E-mail营销。

内部列表是一个企业或网站利用一定方式获得用户自愿注册的资料开展的E-mail营销。内部列表的用户主要为现有客户、注册会员和邮件列表注册用户，其主要职能在于增进客户关系、提供客户服务，提升企业品牌形象等。

外部列表是指利用专业服务商或者其他可以提供专业服务的机构所提供的E-mail营销服务，投放电子邮件广告的企业本身并不拥有用户的E-mail地址信息，也无须管理维护这些用户信息。目前，可供选择的外部列表E-mail营销资源主要有：免费电子邮箱提供商、专业邮件列表服务商、专业E-mail营销服务商、电子刊物和新闻邮件服务器、专业网站的注册会员资料等。

3. 按照营销计划分类。根据企业的营销计划，可分为临时性的E-mail营销和长期 E-mail 营销。前者如不定期的产品促销、市场调查、节假日问候、新产品通知等；长期的E-mail 营销通常以企业内部注册会员资料为基础，主要表现为新闻邮件、电子杂志、顾客服务等各种形式的邮件列表，这种列表的作用要比临时性的 E-mail 营销更持久，其作用更多的表现在顾客关系、顾客服务、企业品牌等方面。

4. 按照 E-mail 营销的功能分类。根据 E-mail 营销的功能，可分为顾客关系 E-mail营销、顾客服务 E-mail 营销、在线调查 E-mail 营销、产品促销 E-mail 营销等。

5. 按照 E-mail 营销的应用方式分类。开展 E-mail 营销需要一定的营销资源，获得和维持这些资源要投入相应的经营资源，当资源积累达到一定的水平，便拥有了更大的营销价值，不仅可以用于企业本身的营销，也可以通过出售邮件广告空间直接获得利益。按照是否将 E-mail 营销资源用于为其他企业提供服务，E-mail 营销可分为经营型和非经营型两类。当以经营性质为主时，E-mail 营销实际上已经属于专业服务商的范畴了。

二、E-mail 营销的特点

1. 传播范围广。目前我国互联网网民总数已达 3.16 亿人，面对如此巨大用户群，作为现代广告宣传手段的 E-mail 营销正日益受到人们的重视。只要有足够多的 E-mail地址，进行电子邮件群发，企业的营销范围便可以扩至全球。

2. 操作简单效率高。使用电子邮件群发软件，可实现每天数百万封的发信速度。发送邮件不需要高深的计算机知识和烦琐的制作及发送过程。

3. 成本低廉。E-mail 营销费用支出主要是上网费和购买邮件列表的费用，其成本比传统的广告要低的多。

4. 应用范围广。广告内容不受限制，适合各行各业。加之广告载体就是电子邮件，所以具有信息量大、保存期长的特点。具有长期宣传效果，而且收藏和传阅简单方便等效果。

5. 针对性强，反馈率高。电子邮件本身具有定向性的特点，可以针对某一特定的人群发送特定的广告邮件，也可以根据需要按行业或地域等进行分类，然后针对目标客户进行广告邮件群发，从而使行销目标明确，宣传效果较佳。

三、E-mail 营销法则

电子邮件是一种公认的高效廉价的网上营销手段。然而如果不了解电子邮件广告营销的策略和规则，往往会得到事与愿违的结果，消费者对收到大量的垃圾邮件会非常反感，他们不知道自己的邮件信箱是如何被别人获得，但他们总能在自己的邮箱中收到自己不希望收到的邮件，在这个时候，多数人的行动就是把它们删除到垃圾箱里。

因此，这就需要企业与电子邮件广告的营销者制定出更好的、能为消费者所接受的营销法则，以吸引消费者对所收到的电子邮件关注。

1. 给顾客一个必须做出答复的理由。让消费者有强烈的欲望去读这些电子邮件广告和网上广告。创新的直接营销公司利用电子邮件形式上的小游戏、清道夫搜索清除和瞬间输赢的活动来吸引顾客。到目前为止，超过 100 万的互联网冲浪者已经同意会去阅读来自某些公司的产品信息，这些公司有斯普瑞特（Sprint）公司、读者文摘（Reader's Digest）公司和大联盟棒球（Major League Baseball）公司等，用户的目的是为了争夺产品，如一次去加勒比海的旅行或者是一袋金子。

2. 设计好邮件内容。邮件主题的设计要让接收者认可你的邮件。有兴趣打开你的邮件，避免一看就认为是垃圾邮件。

3. 使你的电子邮件的内容个性化。网络使公司能够根据顾客过去的购买情况或合作情况，将其发送的电子邮件的内容个性化。同时，顾客也更乐于接受个性化的信息。电脑书店亚马逊（Amazon. com）的站点通过顾客的购物历史记录向那些愿意接受建议的顾客发送电子邮件并提出一些建议，而赢得了许多忠诚的客户；IBM 公司的“聚焦于你的新闻文摘”站点将有选择的信息直接发送到顾客的电子邮件信箱中，那些同意接收新闻信件的顾客可以从一个有兴趣的话题概况清单中选择他们所有的内容。

4. 为顾客提供一些他从直接邮寄邮件中所得不到的东西。直接邮寄活动需要花费大量的时间去准备、实施。因为电子邮件营销的实施要快得多，所以它们能够提供一些对时间敏感的信息。例如，网络上的一个旅游站点如旅游城不断向顾客发送被称之为票款手表（FareWatchers）的电子邮件，它提供最后一分钟的廉价机票。

5. 使用保险的邮件发送工具。首先要保证邮件能够精确地送达客户邮箱。其次要保证邮件群发系统验证邮件地址的有效性，提高邮件质量，不断完善邮件退订功能。

实训任务14-1

E-mail 营销应用

一、实训目的与要求

1. 搜索并下载一款免费邮件群发软件（如“Comm100”）。

2. 运行软件了解其界面和基本功能。

3. 对该软件进行正确的配置。

4. 利用该软件进行邮件群发，体会邮件群发技术。

二、实训步骤

1. 打开 Comm100 网址：http：//www. comm100. cn/，进入邮件营销页面后点击免费注册按钮，填写相关信息后提交。如果你注册成功，会进入注册成功页面。如图 14－2 所示：

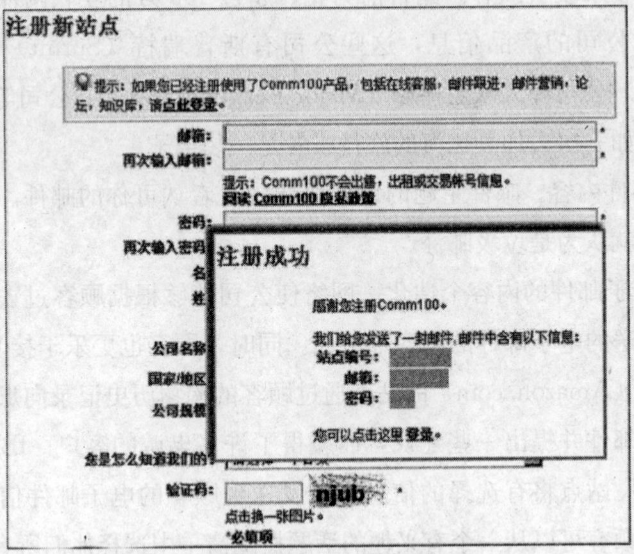

图 14－2　Comm100 注册版面

2. 打开“登录”页面，登录 Comm100 系统，输入站点编号，邮箱和密码，进入 Comm100 邮件跟进系统中。如图 14－3 所示：

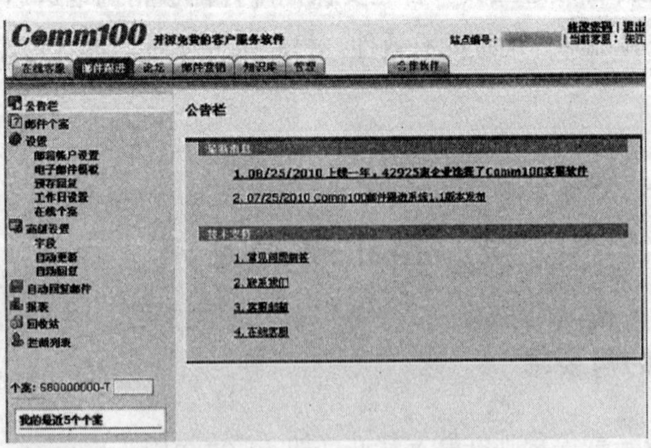

图 14－3　Comm100 登录页面

3. 添加邮箱账号，在“邮件跟进”的菜单中，点击“邮箱账户设置”进入邮箱列表，然后点击“添加邮箱账户”配置邮箱，你可以根据自己的需要选择配置 POP3 邮箱或者 Exchange 邮箱。图 14－4 为 POP3 邮箱配置，如果需要配置 Exchange 邮箱，请在“服务器类型”中选择 Exchange 然后进行配置。

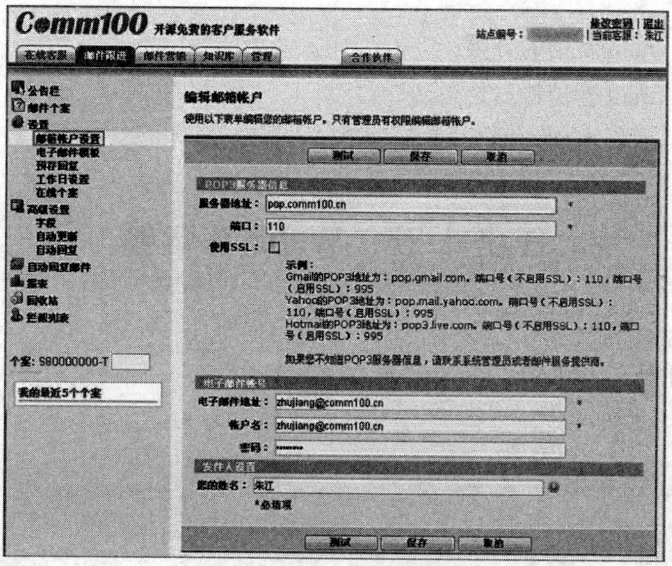

图 14－4　Comm100 邮箱设置页面

4. 设置完成后，你的所有新邮件都会被转换为新的个案，如果该个案存在，该邮件会关联到该个案。每个个案都有一个唯一的编号，并且可以由特定的客服接受个案。如图 14－5 所示：

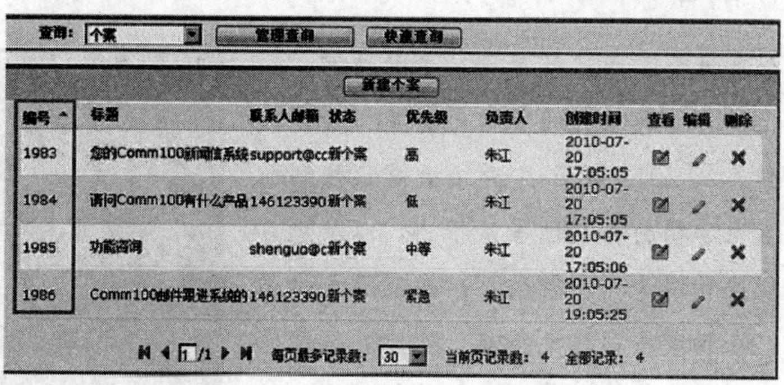

图 14－5　新邮件个案设置页面

Comm100 邮件系统除能进行电子邮件收发、群发及跟进等基本功能外，其还提供了智能自动回复、可完全定制的字段和规则、邮件模板与预存消息等许多更强大的功能。其还可以与 Comm100 在线客服系统集成起来，当客服与访客进行一个聊天或者系统收到一条留言的时候，都会自动生成一个个案。

复习思考题

1. 简述 E-mail 营销的分类。
2. 简述 E-mail 营销特点。
3. 简述 E-mail 营销法则。

任务十五　Web2.0 营销

学习任务

1. 了解 Web2.0 主要营销工具及应用；
2. 理解掌握口碑营销的概念、特点及应用流程；
3. 理解掌握博客营销和微博营销的概念、特点及应用；
4. 能够综合运用 Web2.0 工具进行网络营销活动。

情景案例

徐静蕾的《亲密敌人》电影微博营销启示

图 15-1　《亲密敌人》电影海报

国内最有代表性个人博客就是徐静蕾的博客，而其在个人博客上最具有影响力的营销无非是《亲密敌人》影片的宣传。从 2011 年 5 月份拍摄前预热到前期拍摄开始，直至后期制作、预告片推出，以及影片的上映宣传，微博可谓是《亲密敌人》的最重要推广平台。事实上，在拍摄该影片半年前，老徐的《亲密敌人》在腾讯微博上的营销大幕就已徐徐拉开，徐静蕾两个月内发了 142 条微博。电影拍摄期间，还发起"微博求助"，在网友中征集 100 名群众演员。结果短短一天，便收到铁粉们的 7000 封邮件，求上镜过戏瘾。该微博的转播与评论量高达一万多条，“亲密敌人体”随之迅速蹿红。如图 15－1 为《亲密敌人》电影海报。

徐静蕾还利用“微直播”、“微访谈”、“图文广播”等形式，48 小时不间断在腾讯微博宣传其电影新作《亲密敌人》。就在距离电影上映 1 个月之时，老徐又表示自己“夜不能寐”，在 5000 条转播中有腾讯听众说道：“辛苦啊，期待亲密敌人。”腾讯微博不仅让《亲密敌人》作为热点话题被持续关注，营销成本极低，营销效果也相当可观。据保守估计，目前徐静蕾腾讯微博关注者近 1900 万，《亲密敌人》相关信息覆盖的人群将以亿计。

接下来，在 18 日、19 日两天的北京首映宣传中，她不仅参与了“娱乐会诊室”、“现场情人 PK 亲密接力”、“首聊”等一系列线下推广活动，还参与了微访谈，微直播等活动，48 小时不停地将《亲密敌人》的照片、视频等资料通报腾讯微博听众。然后，徐静蕾在自己的腾讯微博公布了北、上、广、成、深几地“首聊”时间及地点，还写道：“首映试序幕即将来开！激动了激动了！”徐静蕾并且联合全国媒体、借鉴网络营销手段，邀请幸运观众到成都看首映，还大批量发放电影纪念银饰品，更阔气地在各地方城市包场免费请观众观赏。这些都取得了观众极大的关注，让电影未上映，就吊足了观众的味口。

案例点评

博客营销就是一种基于个人知识资源的网络信息传递形式。开展博客营销就是对某个领域知识的掌握、学习的有效利用，并通过对知识的传播达到营销信息传递的目的。其本质在于通过原创专业化内容进行知识分享争夺话语权，建立起信任权威，形成个人品牌进而影响读者的思维和购买。老徐在这次《亲密敌人》营销策划中，利用自身名人效应、制造话题、网友互动等方式，吸引众多人们参与自己所策划的事件活动中，达到最佳宣传效果。

知识体系

Web2.0 技术主要包括博客（Blog）、简易信息聚合（RSS）、维客（Wiki）、社会性网络服务（SNS）等。因此 Web2.0 营销就是指对博客（Blog）营销、简易信息聚合（RSS）营销、维客（Wiki）营销、社会性网络服务（SNS）营销等技术理论的一个综合的表现。它的核心是注重用户的交互作用，让用户既是网站的浏览者，也是网站内容的建设者。由于用户能够方便地畅达地为自己所消费的产品表达意见，因此这些内容先天具备再次推广产品的价值。

一、口碑营销

（一）口碑营销的概念

口碑营销是Web2.0时代最重要的营销手段，口碑（Word of Mouth）源于传播学，由于被市场营销广泛的应用，所以有了口碑营销。口碑营销是企业有意识或无意识的生成、制作、发布口碑题材，并借助一定的渠道和途径进行口碑传播，以满足顾客需求、实现商品交易、赢得顾客满意和忠诚、提高企业和品牌形象为目的，而开展的计划、组织、执行、控制的管理过程。口碑营销实际上早已有之，地方特产、老字号厂家商铺及企业的品牌战略等，其中都包含有口碑营销的因素。网络营销则是互联网兴起以后才有的一种网上商务活动，它逐步由门户广告营销、搜索广告营销发展到网络口碑营销。由口碑营销与网络营销有机结合起来的网络口碑营销，旨在应用互联网的信息传播技术与搭建平台，通过消费者以文字等表达方式为载体的口碑信息，其中包括企业与消费者之间的互动信息，为企业营销开辟新的通道，获取新的效益。

（二）口碑营销的优势

随着网络口碑对企业品牌影响力越来越高，企业也越来越重视网络口碑对品牌的影响，口碑营销一时间成了互联网一个赢利亮点，与以往相比，网络营销的主体、对象和方式都在发生着变化，填鸭式灌输与自我标榜式的时代即将结束，每一个消费主体在企业营销中的地位已逐渐由被动转为主动，消费者拥有了更多的发言权。往往是广告内容说得再天花乱坠，广告画面再美轮美奂，也敌不过网友的一句话有说服力。因此网络口碑已区别于传统营销及以往的网络营销方式，它使每个消费者都有可能成为企业产品的营销者，并使接受传播的对象也由笼统的群体变成了一个个具体的、精准的目标对象，网络口碑营销的优势主要体现在以下几方面：

1. 宣传费用低。口碑是人们对于企业的看法，也是企业应该重视的一个问题。不少企业以其强硬的服务在消费群体中换取了良好的口碑，带动了企业的市场份额。同时也为企业的长期发展，节省了大量的广告宣传费用。一个企业的产品或服务一旦有了良好的口碑，人们会不经意的对其进行主动传播。口碑营销的成本由于主要集中于教育和刺激小部分传播样本人群上，即教育、开发口碑意见领袖，因此成本比面对大众人群的其他广告形式要低得多，且结果也往往能事半功倍。一般而言，在今天信息更充分的互联网时代，靠强制宣讲灌输的品牌推广难度已变得越来越大且成本更高，性价比远远不如定向推广和口碑传播来得好。口碑营销无疑是当今世界上最廉价的信息传播工具，由于口碑的力量。英国女作家J.K. 罗琳写的《哈利·波特》系列丛书一本比一本畅销。当第四部《哈利·波特》在2000年7月上市时，首印量即达380万册，在48小时内便告脱销。第五部在还没有出版前已经是万众期待。2003年6月21日全球同时首发时，第一天仅在美国就销售了75万册，全球销售了500万册。

2. 可信度高。口碑活动通常是为了达到产生产品可信度的目的。比起传统营销方式中，对特定人群的研究、调查数据，或者所谓进店和入户采访等信息的传播要丰富和真实得多。一般情况下，口碑传播都发生在亲友、同事、同学等关系较为亲密的群体之间。在口碑传播的过程之前，他们之间已经建立了一种特殊的关系和友谊，相对于纯粹的广告、促销、公关、商家的推荐等而言，可信度要高。另外，一个产品或者服务只有形成较高的满意度，才会被广为传诵，形成一个良好的口碑。因此，口碑传播的信息对于受众来说，具有可信度非常高的特点。

3. 针对性强。口碑营销具有很强的针对性。它不像大多数公司的广告那样，千篇一律，无视接受者个体差异。口碑传播形式往往借助于社会公众之间一对一的传播方式，信息的传播者和被传播者之间一般有着某种联系。消费者都有自己的交际圈、生活圈，而且彼此之间有一定的了解。人们日常生活中的交流往往围绕彼此喜欢的话题进行，这种状态下信息的传播者就可以针对被传播者的具体情况，选择适当的传播内容和形式，形成良好的沟通效果。当某人向自己的同事或朋友介绍某件产品时，他绝不是有意推销该产品，他只是针对朋友们的一些问题，提出自己的建议而已。比如，朋友给你推荐某个企业或公司的产品，那么一般情况下，会是你所感兴趣，甚至是你所需要的。因此，消费者自然会对口碑相传的方式予以更多地关注，因为大家都相信它比其他形式的传播推广手段更中肯、直接和全面。

4. 具有团体性。口碑传播不仅仅是一种营销层面的行为，更反映了小团体内在的社交需要。很多时候，口碑传播行为都发生在不经意间，比如朋友聚会时或共进晚餐时的聊天等，这时候传递相关信息主要是因为社交的需要。所以，我们可以看到口碑营销不仅仅是一种经济学中的营销手段，它更有深层次的社会心理学作为基础。它是构架于人们各种社会需求心理之上的，所以它比一般的营销手段更天然自发，也更加易于接受。

5. 提升企业形象。口碑传播不同于利用广告宣传，口碑是企业形象的象征，而广告宣传仅仅是企业的一种商业行为。口碑传播是人们对于某个产品或服务有较高的满意度的一个表现，而夸张的广告宣传有可能会引起消费者的反感。拥有良好的口碑，往往会在无形中对企业的长期发展，以及企业产品销售、推广都有着很大的影响。

6. 发掘潜在消费者成功率高。人们出于各种各样的原因，热衷于把自己的经历或体验转告他人，譬如刚去过的那家餐馆口味如何，新买手机的性能怎样等。如果经历或体验是积极的、正面的，他们就会热情主动地向别人推荐，帮助企业发掘潜在消费者。一项调查表明：一个满意消费者会引发8笔潜在的买卖，其中至少有一笔可以成交；一个不满意的消费者足以影响25人的购买意愿。由此“用户告诉用户”的口碑影响力可见一斑。以空调为例，在购买过程中，消费者较多地关注的是使用效果、售后服务、价格、品牌和用电量等因素。而潜在用户中对于产品的使用效果、售后服务、价格、品牌和用电量等因素的信息主要来自于第一次购买的群体；第一次购买群体的口碑，是最值得潜在用户信赖的传播形式。

7. 影响消费者决策。在购买决策的过程中，口碑起着很重要的作用。比如，消费者身边的人对产品的态度会对消费者的购买行为产生直接影响。

8. 缔造品牌忠诚度。运用口碑营销策略，激励早期使用者向他人推荐产品，劝服他人购买产品。最后，随着满意顾客的增多会出现更多的“信息播种机”、“意见领袖”，企业赢得良好的口碑，拥有了消费者的品牌忠诚，长远利益自然也就能得到保证。

9. 更具有亲和力。口碑营销从本质上说也是一种广告，但与传统的营销手段相比，却具有与众不同的亲和力和感染力。传统广告和销售人员宣传产品一般都是站在卖方的角度，为卖方利益服务的，所以人们往往对其真实性表示怀疑，只能引起消费者的注意和兴趣，促成真正购买行为较难。而在口碑营销中，传播者是消费者，与卖方没有任何关系，独立于卖方之外，推荐产品也不会获得物质收益，因此，从消费者的角度看，相比广告宣传而言，口碑传播者传递的信息被认为是客观和独立的，被受传者所信任，从而使其跳过怀疑、观望、等待、试探的阶段，并进一步促成购买行为。

10. 避开对手锋芒。随着市场竞争的加剧，竞争者之间往往会形成正面冲突。口碑营销却可以有效地避开这些面对面的较量。富士就是运用这种渗透式口碑传播的高手。不知从何时起，流传开一种说法：“室内摄影用柯达、室外摄影用富士”，这种似是而非的说法很快流向全国。我们不难发现，这句看似平淡的说法，不仅奠定了富士以室外“大头”市场的优势，而且对人们彩卷消费习惯有着深刻、长远而持久的影响，极易引导消费者形成潜在的消费定式。

（三）口碑营销具体流程与技巧

1. 明确企业的产品或服务的利益点与价值点。企业在开展口碑营销前产生要明确企业的产品或服务的利益点与价值点在哪里，这是开展口碑营销的前提。

2. 选择易传播的题材。在网络社区营销策划时，要选取有趣、有一定质量、值得用户传递分享的话题。能够让用户主动去分享的内容一定具有轰动性、独特性、新奇性的特征，在这些内容上适当加入广告信息无疑也具有了非常广泛的传播性。

3. 策划方便传播的信息。对营销信息的策划，要策划网民很容易记忆并方便转发的广告作品，如有趣且吸引人的图片、故事、笑话、视频等。

4. 利用现有的 Web2.0 工具进行网络传播。利用网络社区、论坛、博客、视频、邮件、QQ 群等工具将营销信息在网上大量发布与传播，利用公众的积极性和行为，造成轰动效应。首先捕捉的是“活跃人群”和“意见领袖”，形成话题；并考虑利益的激励，吸引人们转发朋友，比如限量的赠送、免费体验等。

5. 力争大众传媒来进一步造势。最后，要取得成功的一次口碑营销，还需借势造势，争得大众传媒的跟进报道，放大事件，让人们在争论声中实现企业的营销目标。

二、博客营销

（一）博客营销概述

博客又称网络日记，是一种给予用户极大参与空间的在线媒体，其最大的特点是赋予了每个人创造并传播内容的能力。博客的内容通常是公开的，用户可以发表自己的网络日记，也可以阅读别人的网络日记，其具有参与、公开、交流、对话、社区化及连通性等特征。博客发展至今，深深地渗透并影响着生活、社会，一是实时迅速的传播，二是商业的运用，如今已经成为众多公司企业的营销利器，并且刻不容缓，企业纷纷开展博客营销，有望发展能获得更大的突破。

1. 博客营销的含义。博客营销是利用博客这种网络应用形式开展网络营销的工具。是公司、企业或者个人利用博客这种网络交互性平台，发布并更新企业、公司或个人的相关概括及信息，并且密切关注并及时回复平台上客户对于企业或个人的相关疑问以及咨询，并通过较强的博客平台帮助企业或公司零成本获得搜索引擎的较前排位，以达到宣传目的。

2. 博客营销的目的。

（1）以营销产品或服务为目的。这类博客目的很简单，通过博客文章的写作，达到销售产品和拿到订单的目的。这类博主一般都是中小型企业的老板（比如一些淘宝店、摄影工作室、饭店的老板）或者营销经理，他们就是想通过博客营销为自己公司做网络的宣传。

（2）以营销公司品牌和文化，建立沟通平台，更好地为公司收集反馈信息为目的。这类博客作者基本上都是公司的老板或高层管理人员，利用自己的见解、形象和影响力提升企业的影响力，并且收集用户的反馈信息。这类博客营销要做好，最关键的不是博客的文章，而是高层管理人员的人格魅力、管理策划能力和影响力。蒙牛集团董事长牛根生在新浪的网站博客里面有很多他的职业历程、谈话和感受，比如他和布莱尔会面的谈话和“三聚氰胺”事件出现后，他在企业高层会议上的讲话，大家可以明显地感到，在博客里他并没有称赞蒙牛的产品或蒙牛本身，而用自己强大的影响力来展示蒙牛集团的文化、理念和力量。

（3）以聚集人气、间接公关为目的。这种博客是比较少见的，因为其品牌传播的过程比较长久，而且必须有独到的、且有很强说服力和影响力的契合点。

（二）博客营销类型

一般可以分为 4 种类型：CEO 博客类型、员工内部博客类型、第三方博客类型、以消费者的角度进行博客营销。

1. CEO 博客营销。很多企业的 CEO 纷纷开通博客，就自己的经验和理念发表见解。因为博主都是成功人士，所以都有一定的公众吸引力。博客能够让公众接触到企业的上层管理者，传递公司的重要信息和经营理念，让用户对企业产生归属感和依赖感，更深切地了解公司的运作情况。比如在阿里巴巴上，马云博客的每一篇文章都会吸引大量的浏览者及其评论。图 15－2 为马云博客页面。

图 15－2　马云博客页面

2. 员工内部博客营销。大部分企业博客是由员工来充当写手的，由于作者来自企业内部，对产品、服务、流程都非常了解，因此其博文更让人信任。由员工写博客，在展示专业素质同时，也可能无意泄露公司机密，所以公司应有组织地对员工进行培训，什么能写，什么不能写，什么需要宣传，什么需要回避等问题都要搞清楚。比如 IBM 公司鼓励员工写博客，并发布员工博客写作规则，用来规范员工内部博客。IBM 公司员工博客的规定推出后，大家一致认为，这种方式能够提高员工的工作积极性，同时也能让消费者和供应商、合作商通过员工了解 IBM，对企业诚信度的建立起到强有力的宣传作用。

3. 第三方博客营销。第三方博客营销是在近来才兴起的营销方式，企业通过第三方博客，将产品信息、活动信息传递给消费者。第三方主要指两个方面：一是指人，用第三方来运营；二是指平台，用第三方的平台建立企业博客。通过第三方博客营销主要优势在于，企业不必为了博客专门找人，而且有专业写手，保证了软文质量，通过博客营销机构的培训和指导，企业能够快速掌握博客营销的相关技巧，主要是借助专业平台，对博客进行倾销式推广，保证信息排名，迅速提高博客流量，并能在短期内提高知名度，将流量转化为销量。

4. 以消费者的角度进行博客营销。作为消费者才有权利对产品做出评价。企业博客也一样，可以用软文的形式，写出消费者的亲身经历，这种文章尽管文字不是很华丽，但是真实性强。让消费者在自己的博客上发表文章，增加产品曝光率，同时也可以为企业进行免费宣传。比如在淘宝网上购买商品后，买家都可以对该商品做出“淘心得”评价。“淘心得”是淘宝网引进的SNS导购中心，将口碑和营销结合在一起，促进了买家和卖家之间的交流。同时，消费者可以将店家的服务态度、物流公司邮递速度、商品质量等信息写出来，与其他人分享。这种以点带面的口碑效应，能主动吸引其他的用户来浏览，增加商品的销量。

（三）博客营销特点

1. 博客是信息发布和传递工具。网络营销的最大特色是让信息在网络中得以传播，并通过多方位的视角让信息发布更为广泛。在信息发布方面，博客与其他工具有一定相似的地方，即博客所发挥的同样是传递网络营销信息的作用，这是认识博客营销的基础。

2. 细分程度高，广告定向准确。博客是个人网上出版物，拥有其个性化的分类属性，因而每个博客都有其不同的受众群体，其读者也往往是一群特定的人，细分的程度远远超过了其他形式的媒体。而细分程度越高，广告的定向性就越准。

3. 互动传播性强，信任程度高，口碑效应好。博客在我们的广告营销环节中同时扮演了两个角色，既是媒体（blog）又是人（blogger），既是广播式的传播渠道又是受众群体，能够很好地把媒体传播和人际传播结合起来，通过博客与博客之间的网状联系扩散开去，扩大传播效应。

每个博客都拥有一个相同兴趣爱好的博客圈子，而且在这个圈子内部的博客之间的相互影响力很大，可信程度相对较高，朋友之间互动传播性也非常强，因此可创造的口碑效应和品牌价值非常大。虽然单个博客的流量绝对值不一定很大，但是受众群明确，针对性非常强，单位受众的广告价值自然就比较高，所能创造的品牌价值远非传统方式的广告所能比拟。

4. 影响力大，引导网络舆论潮流。随着“芮成钢评论星巴克”、“DELL笔记本”等多起博客门事件的陆续发生，证实了博客作为高端人群所形成的评论意见和影响力度越来越大，博客渐渐成为了网民们的意见领袖，引导着网民的舆论潮流，他们所发表的评价和意见会在极短时间内在互联网上迅速传播开来，对企业品牌造成巨大影响。

5. 大大降低传播成本。口碑营销的成本由于主要集中于教育和刺激小部分传播样本人群上，即教育、开发口碑意见领袖，因此成本比面对大众人群的其他广告形式要低得多，且结果也往往能事半功倍。

如果企业在营销产品的过程中巧妙地利用口碑的作用，必定会达到很多常规广告所不能达到的效果。例如，博客规模赢利和传统行业营销方式创新，都是现下社会热点议题之一，因而广告客户通过博客口碑营销不仅可以获得显著的广告效果，而且还会因大胆利用互联网新媒体进行营销创新而吸引更大范围的社会人群、营销业界的高度关注，引发各大媒体的热点报道，这种广告效果必将远远大于单纯的广告投入。

（四）企业博客营销基本步骤

1. 选择博客平台。博客平台可以帮助企业树立良好的口碑，对于企业的品牌形象起到了积极的作用。目前各种网络知名平台基本都提供博客平台，如：新浪、网易、搜狐、腾讯、百度、阿里、天涯、猫扑等，又有如：企博网、博客大巴、博客网，还有各行业的新闻门户博客平台等。因此在选择博客平台时，首先要根据你的博客营销目的和你的行业特征及你的目标客户特征来选择。对于企业来说的通常做法是，注册多个平台，然后选择一个为主来运营，其他的都同步协同。

比如你的网络营销策划服务主要针对企业，那么你可以注册数十个博客平台，然后重点选择企博网来运营，因为企博网是为企业服务的一个博客平台，主要活跃的都是企业用户，然后其他的博客同步企博网。如果你的目标客户在活跃的腾讯，那你就可以注册一个官方 QQ，然后开通腾讯空间，而如果你的客户主要在阿里巴巴，那你就以阿里巴巴为主了。

2. 合理规划博客。其实规划应该在选择注册之前就进行的。博客规划比网站规划简单多了，主要就是博客栏目规划，考量标准就是博客营销的目的模式。另外就是博客的 SEO 关键字规划，因为，博客也是有百度排名的，博客规划运营得当，同样可以从百度带来大量流量。博客的关键字通常以首尾关键字为主，众多博客的关键字可以有所区别，将关键字同样整理成表格，先在博客 title 和栏目中进行布局，然后在博客文章中使用这些关键字。

3. 装饰你的博客。根据博客规划，设计博客的版面布局分栏，各版块的位置，大部分博客平台提供完全自定义功能，你可以把博客完全按照你的构想去设计排版。博客装修需要设计一些广告图，这要美工来协同配合。

4. 内容决定一切。任何营销传播都是以内容为主。博客要想产生影响力、让目标客户喜欢和经常访问，那一定要有足够价值的内容。对于企业博客来说，博客内容应包括：公司介绍、公司品牌、公司荣誉、产品展示、公司新闻等，但更重要的是需要有能解决客户问题的深度内容，比如我的博客就有很多关于网络营销策划、网络营销运营案例和网络推广传播的内容，因为这能帮助目标受众解决问题，对他们是有价值的。

另外可以增加一些趣味性的内容，比如网络幽默、网络互动小游戏、网络投票游戏等。有些企业由于行业关系，可以做大量有价值的、可读性强、传播影响力广的内容，比如摄影机构、旅游景区、家居装修、美容化妆、时尚行业等。而有的行业可能由于特殊性，内容相对专业性强，如电子原器件、工业品、化工原料等，这类企业其实也可以做出很多有价值的内容，如电子采购技巧大全须知、激光切割机维修保养技巧、塑胶原料质量判断入门等，关键是要从解决目标客户实际问题这一角度来撰写。

5. 博客推广。博客也是需要推广传播的，不然博客就无访问量，但是博客的网络传播推广和企业独立网站的推广有一定区别，因为博客立足一个平台，有平台流量支撑，并且平台提供了很多工具和便利。其次博客也需要做 SEO，前面所讲述的关键字规划就是在此发挥作用，另外将所注册的博客进行交叉链接，也都有助于获得更好排名。很多博客 SEO 运作得当，使其排名优于网站。

6. 加强互动沟通。博客营销的另外一个关键点——互动，互动指两个方面，一是和平台其他博友的互动；二是和访客的互动。博客有很多互动工具，比如博客圈、好友、站内信、加关注等方式方便和博友互动，另外留言、评论等及时回复，都是互动的体现。

Web2.0 的时代，再不是单向传播，而是双向互动传播时间，我们应该将博客打造成信息源点，让博友和访客都成为新的信息发散点。

7. 数据分析。和网站一样，博客也需要进行数据分析。博客访问量多少、博客好友增加量多少、博客被关注量多少、博客文章访问量如何、博客留言和评论率高不高、博客有没有留言咨询、有没有电话咨询、博客的百度排名如何、博客文章被推荐篇数多少等，这都需要进行数据分析的。只有进行了数据统计和分析，才能判断开展博客营销的资源投入和回报情况比例如何，策略是否正确，是否需要改进和调整。

博客营销看似落伍，其实具有强大威力，并且适合大部分行业和企业。做好博客营销首先要从策略分析和确定目的模式入手，然后给以搭配策略的强执行力，那势必能取得“小博客，大推广”的效果。

【小贴士 15 - 1】一个退了休、对网络不了解的 50 岁遇女士，从山东一个偏僻的小县城来到北京陪伴读大学的女儿，用了一年多的时间，竟然在网上开创出一番自己的事业，且每月的销售额稳定在几十万元，有点儿不可思议吧？

谈到自己在网上创业的故事，遇女士显得很谦虚。在网上代理销售一家美国企业生产的营养品的她，在短短一年时间，不仅从山东做到了北京、上海、广东、西安，甚至还有美国的客户主动和她联系。随着自己的生意越做越大，她开始向自己手下的经销商传授自己一年多来利用网络推广的手段和方法。

令人惊奇的是，遇女士过去对网络并不了解，但成功后，她却多次表示："成功并不是很难，我只是熟练地掌握了一些网络工具的功能。"

时间回到2004年，遇女士在女儿的帮助下第一次接触到博客。自此以后，她不但迷上了博客，甚至开始钻研各种博客。2005年起，她开始利用创业博客、职业博客、新浪等各种网站设立个人博客，同时借助搜索引擎在各个网站上推广。到目前为止，她已经在20多个网站建立了自己的博客。

遇女士对于博客的效果非常看重，每当有新的技术出现，她都会尽快融入自己的博客当中。随着视频技术日渐成熟，新浪等网站又推出了视频博客，百度也推出自己的空间。这些人气极高的网站，为她的博客带来不少点击。一年来，全国各地都有客户通过阅读她的博客而对她的产品产生兴趣，客户通过她在博客上所留的QQ号或手机号码与她联络。更让她意想不到的是，甚至还有海外的客户希望了解她的产品。

对于这些有意向的客户，她也会选择用QQ跟客户进行深度沟通，遇上客户提出她无法当场解答的疑问时，她还会邀请伙伴一起上线帮助解答。对她来说，最初的客户都是来自于博客营销过程之中。随着遇大姐的客户人数增加，售后服务工作量也大大增加，靠她个人在QQ上已经无法应付如此大的工作量。于是遇大姐又在新浪UC上租了个语音聊天室，用来给客户做产品培训和疑难解答，以及使用产品后的心得交流。

三、微博营销

随着微博在中国大陆的迅速发展，越来越多的用户开始使用微博，这为微博营销创造了良好的群众基础。

【小贴士15-2】

《失恋33天》精准网络营销　完胜好莱坞大片

2011年电影市场，年度黑马莫过于总投资不到1500万的《失恋33天》，该影片在四部好莱坞大片围追堵截之下，一举斩获了令人咋舌的3.5亿元的票房，是当初预估票房数的十倍还多！

而该电影之所以能成功，其最大原因应算其创造了一种全新的营销模式。《失恋33天》在市场宣传前，影片发行方便看准了微博在年轻人中的影响力，《失恋33天》拍摄了一组名为《失恋物语》的短片，从不同的城市选取年轻人讲述自己的失恋经历，然后在微博等平台投放，引起了巨大反响和共鸣。除了片方拍摄的7大城市的短片，网友们更自发地拍摄了20多个不同城市、不同方言、不同版本的《失恋物语》。让失恋成为一个影响大批年轻网民的流行话题，进而带动大家对电影的关注。同时影片发行方又恰到好处的选择了光棍节这个天时地利人和的档期，利用名人不断地在微博上催热影片，以强大的口碑效应影响微博用户。

据统计，《失恋 33 天》打造的官方微博粉丝量近 10 万，同时还创建了一系列“失恋 33 天”的微博账号，像失恋 33 天经典语录、失恋 33 天心语等微博号粉丝数都在 10 万上，这样就形成了一个庞大的微博矩阵，由这个矩阵再加上话题和各大排名靠前的草根微博转播和推荐，所形成的力量在微博上无疑是巨大的。

从 2011 年 3 月《失恋 33 天》团队就已经开始着手在网络上的话题营销，到电影于 2011 年 11 月 8 日上映，足足有半年多时间，不但启动早，而且把宣传时间拉得足够长，宣传方式环环相扣。《失恋 33 天》所有重要信息全部是以微博为首发媒体，他们选择直接面对观众，而不是透过媒体去向观众阐述电影。在微博上，上至影片导演，下至影片演员，形成微博矩阵式的宣传，所有人都参与到整个微博营销的过程中，以火力全开的姿态攻占微博，影片尚未上映就已经连续霸占微博热门话题榜，为电影积累了人气。

(一) 微博的概念及特点

1. 微博的概念。微博是微型博客的简称，它是一个基于用户关系的信息分享、传播以及获取平台，用户可以通过页面、手机、即时聊天软件、外部客户端等，以 140 字左右的文字更新信息，即时分享，并能通过关注、评论等方式及时获得信息反馈。

2. 微博的特点。微博没有题材限制，可以是生活中的感怀、工作中的心得、即时新闻的转发、经典语录的分享、日常生活中的见闻等。微博的发布更为自由，没有文字编排的限制。其作为一种超强信息传播工具，具有下面三个特点：

(1) 文字简练。微博的内容大都在 140 字左右，因为文字很少，所以直指主题，言简意赅。

(2) 网状传播模式。当用户在微博上发布信息以后，关注该微博的粉丝随时可以将它转发，一传十、十传百……N 次方的传播模式，形成了一个立体的、无上限的网状传播模式。

(3) 共享机制。微博只需添加关注，成为对方的粉丝即能随时随地接收对方的信息。添加关注不需要对方验证，建立好友关系的门槛低，一旦成为关注好友，也同时实现了信息共享。同时，微博也成为个人的广播平台，能准确地把信息传播给自己的粉丝。

由于微博受到越来越多人的喜爱，很多人都在关注，因此，也随即应运而生了微博营销，微博营销的问世更是顺应了市场的需求，很多企业、公司都把它当成推广自己产品品牌的平台。

（二）微博营销的定义

1. 微博营销，就是借助微博这一平台进行的包括品牌推广、活动策划、个人形象包装、产品宣传等一系列的营销活动。

2. 微博营销的特点。

（1）成本上——发布门槛低，成本远小于广告，效果却不差。140个字发布信息，远比博客发布容易，对于同样效果的广告则更加经济。与传统的大众媒体（报纸，流媒体，电视等）相比受众同样广泛，前期一次投入，后期维护成本低廉。

（2）覆盖上——传播效果好，速度快，覆盖广。微博信息支持各种平台，包括手机，电脑与其他传统媒体。同时传播的方式有多样性，转发非常方便。利用名人效应能够使事件的传播量呈几何级放大。

（3）效果上——针对性强，利用后期维护及反馈。微博营销是投资少见效快的一种新型的网络营销模式，其营销方式和模式可以在短期内获得最大的收益。SNS与类似于BBS形式的传统媒体广告优势在于社交信任与信息筛选。传统媒体广告往往针对性差，难以进行后期反馈。而微博针对性极强，绝大多数关注企业或者产品的粉丝都是本产品的消费者或者是潜在消费者，企业可以有针对性地进行精准营销。

（4）手段使用上——多样化，人性化。从技术上，微博营销可以同时方便的利用文字、图片、视频等多种展现形式。从人性化角度上，企业品牌的微博本身就可以将自己拟人化，更具亲和力。

（5）即时沟通，互动性强。不论是通过手机微博的客户端，还是即时聊天工具，都能及时了解到微博的更新情况，即时对感兴趣的话题进行互动。

（三）微博营销技巧

1. 微博的数量不在多而在于精。有的人在建立微博的时候，一开始没有定位主题，今天觉得这个网站的微博很不错，就建立了一个微博用户，明天可能会觉得这类主题的微博不错，也建立了一个。建微博就和运营网站有点类似，个人站长总是觉得这个好就换，换来换去结果一个也没做成功。我们做微博时也要讲究专注，因为一个人精力是有限的，杂乱无章的内容只会浪费时间和精力，所以我们要做精，重拳出击才会取得好的效果。

2. 个性化的名称。一个好的微博名称不仅便于用户记忆，也可以取得不错的搜索流量。这个和我们个人站长取网站名称类似，好的网站名称如：百度、淘宝、开心网等都是很简洁易记的。当然，我们企业如果建立微博，准备在微博上进行营销，那么可以取为企业名称、产品名称或者个性名称来做为微博的用户名称。

3. 巧妙利用模板。一般的微博平台都会提供一些模板给用户，我们可能选择与行业特色相符合的风格来，这样更贴切微博的内容。当然，如果你有能力自己设计一套有自己特色的模板风格也是不错的选择。

4. 使用搜索检索，查看与自己相关内容。每个微博平台都会有自己的搜索功能，我们可以利用该功能对自己已经发布的话题进行搜索，查看一下自己内容的排名榜，与别人微博内容对比。可以看到微博的评论数量、转发次数，以及关键词的提到次数，这样可以了解微博带来的营销效果。

5. 定期更新微博信息。微博平台一般对发布信息频率不太做限制，但对于营销来说，微博的热度和关注度来自于微博的可持续话题，我们要不断制造新的话题、发布与企业相关信息，才可以吸引目标客户的关注。我们刚发的信息可能很快被后面的信息覆盖，要想长期吸引客户注意，必定要对微博定期更新，这样才能保证微博的可持续发展。当然，长期更新好、新颖的话题，还可能被网友转发或评论。

6. 善于回复粉丝们的评论。我们要积极查看并回复微博上粉丝的评论，被关注的同时也去关注粉丝的动态。既然是互动，那就得相互动起来，有来才会有往。如果你想获取更多评论，就要积极的态度去对待评论，回复评论也是对粉丝的一种尊重。

7. ＃与@符号的灵活运用。微博中发布内容时，两个“＃”间的文字是话题的内容，我们可以在后面加入自己的见解。如果要把某个活跃用户引入，可以使用“@”符号，意思是“向某人说”。比如：“@微博用户欢迎您的参与”。在微博菜单中点击“@我的”，也能查看到提到自己的话题。

8. 学会使用私信。与微博的文字限制相比较，私信可以容纳更多的文字。只要对方是你的粉丝，你就可以通过发私信的方式将更多内容通知对方。因为私信可以保护收信人和发信人隐私，所以当活动展开时，发私信的方法会显得更尊重粉丝一些。

9. 确保信息真实与透明。我们搞一些优惠活动、促销活动时，当以企业的形式发布，要即时兑现，并公开得奖情况，获得粉丝的信任。微博上发布的信息要与网站上面一致，并且在微博上及时对活动跟踪报道。确保活动的持续开展，以吸引更多客户的加入。

10. 不能只发产品企业或广告内容。有的微博很直接，天天发布大量产品信息或广告宣传等内容，基本没有自己的特色。这种微博虽然别人知道你是做什么的，但是绝不会加以关注。微博不是单纯广告平台，微博的意义在于信息分享，没兴趣是不会产生互动的。我们要注意话题的娱乐性、趣味性、幽默感等。

（四）微博营销与博客营销的区别

1. 信息源的表现形式差异。博客营销以博客文章（信息源）的价值为基础，并且以个人观点表述为主要模式，每篇博客文章表现为独立的一个网页，因此对内容的数量和质量有一定要求，这也是博客营销的瓶颈之一。微博内容则短小精练，重点在于表达现在发生了什么有趣（有价值）的事情，一条微博，最多 140 个字，只需要简单的构思，就可以完成一条信息的发布。这点就要比博客要方便的多。毕竟构思一篇好博文，需要花费很多的时间与精力。

2. 信息传播模式的差异。微博注重时效性，3 天前发布的信息可能很少会有人再去问津，同时，微博的传播渠道除了相互关注的好友（粉丝）直接浏览之外，还可以通过好友的转发向更多的人群传播，因此是一个快速传播简短信息的方式。博客营销除了用户直接进入网站或者 RSS 订阅浏览之外，往往还可以通过搜索引擎搜索获得持续的浏览，博客对时效性要求不高的特点决定了博客可以获得多个渠道用户的长期关注，因此建立多渠道的传播对博客营销是非常有价值的，而对于未知群体进行没有目的的“微博营销”通常是没有任何意义的。

3. 用户获取信息及行为的差异。用户可以利用电脑、手机等多种终端方便地获取微博信息，发挥了“碎片时间资源集合”的价值，也正因为是信息碎片化以及时间碎片化，使得用户通常不会立即做出某种购买决策或者其他转化行为，因此作为硬性推广手段只能适得其反。

将以上差异归纳起来可以看出：

博客营销以信息源的价值为核心，主要体现信息本身的价值；微博营销以信息源的发布者为核心，体现了人的核心地位，但某个具体的人在社会网络中的地位，又取决于他的朋友圈子对他的言论的关注程度，以及朋友圈子的影响力（即群体网络资源）。因此可以这么简单地认为微博营销与博客营销的区别在于：博客营销可以依靠个人的力量，而微博营销则要依赖你的社会网络资源。

四、其他营销

（一）论坛营销

论坛营销就是“企业利用论坛这种网络交流的平台，通过文字、图片、视频等方式发布企业的产品和服务的信息，从而让目标客户更加深刻地了解企业的产品和服务。最终达到企业宣传企业的品牌、加深市场认知度的网络营销活动”。

1. 选择符合产品的论坛、网站在实施论坛营销时，一定要根据网站产品的特性，选择合适的论坛，最好是能够直击目标客户的论坛。比如笔者喜欢车辆，所以就经常在“车迷天下”论坛上，就车辆的消费、信息、价格进行踩点，如图 15－3 所示。

图 15－3　"车迷天下"论坛页面

2. 巧妙设计帖子内容。作为传递产品信息的载体，信息传达的成功与否主要取决于帖子的标题、主帖与跟帖三小部分，如果一个帖子能够吸引网民点击，又巧妙地传递了产品的信息，同时让网民感受不到它的 AD 帖，那么这个帖子可以说是相当成功。

(1) 标题。可以说帖子成功的关键在于标题写的恰不恰当，标题诱人与否直接决定帖子的浏览，因此标题是帖子的关键。

(2) 主帖。当网友被标题诱惑到主帖时，帖子内容的质量直接决定了回复，因此在写内容时，可以把标题中有争议的场景在一个帖内展开，传达产品对用户的重要性或相关性。在回复设置悬念，产品信息传达也可发生在回复中，因此建议主帖只要把产品的信息叙述就可以，不需要加入太多的产品信息，避免引起网民反感。

(3) 回帖。一般为网友对于产品的主观评论，当网民被标题、主帖吸引，查看回复时，那就是帖子真实身份曝光的时刻。评价过高会令网友察觉整个帖子的意图，影响产品传达的效果。因此在写回复时要采取发散性思维，声东击西，为产品信息做掩护，将网友可能产生的负面情绪降到最低。

3. 及时有效地跟踪帖子。帖子发出后，如果不去后期跟踪维护，那么很快就会沉下去，尤其是人气比较旺的论坛，沉帖就不能起到营销的作用了，所以应及时地顶帖，可以使帖子始终处于一屏，会被目标用户所浏览。维护帖子不要一味地夸奖，夸张的评价，把握好尺度从反面去辩驳（挑不主要的缺点去说，比如颜色不好等），挑起争论，可以把帖子炒热从而引起更多网友的关注。

（二）贴吧营销

贴吧营销，以贴吧为载体的一种营销方式。贴吧，是一种基于关键词的网上主题交流社区；它与搜索紧密结合，准确把握用户需求，通过用户输入的关键词，自动生成讨论区，使用户能立即参与交流，发布自己所拥有的其所感兴趣话题的信息和想法。这就意味着，如果有用户对某个主题感兴趣，那么他立刻可以在贴吧上建立相应的讨论区。

【小贴士 15－3】由于贴吧没有门槛，甚至不需要注册即可以发帖、回帖。因此贴吧往往显出超高人气，在最热的时候回帖间隔可以用秒来计算。百度贴吧自上线后就受到万千网民的追捧，帖子数量每天以千位数递增，网友所发帖子主题数已超过 1350 多万，参与讨论帖子数已超过 2 亿多条。从创建至今，贴吧积累了大量的用户，现已成为全球最大的中文网络社区。如图 15－4 所示。

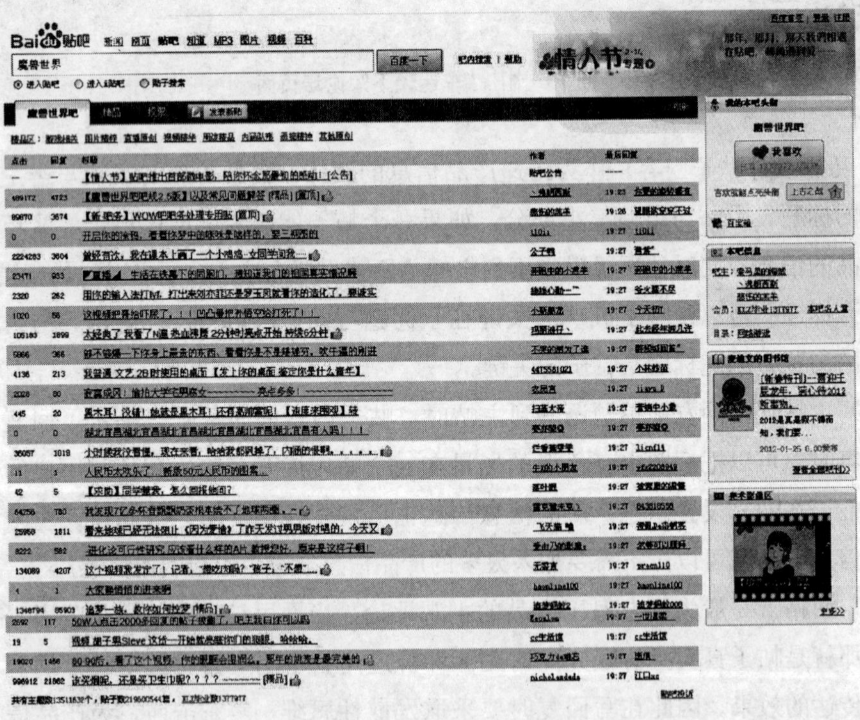

图 15－4　百度“魔兽世界”贴吧页面

（三）数据库营销

数据库营销就是企业通过收集和积累会员（用户或消费者）信息，经过分析筛选后针对性地使用电子邮件、短信、电话、信件等方式进行客户深度挖掘与关系维护的营销方式。或者，数据库营销就是以与顾客建立一对一的互动沟通关系为目标，并依赖庞大的顾客信息库进行长期促销活动的一种全新的销售手段。是一套内容涵盖现有顾客和潜在顾客，可以随时更新的动态数据库管理系统。数据库营销的核心是数据挖掘。

（四）网络视频营销

网络视频营销指的是通过数码技术将产品营销现场实时视频图像信号和企业形象视频信号传输至互联网上。企业将各种视频短片以各种形式放到互联网上，达到一定宣传目的的营销手段。网络视频广告的形式类似于电视视频短片，平台却在互联网上。视频与互联网的结合，让这种创新营销形式具备了两者的优点。

视频营销主要是通过视频分享的方式进行产品宣传，其运营方式以网站形式为主，在视频长度上以短片片段居多，在视频内容上以用户自创制作为主。其优点是用户参与度高，宣传效果强；缺点为内容审核机制要求高。

目前视频分享主要网站有：土豆网、酷6网、优酷网、我乐网等。

复习思考题

1. 简述E-mail营销的分类。
2. 简述企业博客营销的基本步骤有哪些。
3. 简述博客营销与微博营销的区别。

模块五　网络营销管理与控制

任务十六　网络营销实施管理

学习任务

1. 了解网络营销管理的内容体系；
2. 熟悉网络营销管理实施的运作过程；
3. 掌握网络营销实施的时机决策和投资决策。

情景案例

摩托罗拉陷入战略迷途

摩托罗拉在中国的市场占有率由1995年60%以上跌至2007年的12%。

10年前，摩托罗拉还一直是引领尖端技术和卓越典范的代表，享有着全球最受尊敬公司之一的尊崇地位。它一度前无古人地每隔10年便开创一个工业领域，有的10年还开创两个。成立80年来，发明过车载收音机、彩电显像管、全晶体管彩色电视机、半导体微处理器、对讲机、寻呼机、大哥大（蜂窝电话）以及"六西格玛"质量管理体系认证，它先后开创了汽车电子、晶体管彩电、集群通信、半导体、移动通信、手机等多个产业，并长时间在各个领域中找不到对手。

但是这样一家有着显赫历史的企业，在2003年手机的品牌竞争力排在第一位，2004年被诺基亚超过排在了第二位，而到了2005年，则又被三星超过，排到了第三位。

而在2008年5月，市场调研厂商IDC和战略分析公司Strategy Analytics表示，摩托罗拉可能在2008年年底之前失去北美市场占有率第一的位置。摩托罗拉的当季报告也显示，2008年第一季度全球手机销量下降39%，手机部门亏损4.18亿美元，与上年同期相比亏损额增加了80%。

营销战略失误为以下几方面。

1. 迷失了产品开发方向。不考虑手机的细分发展，3 年时间仅依赖 V3 一个机型。没有人会否认 V3 作为一款经典手机的地位，正是依靠 V3，摩托罗拉 2005 年全年利润提高了 102%，手机发货量增长 40%，摩托罗拉品牌也重焕生机。尽管 V3 让摩托罗拉重新复苏，更让摩托罗拉看到了夺回市场老大的希望。然而，摩托罗拉过分陶醉于 V3 带来的市场成功。赛迪顾问研究显示，2005 年以前是明星机型的天下，一款明星手机平均可以畅销 2～3 年，而过了 2005 年，手机市场已成了细分市场的天下，手机行业已经朝着智能化、专业拍照、娱乐等方向极度细分，而摩托罗拉似乎对此视而不见。在中国市场，2007 年摩托罗拉仅仅推出 13 款新机型，而其竞争对手三星推出了 54 款机型，诺基亚也有 37 款。

2. 价格跳水快，自毁品牌形象。在新品跟不上的情况下，降价成了摩托罗拉提高销量不得不采取的手段。许多摩托罗拉的忠实用户把摩托罗拉的手机称为"（价格）跳水冠军"。以 V3 为例，从刚上市时的 6000 多元的高端时尚机型跌入 4000 多元的白领消费群，再到 2000 多元的普通时尚消费群，直到停产前的 1200 多元。短期的大幅降价让不少高端用户无法接受，同时也对 V3 的定位产生了质疑，后果就是对摩托罗拉品牌彻底失去信任。

3. 推广没有突出卖点的产品。手机消费者的需求变化日益飘忽不定。消费者对手机的要求已经不仅仅局限在外观方面，苛刻的消费者更多地开始关注手机的配置、功能特色等内在技术因素。以技术见长的摩托罗拉本不应在技术方面让消费者失望，但是现实还是让消费者失望了。从手机零售卖场那些列出来的一目了然的参数中，摩托罗拉的像素、屏幕分辨率、内存几乎都落后于诺基亚等竞争对手的同类机型。自从推出 V3 之后，摩托罗拉发布的绝大部分新品手机无论是 U 系还是 L 系，甚至是 K 系就再也抹不去 V3 的影子，尤其是其金属激光蚀刻键盘设计。V3 的键盘设计的确是经典，但再经典的东西被反反复复无数次拿出来用，也会引起消费者的视觉疲劳，甚至产生抵触情绪，尤其是对于那些经常换机用户。

案例点评

网络营销管理的价值在于让企业的营销活动有计划、有目的地进行，发现网络营销过程中的问题并进行适当的控制，从而达到提升营销总体效果的目的。摩多罗拉在营销管理上缺乏计划，最终导致营销的不良效果。

知识体系

一、网络营销管理的内容体系

网络营销管理的价值在于让企业网络营销活动有计划、有目的地进行，及时发现网络营销过程中的问题并进行适当的控制，从而达到提升网络营销总体效果的目的。从目前网络营销市场发展的现状来看，企业需求开始从最基础的网站建设与推广向更高层面的网络营销管理服务市场深入。同时了解网络营销管理的内容也是网络营销主管必备的基本能力。

（一）网络营销管理内容体系分类

1. 按管理形式分。按网络营销管理的形式分类，网络营销管理分为网络营销计划管理、网络营销人事管理、网络营销组织管理、网络营销策略实施管理、网络营销效果评价和控制等。

2. 按开展的阶段分。按开展网络营销的阶段分类，可以将网络营销管理分为网络营销总体策划阶段的管理、网络营销准备阶段的管理、网络营销实施过程的管理、网络营销效果控制与评价管理等。

3. 按工作性质分。按网络营销管理的工作性质分类，可以将网络营销管理分为单项网络营销策略管理、阶段性网络营销管理和连续性网络营销管理等。

4. 按工作内容分。按网络营销管理的工作内容分类，可以将网络营销管理分为网络营销基础环境管理、网络营销产品和服务管理、网络营销的内容管理、网络营销用户资源管理、用户行为研究与管理、网站流量统计管理等。

5. 按基本职能分。按网络营销管理的基本职能分类，可以将网络营销管理分为网络品牌管理、网站推广管理、信息发布管理、在线顾客关系管理、在线顾客服务管理、网上促销管理、网上销售管理、网上市场调研管理。

（二）网络营销管理的一般内容

从网络营销基本职能的角度来细分网络营销管理的一般内容如下：

1. 网络品牌管理。是指通过合理利用各种网络营销途径创建和提升品牌，主要内容包括网络品牌策略制定、网络品牌计划实施、网络品牌评价等。

2. 网站推广管理。网站推广的直接效果表现在网站访问量的增加、品牌形象的提升、用户数量的增长等多个方面，网站推广管理是网络营销管理的基础内容之一，也是最基本的网络营销管理活动。

3. 信息发布管理。包括网站的内容策略及内容管理、外部信息发布渠道管理、信息发布的效果管理等。

4. 在线顾客关系管理。包括用户行为研究、用户资料管理和有效利用、顾客关系营销策略的效果评价等。

5. 在线顾客服务管理。在线顾客服务的基础是有效利用在线服务手段，对各种在线服务手段的特点进行研究并制定适合用户要求的顾客服务策略。

6. 网上促销管理。针对不同产品服务，制定不同阶段的促销目标和策略，并对在线促销的效果进行跟踪控制。

7. 网上销售管理。网上销售管理的主要内容包括在线销售渠道建设、在线销售业绩分析评价、网上销售与网站推广、网上促销等工作的协调管理。

8. 网络市场调研管理。网上市场调研管理包括在线市场调研的目标、计划、调研周期管理，以及调查结果的合理利用和发布管理等。

网络营销管理贯穿于整个网络营销活动中，网络营销管理的内容也相当繁多，每一项网络营销职能均包含多种具体的网络营销管理内容。在不同的阶段，网络营销管理的任务和实现手段也会有一定的差别，有些属于短期性网络营销管理，有些则属于长期性、连续性的管理内容。

二、网络营销管理实施的运作过程

这一过程可概括为：通过网络收集各方面的信息、技术、用户需求等，并将这些信息整理分析后反馈给企业；企业根据上述信息开发新技术、新思路、新产品，并通过网络进行宣传，与需求者进行沟通；通过网络收集订单；根据订单完成产品设计、物料调配、人员调动，再到生产制造；通过网络进行产品宣传与发布，与客户进行在线交易；通过网络获得客户的信息反馈，完成客户支持，积累经验，为下一个生产、销售循环作好准备。

根据上面所说的企业在网络时代的生产周期，我们认为，网络营销的内容应包括网上市场调研、网上商业宣传、网上销售、网上客户支持服务等。一个完整的网络营销实施的运作过程应包括以下基本步骤：

(1) 通过确定合理的目标，明确界定网络营销的任务。

(2) 根据营销任务，确定营销活动的内容。

(3) 申请域名，创建全面反映营销活动内容的网页。

(4) 与互联网链接。

(5) 发掘信息资源，广泛收集网上信息。

(6) 树立网上企业形象。

(7) 开展网上市场调研。

(8) 在网上推销产品与服务。

(9) 与客户沟通，通过网络收集订单。

(10) 将上述信息反馈给企业决策和生产部门。

(11) 通过网络与分销商联系。

(12) 促进在线销售。

(13) 使网络营销与企业的管理融为一体，形成网络营销集成。依靠网络与原料商、制造商、消费者建立密切联系，并通过网络收集传递信息，从而根据消费需求，充分利用网络伙伴的生产能力，实现产品设计、制造及销售服务的全过程，这种模式就是网络营销集成。

三、网络营销实施的时机决策

网络营销的实施可以给企业带来很大的竞争优势，但是实施网络营销是一项投资大、风险高、技术精的决策。任何一种信息技术，只要在社会上健康存在，就必然会为企业所利用。但因为信息技术的应用必须能够有助于拓展企业的核心业务，所以信息技术的应用就必然受到行业特点的制约。虽然网络营销已经在一些行业中得到了成功的应用，但仍有相当多的行业还未找到有效运用网络营销的途径，企业面临着挑选实施网络营销最好时机的挑战。

（一）网络营销实施面临的风险

要掌握实施网络营销的时机，必须能够判断出行业竞争、消费行为、经济与社会在2～7年的变化趋势及其对于信息技术的影响。企业的决策者必须积极主动地制定网络营销的实施规划。企业率先进入网络营销领域无疑是想借此获得优势。但是，先进入的企业必须面对以下风险：

1. 市场观念风险。再好的网络营销观念，如果顾客不接受，企业是很难实施的。

2. 技术风险。一般技术越新所面临的风险就越大，因而新技术必须经过多次实践和反复完善才能满足需要。

3. 执行风险。网络营销是一个系统工程，它涉及系统开发、组织结构调整、人员培训和市场培育等诸多方面，一旦某个环节出现问题势必影响整个网络营销的实施。

4. 经济风险。一项有效的商业观念与技术，实际执行的结果及所产生的成本与效益，是否与原先的乐观估计有所出入。

5. 组织风险。一项技术上可行的新方案，可能无法保证公司内部人人都能接受。

6. 政治风险。这指的是一项网络营销的应用方案，因政府政策、法令、社会争议或利益集团的压力而产生问题，而不能实施执行。

（二）网络营销实施决策的原则

究竟是采取领先政策还是跟随政策并无标准答案，但企业可以重点综合考虑三个方面的因素：

1. 行业内竞争手段的饱和程度。即除了网络营销外，是否存在其他值得公司集中精力采用的主要竞争手段，如产品开发等。

2. 网络应用方向的明显程度。是否可以预见到网络的应用能够明显提高企业某些核心竞争能力，如掌握顾客需求、顾客服务、配送等。

3. 本企业在信息技术应用方面的能力。公司在以往信息技术应用方面的成果如何，是否具有较好的基础架构以从事网络营销的一些实验性工作，同时不影响公司的正常运营。

企业可以采取一种变通的方式，即在互联网上注册一个空的网址。许多企业都采用这一方式。这样做有几个方面的好处：一是防止好的网址被其他企业强占；二是建立空网址所花费甚少，却可以树立企业的先锋形象，至少可以向消费者展示本企业积极进取的态度；三是事实上目前拥有电脑互联网的消费者并不多，空网址并不会对他们造成多大伤害，而一旦网络营销开始普及化，企业便可以该网址为基础构建自己的网络营销系统。

所有这些都说明了一个问题：网络营销并非是万能的，至少在很长一段时期内，传统营销方式依然是大部分企业生存与发展的基础。随着网络营销技术与观念的发展，网络营销的重要性亦会日益提高。企业的任务是如何实现两者之间的有效配合。

四、网络营销实施的投资决策

网络应用于营销的根本目标是为了更快、更好地获取顾客信息，使企业做出更加高效的反应，但网络本身并不能独立完成这一任务，它仅仅为此提供了通道，通道要发挥作用，势必要求企业具备与之相配套的信息处理及决策系统。因此，这必然涉及一整套信息技术的建立与应用问题，从而企业花在网络营销上的信息技术投资便十分庞大了。

此外，网络及其配套信息设备与技术的投资之所以值得企业高度重视，还由于存在着成本的潜在增长性问题。一般而言，在软硬件开发上每 1 美元的花费，意味着今后每年将造成 0.2 美元的营运成本以及 0.4 美元的维修成本，即 100 万美元的初始投资将造成每年 60 万美元的额外开销。因此，任何一家企业都不会不考虑为开展网络营销进行如此高的投资是否值得。

（一）网络营销的投资成本及其管理

对于网络技术投资，企业的主要决策人可能会面临两难选择：竞争上的需要使得企业必须做出更加积极的努力，但未来难以控制的成本及难以预测的收益又会使企业止步不前。

网络技术成本管理的第一个任务就是找出系统投资过程中的所有成本，这不仅仅包括财务报表上列示的各个成本项目，还包括许多隐藏成本。

网络技术成本管理中的一个难点是网络技术成本的辨别性。在建立起网络之后，几乎有一半的费用都投入到个人电脑、办公室自动化及改进会计业务等配套功能上了。各部门负责编写各处的预算，但许多涉及整体组织调整的衍生成本根本就未进行追踪。

因此，为了进行有效的网络技术投资成本管理，有必要彻底了解其基本构成。从系统的整个生命周期看，其成本包括两大部分：

1. 供应者成本。所谓供应者成本是指最终由业务部门所承担的、自信息供应者（信息部门）那里划转或转移而来的成本费用。在转移的供应者成本当中，尤其要注意网络系统的维护费用。因为现有系统若得不到及时的维护，可能会陷入瘫痪。

2. 使用者成本。使用者成本是指直接发生在业务部门的关于使用网络系统方面的成本，或者由信息部门支出但可以直接归算到业务部门的费用，包括配置在业务部门的电脑等硬件购置费及使用、维护费等。

组织过程中的成本，如管理和学习所花的时间以及教育费用等，都是较少或没有列入预算中的，但这笔费用的数额不容忽视。

供应者成本可以通过“准利润中心”或“模拟利润中心”的方式得到有效的解决，而无须依赖传统的以成本核算为基础的分配方式。所谓“准利润中心”方式是指信息部门成为一个相对独立的部门，负责网络基本线路、基本系统及配套信息技术的投资与开发；制定价格，根据业务部门各自的使用情况收取费用。这样，哪些部门应该负担多少成本费用便很明晰了，而且这比硬性摊派成本更有说服力。当然最主要的是能使业务部门意识到网络对本部门的重要性。

需要注意的是，信息部门不能成为真正的利润中心，否则容易导致业务上的矛盾。比如，若信息部门为了扩大本部门的利润而收取高额费用，将会损害业务部门的利益；同时，信息部门将有可能过度追求对外承揽服务，进而影响内部服务的贸易。

（二）网络营销投资的效益评估

人们一方面关注网络技术的投资、成本和风险，但更为看重的是网络建成之后的效益问题。当然要想计算出在营销及内部管理中运用网络空间能够为企业带来多大的经济效益并不是件十分容易的事情。

由于网络建设是一项长期投资，因此应该从长远的角度来评估其经济效益。此外，网络的建设本身并非产生效益的唯一来源，近似于铁路建设，网络建设最根本的作用在于促使企业以新思路、新方法去重新规划其营销活动，并调整内部组织与管理以适应这一新的营销理念。

综合起来看，管理阶层需要意识到以下几个方面：

1. 网络技术所创造的效益，与研究和开发十分类似。研究开发方面的投资与效益之间存在时间差，使得两者很难直接联系在一起，网络技术开发同样如此。

2. 同一技术上的投资，可能会产生不同的结果，组织与管理将会起到巨大的作用。

3. 网络零售、服务等手段产生的效益可能无法独立体现在会计报表中。因为它并不能直接使企业的总体成本减少，而且它的目标在于提升服务，增强顾客满意度，因此是企业的无形资产。

为了能够较好地体现出网络技术的应用所带来的效益，企业需要为其单独设计一套“主锚指标”（Anchor Messures）。信息技术所创造的价值往往被计入业务部门身上，而信息技术本身却成了耗费金钱的累赘。主锚指标的建立需要管理者判断出该项信息技术的最终作用点，并设计一项或一套指标来反映其效果。

在建立指标方面，网络技术比其他信息技术更为方便一些。因此网络技术直接运用于营销，因而与市场占有率、销售额等指标能够建立起直接的联系。网络技术的作用可分为对内与对外两部分：对内可以降低通信成本，提高生产效率，提高信息的处理与传播速度；对外可以提升服务，增强顾客满意度。企业可以根据这些功能制定相应的主锚指标以反映网络技术所产生的效益。

复习思考题

1. 简述网络营销管理的一般内容。
2. 网络营销实施的运作过程分为哪几个阶段？同时还应注意什么问题？

任务十七　网络营销业绩评估

学习任务

1. 理解网络营销评估的概念、作用；
2. 熟悉网络营销评价的类型指标；
3. 了解网络营销评估的方法。

情景案例

东方钢铁电子商务有限公司网络营销绩效评估

东方钢铁电子商务有限公司 2000 年 8 月创建于张江高科技术园，注册资金为 0.8 亿元人民币，是从事钢铁行业的 B2B 电子商务公司。主要股东包括宝山钢铁股份有限公司、宝山钢铁国际贸易总公司、宝钢信息产业公司、宝山钢铁集团公司、益昌薄板公司、梅山公司等。同年 10 月发布了交易市场平台“东方钢铁在线”，面向包括钢厂、贸易商、服务商及钢材用户在内的钢铁企业，提供全面的商务信息支持及交易服务。

“东方钢铁在线”的主要功能包括宝钢股份公司的物资采购管理、钢材交易、物资交易和信息中心。其中钢材交易提供宝钢等国内各大钢厂产品的网上交易市场，举办竞价拍卖活动，支持钢厂及大型贸易商开设网上专卖店；物贸交易以宝钢等国内各大钢厂采购目录为核心，涉及煤、耐材、铁合金、矿石等交易品种，采用招投标及询报价方式实施企业的物资采购业务，同时支持钢厂构建采购专营厅；信息中心每日滚动发送全球钢铁行业信息，提供国内外 40 多个市场、近 50 个品种的钢材行情及述评，国内各钢铁企业价格及政策，钢材、原料及产品的海关进口数据，还可检索百余家钢厂的详细资料。

案例点评

从东方钢铁在线组建到现在，经过了多次的更新和完善，不断增添新的功能。网络营销有着许多不同于传统营销的特点，这就要求对网络营销系统的绩效进行评价，从而较准确的评估其经营业绩。

知识体系

网络营销是一个整体方案，虽然还没有一套较为可靠的评价方法，但通过对某些与网络营销业绩紧密相关的一些环节的评价可以反映网络营销的业绩情况。例如，跟踪每次通信成本，可以准确地计算出电子邮件的价值；通过对网站设计、网站推广、站点流量等指标进行评估，可以知道网络营销运作的效果。

一、网络营销评估概述

（一）网络营销评估的概念

网络营销评估是通过借助定量化和定性化的指标，对开展网络营销的网站的各个方面（包括网站访问量、个人信息政策、顾客服务和产品价格等）进行评价，以期总结和改善企业的网络营销活动，达到提高网络销售效益及网站管理水平的目的。

（二）网络营销评估的作用

网络营销由于其所存在的基础是网络空间，网络运行有其独特的规律。所以，网络营销评价的作用同其他系统略有不同，网络营销评价对于网络营销企业及其网站的发展起到了决定性的作用。

1. 通过对网络营销系统运行状况的评价，了解网络营销工作成果，形成对系统的各个组成部分的良性循环，激励系统正常持续发展。

2. 通过对网络营销系统运行状况的评价，检查网络营销系统运行状况与系统标准之间的差异，并且及时纠正，以确保网络营销系统正常运转。

3. 通过权威结构的评价，迅速扩大网络营销企业及其网站的知名度，利用网络价值规律，提升网络营销企业效率，提高网站和产品的品牌力。

二、网络营销评估的标准

由于不同企业的产品特点不同，营销方式也有差异，因此很难完全罗列，不过，从建立网络营销网站的目的出发，根据衡量对象的不同，我们把网络营销评价指标细分为四大类，它们分别是以衡量企业网络营销网站和产品的品牌形象、网络营销企业经营能力、网络营销网站的经营效果、网站技术水平。

（一）衡量企业网络营销网站和产品的品牌形象的指标

1. 网站以现在媒介中的数量和频率。

2. 网站在媒介中的质量和声誉。

3. 根据网站访问者的滞留时间来测定网络营销网站的水平。

4. 根据存在网站或者网站的时事通信服务中的注册用户数。

5. 测量网站的访问量及其增长值。

6. 访问量可以用点击率来衡量。

7. 企业 、产品、服务个人或者观点等被大众接受的程度。

（二）衡量网络营销企业经营能力的指标

1. 衡量管理者能力方面的指标。

（1）创新精神与能力。

（2）观念水平。

（3）是否具有升级能力并实现规模经济。

（4）实施战略规划的能力是衡量管理团队的另一个重要指标。

2. 衡量网络营销企业实力的指标。

（1）数据信息的序化能人。

（2）多渠道购销售能力。

（3）公司结构是否开放。

（4）客户服务质量。

（5）现有企业规模、客户基础及发展潜力。

（6）网络营销企业收入多元。

（7）产品线的宽度和深度。

（8）先行优势。

(三) 衡量网络营销网站经营效果的指标

1. 确定和保持顾客与重复购买顾客的数量。

2. 销售额。

3. 转化率。

4. 市场渗透水平。

5. 利润。

6. 争取和维持用户成本的减少。

(四) 衡量网站技术水平的评价指标

1. 关于网站设计。除了功能、风格和视觉设计等取决于网站本身的特定要求之外，在网站设计方面，有一些通用的指标，主要有：主页下载时间（在不同速率 MODEM 情形下）、有无死链接、有无拼写错误、不同浏览器的适应性、对搜索引擎的友好程度（META 标签合理与否）等。

2. 关于网站推广。网站推广的力度在一定程度上说明了网络营销人员为之付出劳动的多少，而且可以进行量化。这些指标主要有：①登记搜索引擎的数量和搜索引擎排名。②在其他网站链接的数量。③注册用户数量。

3. 关于网站流量。通常有三个指标：①独立访问者数量：指在一定时期内访问网站的人数，每一个固定的访问者只代表一个唯一的用户。②页面浏览数：在一定时期内所有访问者浏览的页面数量。③用户在网站的停留时间：在一定时期内所有访问者在网站停留的时间之和。

三、网络营销的评估方法

(一) 美国评比网站常用的评估方法

1. BizRate 网络营销评估法。BizRate. com 公司成立于 1996 年，号称是第一电子商务门户网站，有 3600 多家在线商店参与收集顾客每次购买后的直接反馈信息，所有资料全部来自在线调查，由此得出的评比结果被认为是顾客满意度的标准。该公司不断收集数以百万计的网上购物者直接反馈信息，因此掌握哪些商业网站好，好在什么地方以及每天的服务如何变化等信息，可以根据网上顾客的特殊需求找出最适合的网站。而且，如果注册为会员，从 BizRate. com 开始进入所有链接的商业网站，还可以获得特殊服务的机会——包括最高达 25%的折扣。对于参与评比的商业网站来说，同样可以获得有益的价值：根据需要免费使用顾客的意见、每月一期免费详细的网站市场研究、免费使用 BizRate. com 顾客鉴定奖章做营销宣传、免费出现在 BizRate. com 的列表、免费热点电子商务研究。因此，BizRate. com 在网站评价领域大获成功。

目前，BizRate. com 对 13 大类的电子商务网站进行评比，每类网站又可分为几十个小类，通过对刚刚完成网上购物的顾客的调查来评比商店的表现，调查内容有10个方面：

网站导航及外观：是否有错误链接、版面质量、图片、网站速度；

产品选择：提供产品的种类和规格数量；

容易订购：下订单方便、快速；

产品信息：信息的数量、质量及相关性；

产品价格：相对于同类网上商店的价格；

准时送货：预期收货日期与实际收货日期相比；

产品运输和操作：包装和运输是否合适；

产品表现：描述的产品与实际收到的产品是否相符；

个人信息政策：个人信息的保护和承诺；

顾客支持的水平和质量：处理顾客投诉和解决问题的状况。

BizRate. corn 的评估是完全建立在大量购物者调查的基础之上，其评估结果具有相当的权威性，然而由于一些商业网站不参与评估，对于不参与 BizRate. corn 评估计划的网上商店，由 BizRate. corn 在线调查频道经过超过100000人的实际在线购买的会员进行评估，这些信息的准确性或者被调查者身份的可信度对于评估结果将产生直接影响。

2. CU 网络营销评估法（Consumer Reports online）。CU 是一个独立的、非营利性测试和信息组织。自从1936年起，则的使命一直是检验产品，向公众发布检测报告，并保护消费者。Consumer Reports online 由消费者联盟（CU）发布管理，对电子商务网站的评价与传统产品评价方法（对于传统行业，待检测的产品全部来自市场，检测人员像普通消费者一样从货架上购买，然后由100多位专家进行检验）类似，采用研究人员观察法，即对被评估网站的主要方面进行评价，包括销售额、网站流量、使用方便性（设计、导航、定单及取消、广告）、网站政策（安全性、装运、退货、个人隐私、顾客服务）和网站内容（分类深度、产品信息、个性化），然后根据各项指标的综合结果对电子商务网站进行排名。目前，Consumer Reports online 主要对几类网站进行评比：服饰、器具、汽车、书籍、音乐、目录、电子、玩具、园艺、家庭装饰、家具。CU 的非营利性质有助于树立其在公众心目中的公正形象，主要刊物《消费者报告》有460万订户，还有数百万消费者通过消费者报告在线网站了解相关信息，在线付费订户数量达到37万。Consumer Reports online 沿用与传统评估一样的方法评估商业网站，但只监控高流量的网站，虽然大多数购买者会去这些网站购物，但网站流量小但专业化程度高的或者一些新成立的网站就失去了参与评估的机会，而且纯粹的专家评估方法未必能反映商业网站的实际状况。分析家可以评估电子商务经历的每个方面，甚至看到消费者没有意识到的新特性，但是分析专家也许一个季度才有一次购物，而购物者不一定实验所有特性，但却经常在线购买东西或进行测试，如果让很多购物者，一些中小商业网站也参与评估，其评估准确性远胜过实验室里专家的评估。之所以 Consumer Reports online 的评估结果有较大的影响力，是因为基于传统产品评估的《消费者报告》杂志有众多的订户以及该机构的非营利性质。

3. Forrester 强力评估法（Forrester PowerRankings）。Forrester 强力评估（Forrester PowerRankings）采取专家实际购物评估与消费者调查资料相结合的方式，为了让直接消费者浏览商业网站，Forrester 请求浏览 Forrester PowerRankings 网站的消费者参与调查，同时也与 Greenfield online 形成伙伴关系，对 40 万在线样本会员进行调查，Forrester 监控在线消费者的投票以确保没有欺骗性事件发生。收集到网上消费者资料后，Forrester 对从在线调查中得到的统计资料进行一系列评估，Forrester 的专家购物实验对商业网站进行全方位评估，这种评估对所有被评估商业网站都以同样的标准严格进行。

最后，Forrester 专家的购物经历和消费者资料两类数据结果汇合形成整体评估结果 PowerRanking（以百分制表示），其中，专家购物资料权重为 1/3，而消费者的资料权重为 2/3。Forrester PowerRankings 是专家公正分析与在线用户调查的结果，这种独特的组合为商业网站提供了一个全面的评价。Forrester Research 是一个独立的研究咨询公司，PowerRankings 为消费者提供客观研究调查以帮助他们为选择领先的网站提供较好的决策，对于商业网站来说，得到了在市场地位的公证评估。Forrester PowerRankings 采取专家实际购物评估与消费者调查资料相结合的方式，显然在评估方法上更加准确一些，然而对两类数据结果的赋予的权重，究竟在多大程度上接近实际情况？对于权重的设置会为评估结果的准确性还是带来一定的疑问。

上述分析表明，对于所有的评估网站，建立科学的评价标准，并保持自身的公正形象至关重要，但是由于每个人都可能成为评估人，而各人的经历、偏好有所不同，对每种标准的判断就会有差异，无论专家评估还是在线调查，都摆脱不了主观因素的影响，无论定性描述还是定量分析，各种能够评估的方法都存在一定的缺陷。尽管各种方法都存在一定的缺陷或片面性，而且评估结果并不能真正反映商业网站的实际价值，这些方法也无法完全推广到其他类型的网站，但是作为一种新兴的互联网商务模式，可以预见，专业评估网站具有极强生命力。这对于网络营销评估机制的建立与完善将起极大的推进作用。

（二）直接回复网址的网络营销评估方法

一些营销研究机构从网络营销的直复功能出发，开发出一种营销评估方法——直接回复网址（Direct Response Web Site），以下简称直复网址。直复网址的设计思路是：要利用网络即时、互动的特性得到顾客（或潜在顾客）的实时回复。所谓回复（response）是指当测试的目的针对某项特定的活动时，公司需要的是与此活动有关的特定的反馈信息，可见回复不完全等同于反馈信息（feedback）；天下没有免费的午餐，顾客并没有回复的义务，为了使顾客乐于回复当然得先给他点好处。为了准确评估某项营销活动的效果，得将其他的反馈信息和与之有关的回复分离开来，这就要采取合理的信息分流；信息清晰分离后，即能精确获得服务于评估目的的回复数据，由此进行分析，可得到对该项营销活动评估的效果，同时可总结出优化营销效果的措施。这种网址在形式上和普通网址并无二致，仅仅是增加了一些具有直复特性的元素。可见，这种评估方法的根本出发点仍然是网络即时、互动的特性，其实质无非是将网络的特点结合传统营销的技巧和概念灵活运用而已，它并不是什么神秘不可言的创造。下面我们就来具体阐释一下直复网址的设计中蕴涵的经典的市场营销的概念和技巧。

1. 优选目标市场——测试对象。和其他直复营销媒体的评估一样，所用直复网址针对某一营销活动进行评估的第一步就是要选择合适的测试对象。利用传统营销理论中的 STP（Segment 细分、Target 目标、Position 定位）方法，可以找到与该项营销活动相配的细分目标市场。这时，既可以直接将直复网络和目标市场的网络连接起来，也可以间接将网络营销和目标市场联系起来，即在电视、广播、广告板、POP 广告等这些传统媒体的醒目位置上打上公司的网址，引导消费者去浏览该网址，利用目标市场中已有的传统营销媒体进行复合营销。

2. 给出优惠条件，诱使浏览者乐于回复。确定出测试对象后，接下来就是要收集每一位浏览站点的测试对象的基本数据：姓名、教育程度、收入、联系方式等。这些数据并不能直接获得，只有当浏览者愿意告诉网络营销者的时候，网络营销者才能得到这些数据，但是，浏览者并没有义务在一些站点设置的浏览者登记簿上填写这些信息，这是网络文化固有的保护个人隐私的特性所决定的。所以，公司要获得这些数据须付出应有的代价。要使浏览者乐于留下这些基本数据其实也很简单，只需将传统营销的一些促销策略稍加变化应用到网上即可：网上竞赛、网上优惠价、网上折扣、网上抽奖等方式均可运用。但应注意：网上信息传播速度之快，非常人所能想象，不排除大多数浏览者冲着免费品而来，如果网络营销者事先没有设计好有效的控制策略，网络营销者很可能会因此而大出血本，因此网络营销者不要滥给免费品（即没必要讨好每一位来访者）。下面是一个控制得较好的例子：SoftMail Direct 公司为了促销它的“站点评论”这项新的服务。它在商业刊物刊登广告时给出了如下有吸引力的优惠条件：提供免费的站点评论，有机会获得价值 1000 美元幸运奖。公司将从 1995 年 12 月 15 日到 31 日期间所有在指定的 URL 上登记的浏览者中随机抽取的 100 名幸运者。

3. 浏览者信息分流。如果将针对某项营销活动的特定的回复信息和其他目的的反馈信息混在一起，公司还是无法评估某项特定的网络营销努力是否成功。如上例（SoftMail Direct公司）中，如果冲着免费评论目的来的浏览者和需要“站点评论”服务支持的浏览者（被评估的网站）都在同一个地址上登记，公司就无法使用这个地址上的浏览者数据来评估他的新服务是否有效。为了解决这个问题，必须为不同的目的设置不同的网址以便将不同用途的信息分流。具体操作为：将当前主页拷贝一份，然后再在同一目录下另存一个名字即可。比如，上例中 www. SoftMail . com/index. html 为 SoftMail Direct 的标准网址，为了评估免费评论这项营销活动，可拷贝当前主页并为之设定一个特定的地址 www. softmail. com/New PubAd. html 即可。这样，从这个网址上得到的数据就是直接针对免费评论这个营销活动的。

4. 测试、评论并采取优化措施。评估的过程就是利用上述基本数据，计算相应评估指标，并与预期目标进行比较，得到正确的结论。从评估的结果网络营销者可以了解，哪些营销努力是没有市场效益的，哪些是卓有成效的，这样网络营销者就可以果断地采取优化措施，撤销无效的努力，将其资源集中到有效的营销努力上来。总之，有了数据分流的观念后，可以很容易地评估每一项营销努力的效果，甚至通过巧妙的分流方法可以评估每一项营销努力中哪些具体的措施在起着关键的作用。

除此之外在对网络营销整体效益进行评估时，管理人员一定要注意以下几个方面的问题：

1. 网络技术所创造的效益，与研究和开发的效益十分类似。研究开发方面的投资与效益之间存在的时间差，使得两者很难联系在一起，网络技术开发同样如此。

2. 同一技术上的投资，可能会产生不同的结果，组织与管理将会起到巨大的作用。

3. 网络零售、服务等手段产生的效益可能无法独立体现在会计报表中。因为它并不能直接使企业的总体成本减少，而且它的目标在于提升服务，增强顾客满意度，这也是企业的无形资产。虽然对整体效益的评估还在不断探索中，但网络营销的管理人员一定要重视网络营销业绩评估，只有通过评估才能更及时发现存在的问题，为网络营销的调整控制提供指导。

复习思考题

1. 什么是网络营销评估？

2. 试述网络营销评价的作用。

3. 网络营销评价质保的类型有哪几类？

任务十八　网络营销经营风险控制

学习任务

1. 了解网络营销风险的因素；
2. 熟悉网络营销风险的控制方法；
3. 理解对消费者的保护。

情景案例

黑客和雇主因攻击百合网被公诉

因为怀疑竞争对手攻击自己网站，乐某等人雇用黑客对著名婚恋网百合网进行攻击，导致该网站瘫痪损失超百万元。记者昨天获悉，警方已将恶意网络攻击竞争对手的被告人乐某、赵某等4人以破坏计算机信息系统罪公诉至朝阳法院。

2011年2月底，百合网会员在浏览该网站网页时出现白屏，所有网页都显示断开链接。正在浏览该网站的会员小吴开始以为是自己家电脑坏了，但是在重启几次后发现并非电脑问题，而是该网站的所有网页都出现白屏，因为担心信息被泄露，随后他将问题反映给百合网的客服。

百合网在当天接到了很多反映此类问题的电话，网络维护人员虽然尽力维修但是无法解决问题，过了一个多小时后，该公司网络又恢复了运行。但是之后几天百合网又多次出现断网故障，有时持续时间长达半天，网站的服务器在此期间多次被攻击，造成服务器不能提供正常服务，导致部分会员无法登录网站而退会，在故障期间该网站经济损失达到100余万元，由于怀疑受到黑客攻击，百合网报警。

民警在调查后发现这是一次有预谋、精心策划的恶性攻击，也是京城黑客攻击网络中第一次用DDOS（目前黑客经常采用而较难防范的攻击手段，通过向服务器提交大量请求，使服务器超负荷。阻断某一用户访问服务器某服务与特定系统或个人的通信）作案的案例。经过两个多月的侦查，警方找到了进行网络攻击的犯罪嫌疑人李某和霍某，他们将雇用他们的嫌疑人乐某和赵某供出。

经审查被告人乐某是北京某婚恋公司法定代表人，赵某是该公司网络总监。由于乐某公司的网站屡屡受到黑客攻击，乐某就怀疑是竞争对手所为。在2010年年底，乐某找到公司网络总监赵某想让其攻击百合网的网站。

赵某在得到老板乐某的授意后，在2010年年底找到了黑客李某和霍某，并商定以每小时200～500元的价格对竞争对手的网站进行攻击。2011年2月～3月，黑客李某和霍某频频在网站访问高峰时间以DDOS方式对百合网的服务器进行攻击，造成网站瘫痪。

案例点评

乐某等人以DDOS方式对他人网站进行攻击，造成网站瘫痪而不能正常访问，其行为符合破坏计算机信息系统罪的构成要件。据了解，根据我国刑法规定，对计算机信息系统功能进行删除、修改等造成计算机信息系统不能正常运行的特别严重后果，将处以5年以上有期徒刑。

知识体系

一、网络营销风险因素分析

网络营销的风险包括两大类：一类是经济性风险，另一类是人为风险。经济性风险已经在前面具体讲述过。下面主要介绍人为风险。

人为风险，或称非经济风险，是指由于人为破坏等因素造成的风险，人为风险主要包括由计算机病毒和“黑客”的网络犯罪等形式而引起的风险。

（一）计算机病毒引起的风险

影响网络安全的一个重要因素是计算机病毒。所谓计算机病毒是指一种隐藏于计算机中，破坏其正常运行及存储于其中的文件，并且能够繁殖传播的程序。

（二）黑客的网络犯罪引起的风险

除了上述的一些别有用心的人通过编制病毒对企业网络进行恶性破坏以外，还有些被俗称为黑客的犯罪分子通过网络对企业进行骚扰，盗窃企业机密，以获取非法经济利益。黑客的原意是指热衷于设计电脑程序的人，他们对电脑非常着迷。但更多的黑客是犯罪分子，他们有的截取银行账号，盗取巨额资金；有的盗用电话号码，使得电话公司的客户蒙受巨大损失。这些人因此也被称为骇客。

黑客对社会造成的危害极其严重，已经引起各国政府和治安机关的密切关注。数不胜数的黑客犯罪事件的发生，进一步提醒人们：黑客渐趋于普遍化。

（三）由网络知识产权受到侵犯而带来的风险

网络侵权实际上经常指的是侵犯版权，但实际上网上侵犯知识产权的形式还是多种多样的。网络营销服务对知识产权保护提出的新问题，主要体现在版权保护领域，而这一方面受到的侵犯也就形成了网络营销中人为风险的一大因素。

1. 作品和录音制品在网络营销环境下传播的问题。有些网站以链接的方式来复制，不直接盗版，他们主要采取链接合作的方式，以及一些小网站，主要是个人网站建立链接，另外由个人网站上传盗版的作品，在自己的网站上建立链接，效果一样。

2. 对作品和录音制品技术保密的问题。

3. 作品和录音制品的权利管理信息问题。

4. 数据库的保护问题。

在网络营销中，侵犯知识产权造成的风险还包括因著作权、域名和注册商标及名称权的侵犯所带来的风险。

二、网络营销风险的控制

（一）网络营销风险控制概述

1. 网络营销风险控制的范围。网络营销风险的控制的核心和关键问题是交易的安全性，也是电子商务技术的难点。为了降低交易的风险性，必须从以下四个方面进行风险控制：

（1）信息保密性：交易中的商务信息均有保密的要求。

（2）交易者身份的确定性：能方便而可靠地确认对方身份是交易的前提。

（3）不可否认性：由于商情的千变万化，交易一旦达成是不能被否认的。否则必须会损害一方的利益。

（4）不可修改性：交易的文件是不可被修改的。网上交易文件也要能做到不可修改，以保障交易的严肃和公正。

2. 网络营销风险控制的措施。一个完整的网络交易安全体系，至少应包括以下三类措施，并且三者缺一不可：

（1）技术方面的措施：如防火墙技术、网络防毒、信息加密存储通信、身份认证、授权等。但只有技术措施并不能保证百分之百的安全。

（2）管理措施：包括交易的安全制度、交易安全的实时监控、提供实时改变安全策略的能力、对现有的安全系统漏洞的检查以及安全教育等。

（3）社会的法律政策与法律保障：包括在网上进行交易的统一商法以及各种网上的法律和法规等。

开展网络营销的企业，只有从上述三方面入手，才可能真正实现电子商务的安全运作。

(二) 客户认证

客户认证（Client Authentication，CA）是基于用户的客户端主机 IP 地址的一种认证机制，它允许系统管理员为具有某一特定 IP 地址的授权用户制定访问权限。

客户认证技术是保证电子商务交易安全的一项重要技术。客户认证主要包括身份认证和信息认证。前者用于鉴别用户身份，后者用于保证通信双方的不可抵赖性和信息的完整性。在某些情况下，信息认证显得比信息保密更为重要。例如，买卖双方发生日用品业务或交易时，可能交易的具体内容并不需要保密，但是交易双方应当能够确认是对方发送或接收了这些信息，同时接收方还能确认接收的信息是完整的，信息在通信过程中没有被修改或替换。

(三) 防止黑客入侵

黑客可分为两类。一类是骇客，他们只想引人注目，证明自己的能力，在进入网络系统后，不会去破坏系统，或者仅仅会做一些无伤大雅的恶作剧。另一类是窃客，他们的行为带有强烈的目的性。早期的这些黑客主要是窃取国家情报、科研情报，而现在的这些黑客的目标大部分瞄准了银行的资金和电子商务的整个交易过程。

防范黑客的技术措施根据所选用的产品的不同，可以分为以下几类：包括网络安全检测设备、访问设备、浏览器、服务器软件、证书、商业软件、防火墙、安全工具包和软件。

(四) 网络交易系统的安全管理制度

网络交易系统安全管理制度是用文字形式对各项安全要求所做的规定，它是保证企业网络营销取得成功的重要基础工作，是企业网络营销人员安全工作的规范和准则。这些制度应当包括人员管理制度、保密制度、跟踪审计制度、系统维护制度、数据备份制度、病毒定期清理制度等。

1. 人员管理制度。从事网络营销的人员，一方面必须具有传统市场营销的知识和经验；另一方面，又必须具有相应的计算机网络知识和操作技能。为保证网络营销系统安全运作，可以遵循下面一些基本原则：

(1) 双人负责原则：重要业务不要安排一个人单独管理，实行两人或多人相互制约的机制。

(2) 任期有限原则：任何人不得长期担任与交易安全有关的职务。

(3) 最小权限原则：明确规定只有网络管理员才可进行物理访问，只有网络人员才可进行软件安装工作。

2. 保密制度。网络营销涉及企业的市场、生产、财务、供应等多方面的机密，需要很好地划分信息的安全级别，确定安全防范重点，提出相应的保密措施。信息的安全级别一般可分为三级：

(1) 绝密级：包括公司经营状况报告、订出货价格、公司的发展规划等。此部分网址、密码不在互联网络上公开，只限于公司高层人员掌握。

(2) 机密级：如公司的日常管理情况、会议通知等。此部分网址、密码不在互联网络上公开，只限于公司中层以上人员使用。

(3) 秘密级：如公司简介、新产品介绍及订货方式等。此部分网址、密码在互联网络上公开，供消费者浏览，但必须有保护程序，防止黑客入侵。

保密工作的另一个重要的问题是对密钥的管理。大量的交易必然使用大量的密钥，密钥管理必须贯穿于密钥的产生、传递和销毁的全过程。密钥需要定期更换，否则可能使黑客通过积累密文增加破译机会。

3. 跟踪、审计、稽核制度。跟踪制度要求企业建立网络交易系统日志机制，用来记录系统运行的全过程。系统日志文件是自动生成的。它对系统的运行监督、维护分析、故障恢复，对于防止案件的发生或在发生案件后为侦破提供监督数据，都可以起到非常重要的作用。

审计制度包括经常对系统日志的检查、审核，及时查看对系统故意入侵行为的记录和对系统安全功能违反的记录，监控和处理各种安全事件，保存、维护和管理系统日志。

稽核制度是指工商管理、银行、税务人员利用计算机及网络系统，借助于稽核业务应用软件调阅、查询、审核、判断辖区内各电子商务参与单位业务经营活动的合理性、安全性，堵塞漏洞，保证电子商务交易安全，发出相应的警示或作出处理的一系列步骤及措施。

4. 网络系统的日常维护制度。网络系统的日常维护制度包括如下内容硬件设备维护、软件的日常管理和维护、数据备份制度、病毒防范制度、控制权限、高度警惕网络陷阱和其他应急措施等。

(1) 硬件设备维护。要求网络管理员必须建立系统设备档案。一般可用一个小型的数据库来完成这项功能，一旦某地设备发生故障，可便于网上查询。

(2) 软件的日常管理和维护。一是支撑系统软件，包括操作系统 Unix 或 Windows NT，数据库 Oracle 或 Sybase，开发工具 PowerBuilder、DelPhi 或 C 语言等。二是应用软件的维护，应用软件的管理和维护主要是版本控制。

(3) 数据备份制度。这种保护措施还包括对系统设备的备份。

(4) 病毒防范制度。病毒在网络环境下具有更强的传染性，对网络交易的顺利进行和交易数据的妥善保存造成极大的威胁。防止病毒入侵的有效方法是：安装防病毒软件；不打开陌生地址的电子邮件；认真执行病毒定期清理制度。

(5) 控制权限。可以将网络系统中易感染病毒的文件的属性、权限加以限制，对各终端用户，只许他们具有只读权限，断绝病毒入侵的渠道，从而达到预防的目的。

(6) 高度警惕网络陷阱。网络上常常会出现各种非常诱人的广告及免费使用的承诺，在从事网络营销时对此应保持高度的警惕。

(7) 应急措施。应急措施是指在计算机灾难事件，即紧急事件或安全事故发生时，利用应急辅助软件和应急设施，排除灾难和故障，保障计算机信息系统继续运行或紧急恢复。在启动网络营销业务时，就必须制订交易安全计划和应急方案，一旦发生意外，立即实施，最大限度地减少损失，尽快恢复系统的正常工作。

(五) 网络营销交易安全的法律保障

网上交易安全的法律保护问题，涉及两个基本方面：①网上交易首先是一种商品交易，其安全问题应当通过民商法加以保护；②网上交易是通过计算机及其网络而实现的，其安全与否依赖于计算机及其网络自身的安全程度。

三、网络营销风险的消费者保护

企业在开展网络营销活动过程中，一个突出问题是要保护消费者的利益。网络营销作为电子商务的重要组成部分，如果缺乏对消费者保护，网络营销也难以顺利发展。

对于企业来说，在开展网络营销过程中保护消费者，也是保护企业自身利益，培育市场的发展。目前，企业在网络营销过程中对消费者的保护要从下面几个方面进行考虑：

(一) 消费者隐私保护

在信息透明度很高的互联网上，企业可以很容易地在消费者不知情的情况下获得消费者的个性化信息，而许多信息都是消费者不愿意透露的。当企业为自己利益利用或者透露消费者个人隐私信息时，就对消费者造成了伤害。基于消费者对隐私的考虑，美国著名市场研究机构 Forrester 估计电子商务公司在去年就损失约 28 亿美元。根据研究，一些担心企业会使用他们个人资料的消费者不是停止在线购物，就是他们在网上的支出低于在其他方面的消费。

企业保护个人隐私的主要措施有以下三个方面：

1. 让消费者在知情的情况下来收集消费者的个人信息，并承诺对个人信息保护和非公开商业化使用。

2. 收集消费者的信息时，隐藏消费者信息的隐私部分，包含消费者的个体识别信息（身份证号码、电话号码、姓名等）。

3. 在使用方面，如果企业收集的消费者信息只限于企业内部分析使用，消费者一般都比较能接受；如果企业将收集的消费者信息出售，则有可能造成对消费者隐私的侵犯，这是企业应当非常注意的。

(二) 消费者免受侵扰

由于网上信息发布非常方便，特别是随着 E-mail 的广泛使用，许多企业为发布信息，经常向消费者发送 E－mail 广告，造成对消费者的侵扰。这类电子邮件一般被称为垃圾邮件。企业在向消费者发送 E－mail 时，要注意减免对消费者的侵扰。

企业发送 E－mail 时，为避免对消费者造成侵扰主要可以采用下面两种方式：

1. 企业利用一些邮件列表公司，向那些愿意接收广告信息的消费者发送广告信息，采用这种方式要收取一定的费用。

2. 在收集 E－mail 地址时要遵照消费者的意愿，只对愿意接收的消费者发送 E－mail，而且允许消费者取消对 E－mail 的接收。对消费者减少侵扰的最好方法是减少给消费者发送对消费者无用的 E－mail。

（三）提供真实可靠信息

企业在网上开展网络营销活动时，要注意提供的信息的真实可靠性。消费者对网站访问的动因一个是感兴趣，另一个是信任。企业在网络营销活动中提供一些不真实信息，对消费者造成损害，势必对企业自身造成负面影响。

（四）提供完善的售后服务

企业利用网络营销渠道销售产品时，要特别注意产品质量和提供完善的售后服务。消费者在网上购买产品，最担心的问题是无法现场检验产品的质量和感受产品的品质。因此，消费者在网上购物时，比较关心网站的信誉和售后服务。如果消费者在购买产品后，发现产品质量不符合要求，或者购买的产品与预期有很大差距，则可能给消费者带来不满足感。如果企业不能保证产品质量，同时又没有完善的售后服务，势必影响消费者利用网络营销渠道进行购物。

企业保护消费者既是保护消费者权益，同时也是保护自身权益。在互联网的虚拟网上市场中，企业实施网络营销活动，最大的挑战是树立网站的信誉，增强消费者对网站的信任。如果不采取积极措施保护消费者，消费者的反抗可能给企业带来致命的打击。

由于我国目前发展网络营销的环境还不是很完善，目前网上交易本身缺乏法律的认可和保护。网上交易需要新的立法对消费者权益进行保护。对网络营销风险的控制，除了政府、企业方面的努力外，消费者自己也需要相应的自我保护意识，以免自身权益受到侵犯，其中最主要的保护手段是充分利用法律手段维护自身权益。

复习思考题

1. 在网络营销中，什么是人为风险？它包括哪几个方面？
2. 如何进行网络营销风险的控制？
3. 试展开说明网络营销风险的消费者保护的两大方面。

参考文献

[1] 殷艳苓，肖伟民．网络营销［M］．北京．电子工业出版社，2010.

[2] 魏兆林，刘占军．网络营销［M］．北京：机械工业出版社，2011.

[3] 邓少灵．网络营销学［M］．广州：中山大学出版社，2009.

[4] 乌跃良．网络营销理论与实践［M］．北京：机械工业出版社，2012.

[5] 梁春晶，高博．网络营销［M］．北京：机械工业出版社，2011.